LETTRES

DU

CHEVALIER DE LÉVIS

CONCERNANT

LA GUERRE DU CANADA

(1756-1760)

MONTRÉAL

C. O. BEAUCHEMIN & FILS, Libraires-Imprimeurs

256 et 258, rue Saint-Paul

1889

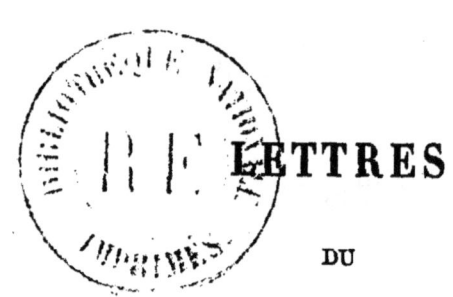

LETTRES

DU

CHEVALIER DE LÉVIS

LETTRES

DU

CHEVALIER DE LÉVIS

CONCERNANT

LA GUERRE DU CANADA

(1756-1760)

MONTRÉAL

C. O. BEAUCHEMIN & FILS, LIB.-IMPRIMEURS

256 et 258, rue Saint-Paul

1889

LETTRES

DU

CHEVALIER DE LÉVIS

I

A Brest, le 5 avril 1756.

Nous sommes au moment de partir, Madame, et l'escadre appareille pour mettre à la voile. Ce sera vraisemblablement la dernière lettre que j'aurai l'honneur de vous écrire de Brest et c'est une grande satisfaction pour moi que de pouvoir avant de partir vous faire mon compliment sur la grâce que je viens d'apprendre qui a été accordée à M. de Mirepoix d'une place de capitaine des gardes du corps ; je crois que vous ne doutez point de toute la part que je prends à tout ce qui peut vous arriver d'agréable.

Quoiqu'il y ait une escadre angloise qui croise devant

la rade de Brest, nous espérons que la nôtre pourra sortir pendant la nuit à la faveur du bon vent ; et une fois que nous serons en pleine mer, nous n'aurons plus grand chose à craindre. La saison n'étant pas encore avancée, les Anglois ont fort peu de vaisseaux en mer ; et, en arrivant sur les côtes du Canada, nous n'aurons qu'à nous débarrasser des bancs de glaces. Si nous avons une navigation heureuse, nous arriverons à Québec en quarante ou cinquante jours.

Je pars, Madame, dans la confiance que vous me conserverez vos bontés et que vous êtes bien persuadée combien elles me sont gracieuses ainsi que du respectueux attachement avec lequel j'ai l'honneur d'être, Madame la Duchesse, etc.

II

A M LE DUC DE MIREPOIX

A Brest, le 5 avril 1756.

C'est pour moi, Monsieur, une grande satisfaction de pouvoir avant mon départ vous faire mon compliment sur la place de capitaine des gardes du corps que j'apprends que le Roi vient de vous accorder ; je ne crois pas avoir besoin de vous prier d'être persuadé de toute la part que je prends à cet événement comme de toute celle que je prendrai toujours à tout ce qui pourra vous arriver d'agréable.

M. de Montcalm est parti, il y a trois jours, sur la frégate la Licorne, escortée de deux vaisseaux de guerre qui sont armés en flûte, où il y a le second bataillon du régiment de la Sarre. Nous appareillons dans le moment pour mettre à la voile. Je suis embarqué sur la frégate la Sauvage ; M. de Bourlamaque est dans la Sirène. Nous serons escortés par deux vaisseaux de guerre armés en flûte, où est embarqué le second bataillon du régiment de Royal-Roussillon.

Il y a des compagnies franches de la Marine et des recrues qui passent dans des bâtiments marchands et des corsaires. La totalité du renfort que nous menons en Canada sera d'environ trois mille hommes, si tout y arrive à bon port.

Quoiqu'il y ait une escadre angloise qui croise devant la rade, nous espérons que nous pourrons gagner pendant la nuit la grande mer, sans être vus ; et, si nous avons une bonne navigation, nous arriverons à Québec dans une cinquantaine de jours.

J'ose me flatter que l'éloignement où je vais me trouver de vous ne diminuera rien de l'amitié et des bontés dont vous m'avez toujours honoré. Soyez bien persuadé de ma reconnaissance ainsi que du tendre et inviolable attachement que je vous ai voué pour la vie et avec lequel j'ai l'honneur d'être, etc.

III

A bord de la Sauvage, 5 avril 1756.

J'ai l'honneur de vous informer du départ du vaisseaux le Héros, commandé par M. de Boissier, à bord duquel il y a neuf compagnies du régiment de la Sarre, et de la frégate la Licorne commandée par M. de la Rigaudière, où sont embarqués M. le marquis de Montcalm et M. de Bougainville, un de ses aides de camp, ils sont partis à cinq heures du matin avec un très bon vent et un fort beau temps.

Il n'y a que trois hommes du régiment de la Sarre qui ne se soient pas trouvés en état de s'embarquer. Le vaisseau Illustre, commandé par M. de Montalais, qui a à bord neuf compagnies du régiment de Royal-Roussillon, et la Sauvage, commandée par M. le chevalier de Courville, où je suis embarqué avec M. Descombles, ingénieur, M. de la Rochebeaucourt et M. de Fontbrune, capitaine au régiment de la Marine, vont partir dans le moment; vraisemblablement dans une heure d'ici nous serons sortis de la rade.

M. de Bourlamaque, qui doit partir quelques heures

---

* Le marquis de Paulmy, fils du comte d'Argenson, ministre de la guerre, était chargé, sous son père, du détail de la guerre et spécialement de ce qui regardait le Canada.

après nous, vous rendra compte positivement du temps de notre départ.

Je sais l'intérêt que vous prenez à M. de la Roche-beaucourt ; c'est un titre vis-à-vis de moi pour que je lui rende tous les services qui pourront dépendre de moi pendant la traversée et jusqu'à ce que nous soyons réunis à M. de Montcalm.

Permettez-moi de vous supplier de me conserver vos bontés.

(Semblables lettres à M. de Machault, garde des sceaux, et à M. le comte d'Argenson, ministre de la guerre.)

IV

A M. LE MARQUIS DE MONTCALM

A Québec, le 31 mai 1756.

Me voilà enfin arrivé, mon cher général, et je dé-barque dans le moment de la Sauvage, que je quitte avec grand plaisir, ayant été malade pendant toute la traversée ; MM. Descombles, la Rochebeaucourt et de Fontbrune sont en parfaite santé. Je ne puis assez me louer de toutes les politesses et attentions de M. le chevalier de Courville, commandant la Sauvage, ainsi que de tous les officiers de marine qui étoient avec lui.

J'aurais eu une bien grande satisfaction de vous trouver ici. Bourlamaque est parti ce matin pour vous aller joindre, et il me tarde bien que vous me mandiez d'en faire autant. En attendant, je vais me conformer à tout ce que vous me mandez par la lettre que vous m'avez laissée ici à votre départ.

Par l'état que vous devez avoir reçu, vous aurez vu que nous avons beaucoup de malades, surtout parmi les troupes qui étoient embarquées sur le Léopard. M. Bigot, intendant, m'a dit que les hôpitaux étoient bons ici. Je donnerai tous mes soins pour que nos malade y soient traités et aient tous les soulagements possibles.

J'ai trouvé ici à mon arrivée une lettre très honnête de M. le marquis de Vaudreuil. Je compte que d'ici au 10 du mois prochain toutes les troupes seront en marche pour se rendre dans le gouvernement de Montréal, ainsi que vous me le mandez. Au moyen de quoi je ne vois pas que ma présence soit plus longtemps nécessaire ici ; le commissaire Doreil, que vous me marquez qui doit arriver, pourroit y suppléer. Enfin, faites-moi partir d'ici le plus tôt qu'il se pourra. Vous ne devez pas douter de l'empressement que j'ai de vous rejoindre et d'être à portée de vous renouveller les assurances de mon attachement et de mon amitié pour vous, avec lesquels j'ai l'honneur d'être, mon cher général, etc.

M. Descombles ne pourra partir qu'après demain pour se rendre à Montréal.

Je ne puis que me louer des politesses que j'ai reçues de Monsieur l'intendant, de Monsieur l'évêque et de M. de Longueuil, lieutenant de Roi de cette place.

V

A M. LE MARQUIS DE VAUDREUIL

De Québec, le 31 mai 1756.

J'ai reçu ce matin, à mon arrivée ici, la lettre que vous m'avez fait l'honneur de m'écrire. Permettez-moi de vous en remercier et de vous prier d'être persuadé du désir que j'ai de mériter vos bontés. Il me tarde fort d'être à portée de vous témoigner la satisfaction que j'ai d'être à vos ordres.

J'ai trouvé, à mon arrivée, les bataillons de la Sarre et de Royal-Roussillon débarqués ; j'ai l'honneur de vous en envoyer ci-joint l'état ; je me conformerai pour leur départ aux ordres qu'il vous plaira m'envoyer ou que je recevrai de M. le marquis de Montcalm.

M. Descombles, ingénieur, partira jeudi matin pour se rendre à Montréal, en suivant la route de terre.

Monsieur l'intendant m'a dit que le régiment de Royal-Roussillon ne pouvoit pas partir encore sitôt, à cause de la difficulté de lui faire fournir l'étape. Je crois que ma présence ne sera pas utile ici après que l'incorporation des recrues aura été faite, et que j'aurai pris tous les arrangements nécessaires à cet égard avec M. Doreil. Si vous l'approuvez, je pourrai partir après le départ du bataillon de la Sarre.

M. le chevalier de Bernets, commandant du bataillon de Royal-Roussillon, est fort en état de faire partir d'ici son bataillon et de le conduire dans la route ; c'est un très bon officier et qui est à même d'exécuter tout ce qu'il vous plaira lui ordonner.

Je ne partirai cependant pas que je n'aie reçu vos ordres ou ceux de M. de Montcalm ; je les attends avec impatience par l'empressement que j'ai d'avoir l'honneur de vous voir et de vous assurer du respect avec lequel, etc.

VI

A M. LE COMTE D'ARGENÇON, MINISTRE DE LA GUERRE

De Québec, le 11 juin 1856.

Je suis arrivé à Québec le 1er de ce mois après une traversée de cinquante-six jours, qui a été longue, mais heureuse. J'ai été fort incommodé de la mer, les premiers jours ; mais j'ai fini par me bien porter et je suis arrivé en parfaite santé, de même que MM. de Fontbrune, la Rochebeaucourt et Descombles, qui étoient embarqués avec moi.

J'ai trouvé ici les trois vaisseaux qui ont apporté les bataillons de la Sarre et de Royal-Roussillon, les deux frégates qui ont apporté MM. de Montcalm et de Bourlamaque, et cinq bâtiments marchands qui ont apporté les soldats volontaires. J'ai eu ordre de rester ici pour faire le débarquement de toutes les troupes, et les faire partir pour Montréal. La dernière division est partie ce matin, et je pars dans le moment en poste pour m'y rendre. Je n'ai point encore vu MM. les marquis de Vaudreuil et de Montcalm.

J'ai l'honneur de vous envoyer l'état de la force des deux bataillons. Je laisse ici beaucoup de malades, dont la plus grande partie étoient embarqués sur le Léopard. Il n'y en a presque pas de ceux qui étoient dans les autres vaisseaux, et malheureusement cela tombe sur les deux compagnies de grenadiers. J'espère cependant qu'il n'en mourra pas beaucoup. Nous devons cela à la bonté des hôpitaux et aux soins que tout le monde y prend, dont nous ne pouvons assez nous louer, Monsieur l'évêque en montre l'exemple ; il va deux fois par jour en faire la visite et y porter tous les secours possibles à tous égards. J'ai fait ouvrir le premier soldat qui est mort ; on a jugé que la maladie étoit dans la tête et que c'étoit une fièvre maligne. En conséquence, on a beaucoup saigné ; ce qui a fort bien fait. Il n'y a jusques à présent que dix-huit morts et quinze qui sont fort mal.

Je laisse ici des officiers et des sergents pour avoir soin des malades et pour les faire joindre, quand ils seront en état de partir et que MM. les marquis de Montcalm et de Vaudreuil l'ordonneront. Il y a un capitaine de la Sarre, deux de Royal-Roussillon et un lieutenant, qui restent malades ; mais ils ne le sont pas dangereusement ; ils étoient embarqués sur le Léopard. La plus grande partie de l'équipage de ce vaisseau est aussi malade.

J'ai l'honneur de vous envoyer les nouvelles que l'on a reçues à Québec de Montréal ; je ne suis pas en état de vous en envoyer d'autres. M. le marquis de Montcalm doit sans doute vous en donner de plus positives et doit vous rendre compte des projets de la campagne. J'ignore encore où sera ma destination ; il me paroit que l'intention de M. de Vaudreuil est d'avoir deux corps d'armée, dont l'un sera à Niagara, sur le lac Ontario, et l'autre au fort de Carillon, sur le lac Saint-Sacrement ; il y a plus de deux cents lieues de l'un à l'autre. Par les mouvements que font les ennemis ils paroissent menacer ces deux parties. Si j'en juge par la lettre de M. de Vaudreuil, j'aurai lieu d'être content de la façon dont il m'employera ; je ferai tout ce qui dépendra de moi pour remplir ses vues et pour mériter vos bontés et votre protection.

(Semblable lettre à M le marquis de Paulmy.)

VII

A M. MACHAULT, GARDE DES SCEAUX

De Québec, le 11 juin 1756.

Je suis arrivé le 1ᵉʳ de ce mois à Québec. J'ai eu une très heureuse traversée. Je crois que, sans être marin, je puis avoir l'honneur de vous dire que M. le chevalier de Courville a pris toutes les précautions possibles pour se rendre à sa destination. Je ne puis que me louer de la politesse de tous Messieurs les officiers de la marine avec lesquels j'étois embarqué, particulièrement de M. le chevalier de Courville. Je regarde comme une faveur de votre part de m'avoir fait embarquer avec lui, à laquelle je suis bien sensible et dont j'ai l'honneur de vous remercier. Les six vaisseaux ou frégates sont arrivés à bon port ; il est aussi arrivé cinq bâtiments marchands qui ont apporté cent-dix-sept volontaires (l'état des régiments dont ils sortent est ici joint) et dix-huit soldats de recrues. J'ai été chargé du débarquement de toutes nos troupes et de les faire partir pour Montréal ; la dernière division partira demain 12. Aussitôt que je les aurai mises en marche, je partirai pour m'y rendre. Je n'ai pas encore vu MM. les marquis de Vaudreuil et de Montcalm. J'ai l'honneur de vous envoyer les états de la force des deux bataillons ; ils laissent ici beaucoup de malades

dont la plus grande partie venant du Léopard ; il n'y
en a presque point de ceux qui étoient embarqués sur
les autres vaisseaux et malheureusement cela tombe
sur les deux compagnies de grenadiers. J'espère cependant que nous n'en perdrons pas beaucoup ; nous
devons cela à la bonté des hôpitaux et aux soins que
tout le monde y a apportés dont nous ne pouvons
assez nous louer. Monsieur l'évêque de Québec en
montre l'exemple ; il va deux fois par jour en faire la
visite, et il y apporte tous les secours possibles à tous
égards.

J'ai fait ouvrir le premier soldat qui est mort, on a
jugé que la maladie étoit dans la tête et que c'étoit
une fièvre maligne. En conséquence, on a beaucoup
saigné, ce qui a fort bien fait. Nous n'avons jusques à
présent perdu que dix-huit soldats dont six pendant
la traversée ; il y en a encore quinze qui sont fort
mal.

Je laisse ici des officiers et des sergents pour faire
joindre les malades, dès qu'ils seront en état de partir
et que M. le marquis de Vandreuil l'ordonnera.

Il y a un capitaine de la Sarre, deux de Royal-Roussillon et un lieutenant qui sont aussi malades ; mais
ils ne le sont pas dangereusement ; ils étoient aussi
embarqués sur le Léopard.

J'ignore quelle sera ma destination ; il me paroit
que l'intention de M. de Vaudreuil est d'avoir deux
corps d'armée, dont l'un sera à Niagara, sur le lac
Ontario, et l'autre au fort de Carillon, sur le lac Saint-

Sacrement. Par le mouvement que les ennemis font, ils paroissent menacer les deux parties.

Si j'en juge par les lettres de M. de Vaudreuil, j'aurai lieu d'être content de la façon dont il m'employera. Je ferai tout ce qui dépendra de moi pour remplir ses vues et mériter vos bontés et votre protection.

VIII

A MADAME DE MIREPOIX

Le 16 juin 1756, de Montréal.

Je m'empresse de profiter des premiers vaisseaux qui retournent en France pour vous apprendre mon heureuse arrivée dans cette colonie après soixante-quatre jours de navigation. J'ai presque continuellement été malade de la mer ; mais, actuellement que je suis à terre, je me porte très bien et je me dispose à entrer en campagne.

J'ai été parfaitement bien reçu de M. le marquis de Vaudreuil, gouverneur de cette colonie ; et j'ai lieu d'espérer qu'il m'employera à ma satisfaction.

Je suis destiné à commander le corps de troupes qui doit se porter sur le lac Champlain sur la frontière de la Nouvelle-Yorck. M. de Montcalm, qui est arrivé fort heureusement, ainsi que tous les secours que nous avons amenés de France, doit être employé sur le lac

2

Ontario ; et, si les circonstances le permettent, il doit commencer ses opérations par le siège de Choagen. Nous agirons par conséquent sur deux frontières différentes et bien éloignées l'une de l'autre. Je suis persuadé que nous vivrons toujours dans la meilleure intelligence. Il me charge de le rappeler à l'honneur de votre souvenir.

J'aurai celui de vous écrire le plus souvent que je pourrai ; je me flatte que le grand éloignement où je me trouve de vous, ne diminuera rien de vos bontés pour moi que je vous supplie de me conserver comme aussi d'être très convaincue, etc.

(Semblable lettre à M. de Mirepoix.)

IX

A MONSIEUR LE GARDE DES SCEAUX ET A M. LE COMTE D'ARGENSON

De Montréal, le 16 juin 1756.

Je suis arrivé hier au soir à Montréal. J'y ai été très bien reçu de M. le marquis de Vaudreuil. Il m'a dit qu'il me laissoit le choix d'aller dans la partie qui me conviendroit le mieux ; je l'en ai remercié et lui ai dit que j'irois partout où il croiroit que je pusse être le plus utile. Il m'a destiné pour aller commander au camp de Carillon, sur le lac Saint-Sacrement. C'est le côté qui est le plus menacé et le plus à portée des ennemis et sur lequel M. le marquis de Vaudreuil, a le plus d'inquiétude. Je partirai mardi 22 pour m'y rendre; je ferai de mon mieux pour exécuter ses instructions. C'est à vos bontés que je dois tous ces bons traitements; j'ai l'honneur de vous en remercier; j'espère que mon zèle pour le service du Roi et mes bonnes intentions me mettront à portée de les mériter.

X

A M. DE VAUDREUIL

De Carillon, le 16 juillet 1756.

J'ai reçu la lettre que vous m'avez fait l'honneur de m'écrire. M. le marquis de Montcalm m'a remis votre ordre pour prendre le commandement de ce corps de troupes avec votre instruction, et celle qu'il y a ajoutée. Je me conformerai à l'une et à l'autre; je ferai tout ce qui dépendra de moi pour remplir vos vues dans l'objet de la défensive de cette frontière.

M. le marquis de Montcalm vous rendra compte de cette position, des moyens que les ennemis peuvent avoir pour l'attaquer, comme aussi de ceux qu'il y a pour la défendre. Il aura l'honneur de vous dire en même temps le nombre des troupes qu'il me laisse et de ce qu'il est nécessaire que vous ordonniez de faire passer afin de pourvoir à leur subsistance, de même que de tout ce qui manque pour le bien du service et pour l'accélérer. Je ne puis pas faire l'impossible, et je ne puis partir que des moyens que j'aurai. M. le marquis de Montcalm vous représentera aussi qu'il faudroit avoir au moins trois mille hommes effectifs pour la défense de cette frontière.

Il ne me reste qu'à vous remercier du commandement de ce corps de troupes que vous voulez bien me confier; je conserverai avec honneur la gloire des armes du Roi. Dans tous les lieux et dans toutes les circonstances, vous me trouverez disposé à faire tout ce qu'il vous plaira m'ordonner.

Je vous prie d'être très persuadé du désir que j'ai de réussir, d'avoir votre approbation et de vous convaincre du respectueux attachement, etc.

XI

A M. LE COMTE D'ARGENSON

De Carillon, le 17 juillet 1756.

M. le marquis de Montcalm m'a remis le commandement du corps de troupes qu'il commandoit sur cette frontière. Il est allé à Montréal pour conférer avec M. le marquis de Vaudreuil, d'où il doit se rendre vraisemblablement à Frontenac pour aller tenter de faire le siège de Choagen ou, ce qui est plus possible, une diversion qui dégage cette partie qui est

menacée ; car je crains que les moyens ne lui
manquent pour le siège. Toutes les entreprises sont
dans ce pays très difficiles ; on en doit presque toujours le succès au hasard. Toutes les positions qu'on
peut prendre sont critiques ; les attaques et les
retraites sont difficiles à faire ; on ne voyage que dans
les bois ou par les rivières ; il faut user des plus
grandes précautions, et avoir la plus grande patience
avec les sauvages qui ne font que leur volonté, à
laquelle dans bien des circonstances il faut céder.

M. le marquis de Montcalm vous rendra compte de
la position du corps de troupes que j'ai l'honneur de
commander pour la défense de cette frontière, de
même que du nombre ; comme je n'ai pas de chiffre
et qu'il n'y a rien de si incertain que le sort de mes
lettres, je n'ose entrer dans aucun détail.

Vous pouvez être persuadé que dans tous les cas je
conserverai la gloire des armes du Roi pour le bien de
son service. J'espère qu'il me mettra à portée de mériter vos bontés et votre protection. Je ne sais si M. le
marquis de Montcalm est content de moi ; ce qu'il y a
de certain, c'est que je le suis beaucoup de lui. C'est
avec bien du regret que je l'ai vu partir ; je serai toujours charmé de servir sous ses ordres. Ce n'est pas à
moi à vous parler de son mérite ni de ses talents ;
vous les connoissez mieux que moi ; mais je puis
avoir l'honneur de vous assurer qu'il a généralement
plû dans cette colonie et qu'il traite très bien avec les

sauvages ; il a aussi établi la discipline parmi nos troupes.

(Semblable lettre à M. le Garde des Sceaux.)

XII

A M. DE VAUDREUIL

De Carillon, le 18 juillet 1756.

J'ai l'honneur de vous rendre compte que le parti de M. de Saint-Martin est rentré ; il a fait trois chevelures et tué beaucoup de bœufs et chevaux. Il y a eu un sauvage qui a été blessé d'un coup de fusil chargé de postes dont il est percé en trois endroits ; mais il n'est pas en danger. Ce blessé étoit resté derrière avec quinze sauvages ou Canadiens. J'ai envoyé un détachement le chercher qui me l'a emmené hier au soir. La totalité de ce détachement est rentrée excédée de fatigue ; il s'est porté vers la rivière de Connecticut et ne nous a rien appris de nouveau.

Le parti que commandoit M. de Pécaudy avec M. Clapier est rentré ; il étoit composé de quarante-six sauvages et de vingt Canadiens. Ils ont frappé tout auprès du fort Georges ; ils ont vu ce fort et une partie du camp qui y est, où ils ont donné l'alarme. Ils disent avoir tiré grande quantité de coups de

fusil. Ils ont surpris un détachement sur le bord du
lac, qui faisoit du bois; ils disent en avoir tué plusieurs. Ils ont apporté quatre chevelures et fait deux
prisonniers, dont j'ai l'honneur de vous adresser ci-
joint la déposition que j'ai prise avec mon interprète,
qui est bon, par laquelle il me paroît qu'elle ne nous
apprend pas grand'chose de nouveau. Elle ne fait que
nous confirmer ce que nous savions déjà. Il me paroit
que le gros de leur armée est toujours campé en deçà
d'Albany. Les sauvages, soldats et Canadiens sont
très contents de M. de Pécaudy ; il les a fort bien conduits et s'est distingué à leur tête.

Nous avons un détachement composé de quarante
Canadiens et de trente sauvages, commandé par
M. Duplessis, qui a été pour reconnoître le haut de la
Rivière de la Loutre, en commençant par son embouchure. Il me tarde beaucoup qu'il soit de retour pour
savoir si l'Anglois tenteroit de faire quelque établissement dans cette partie. Je pense qu'il seroit très dangereux pour la colonie, attendu qu'il romproit la
communication, et que les postes de Saint-Frédéric et
de Carillon deviendroient comme inutiles. Si ce cas
arrivoit, je vous prie de me mander si vous ne juge-
riez pas à propos que j'y fusse avec un bon détachement de mille ou douze cents hommes, pour en chasser les ennemis et détruire l'établissement qu'ils pourroient y avoir fait. Je remettrois le commandement de
l'armée à M. de Roquemaure. Si, au contraire, vous
n'approuvez que j'y aille moi-même, vous aurez la

bonté de me mander à qui vous souhaitez que je confie ce détachement.

J'ai été faire une tournée aux deux camps avancés,
partant de Carillon. Je me suis rendu au camp de
M. de Contrecœur par terre, en suivant le bord de la
rivière du côté du nord, où j'ai traversé le lac Saint-
Sacrement pour me rendre aux postes avancés du
camp de M. le chevalier de la Corne. J'ai visité avec
attention tous les endroits où l'ennemi pourroit débarquer. Je suis convenu avec M. de Contrecœur et M. le
chevalier de la Corne qu'ils les feroient tous embar-
rasser avec des arbres. Ces Messieurs sont de très bons
officiers et j'ai été très content de la façon dont j'ai
trouvé leurs postes. J'ai dîné chez M. le chevalier de
la Corne, et je suis revenu au camp par le côté du sud
jusqu'à la Chûte, où je me suis embarqué. J'avois
amené avec moi un officier major, deux sergents et
deux soldats de chaque corps, pour qu'en cas de
besoin, ils puissent y conduire les troupes que j'y
enverrois.

M. le chevalier de la Corne est incommodé depuis
plusieurs jours ; j'ai fait mon possible pour pouvoir le
déterminer à venir ici pour se reposer, il n'a point
voulu quitter son poste, il me mande que sa santé va
un peu mieux aujourd'hui.

J'ai bien de la peine à retenir les sauvages ; ils
veulent tous s'en aller. M. de Montcalm vous en dira
la raison. Si je ne reçois promptement ce qu'il aura
l'honneur de vous demander, il est certain qu'il n'en

restera pas un seul. Je ne vous parlerai point aussi de tout ce dont je manque; M. de Montcalm vous en instruira bien mieux que je ne pourrois faire.

Les soldats de la colonie m'ont représenté qu'ils n'avoient point de savon, pas même pour faire leur barbe ce qui étoit cause qu'ils étoient malpropres. Je vous prie de vouloir bien donner vos ordres en conséquence.

M. de Sabrevoix m'a demandé la permission pour que M. Villejoin, enseigne en second, aille pour quelques jours à Montréal; il manque généralement de tout; j'ai cru ne devoir pas lui refuser; il reviendra si vous le trouvez à propos.

XIII

A M. DE VAUDREUIL

Le 22 juillet 1756.

J'ai l'honneur de vous informer du retour du détachement de M. Duplessis. Il s'est porté au-dessus des trois chûtes de la Rivière à la Loutre, où il est entré par son embouchure. Il m'a dit n'avoir trouvé aucun vestige d'établissement de la part de l'Anglois, pas même aucune trace qui dénote que cette partie soit fréquentée; sur son rapport je pense que nous pouvons être tranquilles.

Il s'est aussi porté à l'endroit où l'on nous a fait des prisonniers; il a jugé par les traces que le détachement de l'ennemi ne pouvoit être composé que d'environ quarante hommes; mais, ce qu'il y a d'extraordinaire, c'est qu'il juge que ce détachement est venu par l'autre côté du lac Champlain. Il compte qu'il aura passé au Rocher Fendu ou à la Rivière Bocquette. Cela paroit se confirmer par un capitaine de Royal-Roussillon qui a relâché à la Rivière Bocquette le 20 de ce mois, venant de Montréal : il avoit fait mettre à terre des soldats convalescents et avoit posé des sentinelles qui l'ont averti pendant la nuit qu'ils entendoient du bruit dans le bois, et qu'ils avoient même vu trois ou quatre personnes derrière des arbres. Cet officier a pris le parti de faire embarquer sa troupe et de gagner le large. Il dit avoir bien fait éteindre les feux, et que, quand ils ont été bien loin, ils les ont vus rallumés. Ces rapports me font prendre le parti d'envoyer incessamment un détachement pour battre cette partie et en chasser les détachements que l'ennemi pourroit y avoir; je pense que c'est absolument nécessaire pour la sûreté de la navigation; mais je ne pourrai former ce détachement que quand j'aurai des sauvages. Je n'ai pu empêcher tous ceux qui me restent d'aller dans un détachement que M. de la Colombière doit commander pour voir encore à faire des prisonniers dans le fond du lac Saint-Sacrement auprès du fort Georges. Il doit partir demain au soir. Il sera composé d'une soixantaine de sauvages et d'une cinquantaine d'hommes de troupes de la colonie, il y aura MM. de Longueil, de Contrecœur, Lainé, Dartel et deux cadets. Je pense qu'il est important de faire des prisonniers pour avoir des nouvelles et d'inquiéter l'ennemi sur cette partie et l'empêcher de porter son attention vers Choagen.

Si nos travaux ne pressoient pas autant qu'ils font, je vous proposerois bien de faire un mouvement qui ne pourroit être que relatif aux nouvelles que nous apprendrons. Les travaux vont aussi vite qu'ils puissent aller ; mais c'est toujours bien lent.

Rien n'arrive au fort Saint-Frédéric des provisions qui nous sont annoncées depuis longtemps ; nous manquerons incessamment de tout.

J'ai fait prendre les armes à toutes les troupes de la colonie ; je les ai fait mettre par compagnie, pour que les miliciens connussent les compagnies où ils sont attachés et les officiers.

J'ai aussi fait la visite des baraques, et la propreté commence à y régner. M. de Sabrevoix y tient la main.

J'ai l'honneur de vous envoyer ci-joint ma disposition en cas d'attaque. Je vous supplie de me mander si vous trouvez qu'il y ait quelque chose à changer. Il tombe toujours beaucoup de soldats malades ; je ne garde ici que ceux attaqués de maladies violentes et qui ne peuvent pas supporter le transport jusqu'au fort Saint-Frédéric. Je mande à M. de Lusignan de ne laisser passer à Montréal que ceux qui sont jugés par les chirurgiens n'être pas en état de continuer la campagne.

Actuellement, la qualité du pain est assez bonne. J'ai ici environ quatre-vingt-treize bateaux, y compris ceux qui ont apporté les convalescents de Royal-Roussillon ; il y en a plusieurs parmi le nombre qui ont besoin d'être raccommodés ; mais il me manque de quoi les faire calfater. Mandez-moi si vous jugez à propos que je les garde tous, je vois qu'il en faudra beaucoup lorsqu'il sera question du déblai des troupes pour le quartier d'hiver.

Il y avoit trois Iroquois qui avoient quitté le parti de M. de Saint-Martin qui sont revenus avec une chevelure qu'ils disent avoir faite auprès d'Orange, où ils prétendent y avoir vu arriver plus de deux mille hommes, pendant deux jours qu'ils y ont été cachés pour attendre à faire coup ; ils sont arrivés excédés de fatigues, et à peine pouvoient-ils marcher.

M. Bleury vient d'arriver avec un assez bon convoi ; il envoie la facture de ce qu'il a apporté à Monsieur l'intendant.

XIV

A M. DE VAUDREUIL

Le 24 juillet 1756.

Je profite du retour de la barque qui doit partir demain du fort Saint-Frédéric, pour avoir l'honneur de vous informer que le détachement de M. de la Colombière est parti hier. Il est composé de quatre officiers, quatre cadets, soixante-onze François et cinquante sauvages, pour aller faire coup, comme je vous ai déjà mandé, au fond du lac Saint-Sacrement. Il a pris des vivres pour six jours. Je compte qu'il rentrera après-demain; il y a tout lieu de croire qu'il nous amènera quelques prisonniers.

Il vient de nous arriver quelque chose de fâcheux, qui est la désertion de trois soldats des troupes de la Marine. Ils ont déserté pendant la nuit du 22 au 23. Il y a lieu de croire que c'est dans une pirogue qu'ils ont trouvée. Je n'ai été averti de leur départ qu'à six heures du matin. J'ai fait sur-le-champ partir un détachement de sauvages et de Canadiens pour aller à leur poursuite; ce détachement est rentré sans avoir trouvé aucune de leurs traces. Il y a deux de ces coquins qui ont déjà passé par les verges, il y a long-temps; le troisième est un jeune homme que, sans doute, ils ont débauché. On dit que ce sont des drôles fort intelligents, qui sont en état de rendre compte de notre position. Il auroit été fort à désirer qu'ils eussent été pris ; j'avois promis aux sauvages trois cents livres de ceux qu'ils m'amèneroient en vie, et cent-cinquante de ceux dont ils apporteroient la chevelure.

J'avois oublié par ma dernière dépêche de vous mander que M. de Bleury avoit amené quarante-deux miliciens, que j'ai fait passer aux corps de MM. les chevaliers de la Corne et de Contrecœur. M. de la Perière est arrivé hier avec MM. de Florimond, Le Borgne, Aubert, et La Durantay et cent quarante-deux soldats de recrues, que j'ai fait incorporer tout de suite dans les six compagnies de la Marine formées ici.

Le nombre des soldats malades augmente tous les jours ; M. de Bleury en a même avec lui, pour faire passer à Montréal, vingt-deux qui ont été jugés hors d'état de continuer la campagne.

XV

A M. LE MARQUIS DE MONTCALM

Le 24 juillet 1756.

Vous voulez bien, mon cher général, que je vous informe de mes dispositions en cas d'attaque. Je vous envoie ci-joint mon ordre de bataille ; si vous l'approuvez, cela me donnera de grandes espérances de battre l'ennemi, s'il vient m'attaquer.

Il vient de nous déserter trois soldats des troupes de la Marine, dont je suis très fâché. J'ai fait courir après eux par un parti de sauvages; j'avois mis leur tête à prix; mais tout cela a été inutile, et le détachement est rentré sans avoir rien vu. On dit qu'il y a deux de ces drôles qui sont fort intelligents et qu'ils sont en état de dire bien des choses; ce sont des coquins qui avoient déjà passé par les verges.

Le nombre de nos malades augmente ici tous les jours; il y en a actuellement, tant à l'hôpital d'ici qu'à celui de Saint-Frédéric, deux cents; j'en ai fait passer vingt-deux à Montréal, qui ont été jugés hors d'état de continuer la campagne. M. de la Colombière est parti hier avec un gros détachement pour aller faire coup auprès du fort Georges; s'il nous vient des prisonniers, je vous ferai passer sur-le-champ leurs dépositions. Il a paru un parti des ennemis du côté de la Rivière Bocquette; j'envoie un détachement dans cette partie pour assurer notre navigation. Donnez-moi, je vous prie, de vos nouvelles le plus souvent que vous pourrez.

Soyez bien persuadé de l'intérêt que je prends à votre gloire et de l'attachement vif et sincère avec lequel j'ai l'honneur d'être, etc.

XVI

A M. LE MARQUIS DE VAUDREUIL

Le 2 août 1756.

J'ai reçu la lettre que vous m'avez fait l'honneur de m'écrire par M. de Bleury en date du 26 du mois dernier. Puisque vous approuvez ma disposition en cas d'attaque, je n'y changerai rien et m'y conformerai.

Le secours en hommes que vous me destinez arrivera fort à propos ; il nous tombe tous les jours une grande quantité de soldats malades qui sont attaqués de l'escorbut (sic), dont la plus grande partie sont des miliciens et des jeunes gens trop foibles pour supporter les fatigues de la campagne.

Nous manquons de tout à l'hôpital de Saint-Frédéric. Pour vous épargner ce détail, j'en écris à Monsieur l'intendant et le prie de nous faire passer, le plus promptement qu'il lui sera possible, les secours nécessaires.

A l'hôpital de Saint-Frédéric, à celui du fort de Vaudreuil, ou malades au camp, il y a quatre cents hommes hors d'état de faire le service. Vous devez juger par là des moyens qui me restent, soit pour entreprendre sur l'ennemi, ou pour ne point discontinuer les travaux du fort, qui me paroît être l'objet qui vous intéresse le plus.

Le détachement de M. de la Colombière est revenu

de son expédition le 26. Il s'est porté par le côté du nord au fond du lac Saint-Sacrement auprès du fort Georges, où il a donné l'alarme, et fait quatre chevelures sur une petite troupe qui étoit à la découverte. Il a été obligé, sur ce qu'il a vu sortir du fort et du camp un gros détachement, avec lequel il a fusillé environ une demi-heure. Ils disent en avoir tué plusieurs, et heureusement nous n'avons eu personne de tué ni de blessé. Tout ce détachement se loue beaucoup des officiers qu'il avoit avec lui, particulièrement de M. Artel Saurel, officier de Louisbourg, qui faisoit son avant-garde. Il auroit été à désirer que ce détachement nous eût amené des prisonniers. Ils disent qu'ils n'ont trouvé aucun changement à la situation du camp.

Comme dans les circonstances présentes les mouvements que je puis faire dans cette partie peuvent être d'une grande utilité, j'ai fait partir le 30 du mois dernier, un détachement de deux cent vingt hommes dont cent vingt sauvages et cent Canadiens avec MM. de Saint-Vincent, Noyel et Le Borgne, lieutenants, Aubert, La Durantay, Grosbois et Villaret, cadets à Lacgueillette et MM. de Coagne, Riverain et Brisebois, officiers de milice, le tout aux ordres de M. de Beaujeu. Ce détachement a pris des vivres pour huit jours. Je lui ai ordonné de passer par les Deux Rochers et de se porter au fond de la baie à la Rivière du Chicot, où il laissera ses bateaux et se portera par terre entre le fort Lydius et le fort Georges, pour y

3

intercepter quelques convois et y faire des prisonniers.

J'aurois bien voulu ne point envoyer tant de sauvages, parce que je crains qu'à leur retour, s'ils font
coup, ils ne s'en aillent tous ; je n'ai pu l'empêcher'
parce que toutes les nations se sont liées ensemble. Il
est bon de vous prévenir que, comme il y a toute
apparence qu'ils s'en iront, je resterai ici sans sauvages. Ainsi je vous serois bien obligé, si vous le pouvez, de m'en envoyer d'autres. et le plus que vous
pourrez.

J'aurois bien désiré pouvoir faire le détachement
de M. de Beaujeu plus considérable en soldats et
miliciens ; cela ne m'a pas été possible, sans discontinuer les travaux ; et j'ai été obligé de le former des
troupes du camp de MM. le chevalier de la Corne et
de Contrecœur, qu'en attendant leur retour, j'ai fait
remplacer par cinquante-cinq grenadiers, avec trois
lieutenants, pour ne pas ôter le commandement à
M. le chevalier de la Corne.

Malgré le désir que j'aurois de faire un mouvement
en avant, je sens la difficulté de le faire à moins que
vous n'ordonniez la discontinuation des travaux.
Dans ce cas, je pourrois me rendre au fond de la baie
où M. de Dieskau a débarqué l'année dernière, d'où
je pourrois me porter suivant les circonstances entre
le fort Georges et le fort Lydius. Je ne pourrois faire
qu'une diversion dans cette partie, parce que, n'étant

pas possible d'y amener du canon, je ne saurois entreprendre sur aucun des forts.

Si j'avois beaucoup de canots d'écorce, je pourrois me porter sur l'ennemi par le lac Saint-Sacrement et, suivant les circonstances, faire un débarquement au fond de ce lac du côté du fort Georges. Avec quelque travail je pourrois bien y faire passer des bateaux qui sont ici par le chemin du portage ; mais cela peut avoir des inconvénients, parce que cela ouvriroit un chemin à l'ennemi dont, dans d'autres occasions, il pourroit profiter. Voilà tous les moyens que je connois pour aller à l'ennemi et faire la diversion que l'on pourroit désirer dans cette partie. Vous connoissez les forces que j'ai et, mieux que moi, la situation du pays ; pour une chose aussi importante, je vous demande sur cela des ordres précis auxquels je me conformerai avec toute la bonne volonté et le zèle dont je puis être capable.

Je ne puis que bien vous remercier de la confiance que vous voulez bien avoir en moi sur le parti qu'il y auroit à prendre pour faire un mouvement en avant. Il peut être d'une si grande conséquence que je ne puis le prendre sur moi ; à la guerre, il n'y a rien de plus incertain que le succès.

Il y a plusieurs officiers ici de la dernière nomination des troupes de la Marine qui demandent à faire le service conformément à leur nouveau grade ; je pense qu'ils ne sauroient le faire avant d'être reçues ;

si vous le jugez à propos, je vous prie de m'en envoyer l'ordre.

Si M. de Saint-Vincent est lieutenant en expectative j'ai eu des représentations de la part de ses camarades pour qu'il n'en fit point le service avant sa réception. Monsieur son père aura l'honneur de vous écrire et vous mandera ses raisons.

M. de Contrecœur a eu le malheur de perdre son fils aîné qui s'est tué par son fusil, qui a parti et sur lequel il étoit appuyé. Tout le monde regrette beaucoup cet officier. Il venoit de se distinguer au détachement de M. de la Colombière. L'état du père est très touchant ; j'ai été le voir. J'ai cru devoir lui proposer d'aller passer quelques jours à Montréal ; il m'a dit qu'il n'iroit que lorsqu'il croiroit qu'il n'y auroit plus rien à craindre pour cette partie. J'ai fait partir M. Duplessis, le 28 du mois dernier, avec un détachement de cinquante hommes, composé de troupes de la Marine, de la colonie et de cinq sauvages. Je lui ai ordonné de se porter sur les deux rives du lac Champlain, aux endroits où il y a plus d'apparence que l'ennemi envoie ses partis. Je lui ai enjoint de se trouver à la Rivière Bocquette pour le 31 du mois, qui est le temps que M. de Bleury doit y passer, de battre toute cette partie et de ramener tous les bateaux, canots et pirogues qu'il trouveroit dans sa route, et de couler à fond ou brûler ceux qui seroient mauvais et qu'il ne pourroit pas ramener ; j'attends son retour aujourd'hui ou demain.

J'envoie à Monsieur l'intendant l'état de ce que
M. de Bleury a apporté dans son dernier voyage; il
n'y a que cinq quarts d'eau-de-vie; c'est bien peu; les
travailleurs et les troupes en manquent depuis quatre
ou cinq jours et il leur en est dû beaucoup.

Les travaux du fort vont aussi bien qu'on puisse
le désirer; mais il ne faut cependant pas s'attendre
qu'il puisse être en état de défense avant le 1ᵉʳ de septembre; M. de Lotbinière fait de son mieux. M. de
Lusignan me mande que vous lui ordonnez de relâcher un patron du bateau de M. de Bleury qu'il avoit
fait arrêter parce qu'il n'avoit pas voulu s'approcher
du fort pour se laisser visiter, malgré tous les signaux
qu'il lui a fait et lui ayant crié par un porte voix de
venir, et, pour que le service n'en souffrît point, il
offrit à M. de Bleury un autre homme à la place.
M. de Lusignan en cela n'a fait que se conformer aux
ordres que lui a donnés M. de Montcalm et aux
miens. Il est de toute nécessité qu'ils soient exécutés
au pied de la lettre, pour éviter les friponneries qui
se font journellement par les bateaux qui passent furtivement. Ceux de M. de Bleury doivent y être assu-
jettis tout comme les autres, puisqu'un de ces bateaux
a été pris en faute et que l'eau-de-vie a été confisquée
au profit du Roi. Je ne puis que me louer de l'exactitude de M. de Lusignan; c'est un très bon officier à
tous égards. M. de Montcalm vous en rendra un aussi
bon compte que moi. Je vous serois bien obligé de lui

écrire, et, loin de le blâmer, de le louer de son exactitude, sans cela le service en souffrira.

XVII

A M. BIGOT, INTENDANT

Le 2 août 1756.

Vous voulez bien que j'aie l'honneur de m'adresser à vous pour accélérer tous nos besoins qui augmentent journellement. Ce qu'il y a de plus pressé est de pourvoir à ce qui est absolument nécessaire à l'hôpital.

M. Hert que j'avois envoyé à Saint-Frédéric pour le visiter et y faire faire du pain, à cause de l'accident qui est arrivé ici à nos fours et qui est réparé, vous a rendu compte de l'état où étoit cet hôpital. L'humanité et le bien du service demandent que vous y ordonniez le plus prompt secours. Nous sommes aussi à la veille de manquer de chirurgien ; il ne m'en reste ici qu'un, qui est attaché au régiment de la Reine, qui ne sauroit suffire pour l'hôpital, les officiers et les malades du camp. Je ne sais les raisons qui obligent M. Doreil de retenir à Montréal le chirurgien-major de Royal-Roussillon. Je lui ai déjà écrit de le faire partir dès ma lettre reçue. S'il faisoit quelque difficulté, je vous prie de vouloir bien dire à Monsieur le général de lui ordonner.

La maladie qui règne le plus ici est l'escorbut dont les miliciens sont les plus attaqués. Cela vient du peu de soin qu'ils ont d'eux, malgré toutes les précautions que l'on prend, et que ce sont presque tous des jeunes gens et des enfants qui ne peuvent pas supporter les fatigues. Je crois que le bien du service et de la colonie demanderoit qu'ils fussent relevés, du moins ceux qui sont les plus foibles et les plus incommodés, par des gens en état de servir, qui puissent supporter les fatigues. Si on ne prend cette précaution, il est très certain qu'il en mourra une très grande partie. Tant qu'à moi je ne puis qu'en prévenir; c'est à Monsieur le général et à vous de faire les dispositions les plus convenables à cet égard.

Nos travaux du fort vont aussi bien qu'ils puissent aller; mais, quoi qu'on puisse faire, il ne sera point en état de défense avant un mois.

J'ai envoyé un détachement, commandé par M. Duplessis, à la Rivière à la Loutre, au Rocher Fendu, avec ordre de se porter jusqu'à la Rivière Bocquette. J'ai cru cette précaution nécessaire pour mettre en sûreté nos convois contre les partis ennemis qui peuvent se glisser sur les deux rives du lac Champlain. J'ai ordonné à M. Duplessis de ramener tous les bateaux, canots et pirogues qu'il pourroit rencontrer dans son chemin, et ceux qui ne seroient pas en état de servir de les brûler ou de les couler à fond.

M. de la Colombière, qui a été avec un parti de cent hommes au fort Georges, au fond du lac Saint-

Sacrement, s'est approché de fort près de ce fort, y a donné l'alarme et fait quatre chevelures sur les gens qui en étoient sortis. Il a été obligé de se retirer sur ce qu'un gros détachement en est sorti, avec lequel il a fusillé euviron une demi-heure. Ils disent en avoir tué plusieurs, et heureusement nous n'avons eu personne de tué ni de blessé.

J'ai fait partir le 30 M. de Beaujeu avec un détachement de deux cent vingt hommes, tant sauvages que Canadiens, avec dix officiers ou cadets de la colonie. Il a ordre d'aller par les Deux Rochers au fond de la baie du côté de la Rivière du Chicot, où il laissera ses bateaux, d'où il se portera entre les forts Georges et Lydius, pour tomber sur quelques convois de l'ennemi. J'ai cru ce détachement nécessaire dans les circonstances présentes pour faire une diversion et empêcher l'ennemi de porter toutes ses forces du côté de Choagen. Si les miennes étoient plus considérables ici, je ferois mieux et j'aurois toujours de gros détachements dehors, je me porterois moi-même en avant; mais il est impossible de le faire sans discontinuer les travaux.

M. de Contrecœur est dans la plus grande affliction de la mort de son fils aîné qui a eu le malheur de se tuer par son fusil, qui a parti et sur lequel il étoit appuyé; tout le monde regrette beaucoup cet officier; il venoit de se signaler au détachement de M. de la Colombière. L'état du père est très touchant; je l'ai été voir hier; je lui ai proposé d'aller passer quelques jours à Montréal; il m'a dit qu'il n'iroit que quand il croiroit qu'il n'y auroit plus rien à craindre dans cette partie.

XVIII

A MONSIEUR L'INTENDANT

Le 3 août 1756.

Je viens de recevoir dans le moment la lettre que vous me faites l'honneur de m'écrire du 26 par M. de Bleury. Je vous envoie la facture de ce qu'il nous a apporté par son convoi. Je n'y vois point de caisses de remèdes pour nos malades; c'est cependant une des choses des plus essentielles, dont nous manquons entièrement; rien de plus pressé que de nous en envoyer, de même que des chirurgiens.

La tournée que vous avez pris la peine de faire nous fera grand bien. Tout le monde est si persuadé, ainsi que moi, de vos bonnes intentions que, si vos ordres étoient bien exécutés, nous ne manquerions de rien, du moins autant que le pays le permet.

Ce que vous me marquez au sujet des vivres des troupes, pour ce qu'ils ne prennent pas en nature, leur fera grand plaisir et cela diminuera la consommation. Je pense bien que c'est susceptible de quantité d'abus, auxquels par la suite vous pourrez remédier ; quant à moi, j'y tiens la main autant qu'il m'est possible.

Le secours que vous m'annoncez me fait grand plaisir ; cela remplacera nos malades qui sont actuellement au nombre de quatre cents, tant au fort Saint-Frédéric et Carillon que dans les tentes. J'attendrai avec bien de l'impatience les nouvelles de Choagen ; c'est un point bien intéressant ; je vous serois bien obligé de m'en faire part, lorsque vous en saurez.

Je pense bien que votre présence est nécessaire partout et que la partie où vous n'êtes pas, souffre. Si vous étiez venu plus tôt à Montréal, nous en serions mieux. J'espère qu'avant que vous descendiez à Québec, vous assurerez nos subsistances. J'aurai l'honneur de vous écrire par toutes les occasions qui se présenteront.

Je réponds à la dernière lettre de Monsieur le général du 26, qui, en me laissant maître de tous les mouvements que je pourrois faire dans cette partie, ne me met pas à l'abri des accidents qui, avec les plus justes mesures, arrivent souvent à la guerre. Je lui demande des ordres précis sur ce que je dois faire, auxquels je me conformerai. Je vous prie que cela soit de vous à moi, et vous me ferez plaisir de me mander ce que M. de Vaudreuil aura dit de ma lettre dont il vous fera sans doute part.

XIX

De Carillon, le 5 août 1756.

J'ai l'honneur de vous rendre compte du retour du détachement de M. de Beaujeu. Il est rentré hier après-midi avec tout son monde et a amené six prisonniers et une chevelure. Il s'est porté entre le fort Lydius et le fort Georges, comme je le lui avois ordonné, où il s'est embusqué. Il y a eu une avant-garde de douze hommes d'un détachement des ennemis qui travailloit au chemin et qui se devoit rendre au fort Georges, qui a donné dans l'embuscade. Il y en a eu six de pris, un de tué et les autres se sont sauvés. Si les sauvages n'avoient pas été si pressés de tirer, ils l'auroient prise en entier.

M. de Beaujeu a voulu aller attaquer le détachement, qui n'étoit pas éloigné de son avant-garde ; quelque instance qu'il ait pu faire, les sauvages n'ont jamais voulu le suivre, disant qu'ils avoient fait coup. Je ne saurois vous rendre un assez bon témoignage de M. de Beaujeu ; tous Messieurs les officiers qu'il avoit avec lui dans son détachement, se louent beaucoup de sa conduite. Vous connoissez mieux que moi son mérite ; je ne puis que vous parler de son zèle et de sa bonne volonté.

J'ai fait tout ce que j'ai pu pour retenir les sauvages ; ils ont voulu absolument vous mener leurs prisonniers, et il en restera fort peu ici. Ils m'ont promis de revenir, aussitôt que vous l'ordonneriez, et m'ont prié de vous les recommander, principalement les chefs. J'en serois très content, si ce n'étoit leurs importunités continuelles pour l'eau-de-vie et le vin. Il est d'ailleurs certain que ces gens-là usent beaucoup dans les bois et que les souliers et les peaux de chevreuil qu'ils ont eus étoient de la plus mauvaise espèce. Six Abénakis, qui avoient quitté le détachement de M. de la Colombière et qu'on croyoit s'en être retournés chez eux, sont arrivés ici il y a quatre jours avec une chevelure et deux prisonniers. Ce sont deux paysans des environs d'Orange ; je vous envoie leur déposition qui mérite d'être lue.

Parmi les prisonniers qu'a fait M. de Beaujeu, il y a un capitaine, qui a de l'esprit, qui est intelligent et qui est bon Anglois ; c'est un homme à garder avec soin. J'ai l'honneur de vous envoyer sa déposition ; il fait monter les forces de l'ennemi bien haut et dit qu'il y a quinze mille hommes destinés pour venir attaquer Carillon et le fort Saint-Frédéric. Tous les autres prisonniers s'accordent assez sur ce qu'ils disent ; vous pourrez les faire tous interroger de nouveau. Cela mérite la plus grande attention ; le capitaine m'a assuré que les Anglois dirigeoient leurs principales forces sur cette partie ; qu'ils s'embarrassoient fort peu de Choagen, qui leur étoit plutôt à charge qu'utile ; que tout ce qu'ils désiroient, c'étoit d'avoir Carillon et Saint-Frédéric. Il m'a ajouté que, s'ils ne réussissoient pas dans l'attaque qu'ils veulent faire dans cette partie, ils établiroient un nouveau fort entre le fort Georges et le fort Lydius, et qu'il étoit même question de le faire au fond de la baie où M. de Dieskau laissa ses bateaux et où l'on fit un retranchement pour mettre lesdits bateaux à couvert, et qu'ils iroient y camper avec toute leur armée pour le construire.

Vous pourrez voir si tout ce que disent ces prisonniers s'accorde avec les dépositions de ceux que vous pouvez avoir d'ailleurs, et avec les autres nouvelles que vous pouvez avoir reçues d'autre part, d'après lesquelles vous jugerez s'il est bon que vous augmentiez les forces qui sont dans cette partie. Vous savez en quoi elles consistent. Telles qu'elles sont, je recevrai l'ennemi, s'il vient, et je le combattrai, et nous ferons de notre mieux pour remporter la victoire. Je crois que je puis vous répondre du zèle et de la bonne volonté de mes troupes.

Je voudrois bien que le nombre de malades fût moindre. Nous en avons plus de quatre cents aux hôpitaux, et la maladie continue toujours. J'ai l'honneur de vous envoyer l'état de cent-dix-sept miliciens arrivés de Montréal. Je les ai fait passer aux camps de M. de la Corne et de M. de Contrecœur, ce qui ne fait que remplacer leurs malades. J'en ai seulement ici retenu les ouvriers qu'il y avoit parmi eux, qui ne sont qu'au nombre de douze.

Sur les dernières nouvelles, je redouble mes soins pour accélérer les travaux du fort ; nous manquons de charpentiers, y en ayant qui sont malades ; je prends tous ceux qui arrivent dans les recrues.

Je joins ici l'état des malades qui sont partis du fort Saint-Frédéric pour retourner dans leurs paroisses, lesquels ont été jugés par les chirurgiens et M. de Lusignan hors d'état de continuer la campagne.

Je vous supplie de vouloir bien écrire à M. de Lusignan une lettre de satisfaction sur le zèle qu'il apporte au bien du service et à l'exécution de mes ordres.

Messieurs les officiers venant de Montréal m'ont assuré qu'il y avoit en route trois cents sauvages qui nous venoient bien à propos.

Permettez-moi d'assurer ici Mme de Vaudreuil de mon respect.

Déposition du sieur John Jheperd, fait prisonnier par le détachement de M. de Beaujeu.

Il est né Irlandois et est venu fort jeune à la Nouvelle-Angleterre. Il est capitaine dans le régiment de New-Hampshire ; ce régiment est de dix compagnies de cinquante hommes. Les régiments qui sont destinés pour l'expédition de Saint-Frédéric ne sont point égaux en nombre ; le régiment de Rhode-Island est de quatre cents hommes et le premier régiment de Boston est de huit cents hommes environ.

Il a été pris entre le fort Lydius et le fort Georges par des François et sauvages ; qu'il étoit allé à la découverte avec douze hommes ; que son lieutenant-colonel, qui avoit avec lui cent hommes, avoit ordre d'aller faire raccommoder les chemins ; que l'année dernière, il étoit premier sergent avec le colonel Johnson ;

Qu'il n'avoit aucun métier ; que son père étoit un habitant aisé ; que lui étoit quelquefois en ville et quelquefois à la campagne ;

Qu'il y avoit autour du fort Edouard cinq mille hommes destinés pour l'expédition de Carillon ; qu'il le sait positivement par les recrues qui ont été faites ; qu'il y avoit aussi huit cents malades du flux de sang, qui n'étoient cependant pas assez malades pour aller à l'hôpital ;

Que quelques jours avant qu'il ait laissé le fort Edouard, le général Winslow étoit passé pour aller au fort Georges avec deux mille hommes et six grosses pièces de canon, telles qu'on n'en avoit point encore transporté ;

Qu'il y avoit deux mille hommes rendus au fort Georges avant le colonel Winslow ;

Qu'il ne peut pas dire au juste le nombre de canots que l'on a transporté sur le lac Saint-Sacrement ; qu'il peut y en avoir de deux à trois cents ;

Qu'il ne sait pas le nombre des régiments qui composent leur armée ;

Qu'il sait que le fort Georges est fini, et qu'il sait aussi qu'il n'y a pas dans la Nouvelle-Angleterre de meilleur fort ;

Qu'il n'y a point de retranchements aux environs du fort Georges ni de fossés ;

Qu'il y a une grande gabarre sur le lac pour transporter le canon et qu'il y en a quelqu'autres de vingt-cinq, de trente et trente-cinq pieds de long ;

Le conseil se tint la veille qu'il est parti pour délibérer si l'on feroit l'expédition de Carillon cette année, mais qu'il n'a eu aucune connoissance des résolutions qu'on y a prises ; qu'indépendamment il croit qu'ils viendront à Carillon ;

Qu'il est sûr qu'avant son départ du fort Edouard, il arriva des dépêches du général Loundon qu'il alloit arriver à New-York, et que ces nouvelles sont arrivées le premier d'août ;

Que la guerre avoit été publiée à Orange ; qu'il sait qu'il y avoit cinq cents hommes de troupes arrivés à Orange ; qu'il les a vus ;

Qu'ils comptent venir à Carillon et à Saint-Frédéric les uns par terre et d'autres par le lac, et que, s'ils ne viennent point cette année faire l'expédition, ils comptent construire un fort au fond de la baie du sud où notre armée mit à terre l'année dernière ; que la plus grande partie de leur armée étoit au fort Edouard, et que, le lendemain, il devoit partir quatre régiments pour le lac Saint-Sacrement ;

Que le nombre des troupes que milord Loundon a amené dans la Nouvelle-Angleterre est de dix mille hommes, sans y comprendre les femmes et les enfants ;

Qu'ils n'ont aucuns sauvages ni au fort Georges ni au fort Edouard ; qu'ils étoient tous avec le général Johnson à Orange ;

Qu'il croit qu'ils ne viendront point à l'armée parce que Johnson, étant mécontent, ne veut plus servir, sur les reproches qui lui ont été faits par le gouverneur de n'avoir point poursuivi et détruit totalement les François dans l'action de l'année dernière du lac Saint-Sacrement, et que, Johnson n'allant plus à l'armée, les sauvages ne s'y rendront point non plus ;

Qu'il a vu les trois derniers soldats qui ont déserté de chez nous ; que le général les a interrogés, et qu'il ne sait pas ce qu'ils ont dit; qu'il a ouï dire qu'il y avoit trois mille hommes à Carillon, et qu'il croit que toutes les forces du Canada y sont réunies ;

Qu'ils font faire tous les jours la découverte, et qu'il y a des gens semblables aux sauvages, qui vont et viennent lorsqu'on le veut, qui sont au nombre de cinq cents.

4

XX

A MONSIEUR DE VAUDREUIL

De Carillon, le 9 août 1756.

Je reçois dans le moment la lettre que vous m'avez fait l'honneur de m'écrire du 25 du mois dernier. Je vous prie d'être persuadé du désir que j'ai de remplir vos vues dans le commandement du corps de troupes que vous avez bien voulu me confier. Je suis aussi sensible que je le dois à la bonne opinion que M. le marquis de Montcalm veut bien avoir de moi.

Si les recrues et les miliciens que vous m'annoncez arrivent, je pense que cette frontière sera en sûreté, si toutefois les maladies pouvoient cesser; car, comme j'ai eu l'honneur de vous dire par ma dernière lettre, nous avons quatre cents hommes hors d'état de faire le service.

Il nous est arrivé hier au soir trois cent quarante-deux soldats de recrue, venant de Québec, conduits par M. de Melouère.

Je me conformerai à ce que vous me faites l'honneur de me mander au sujet de ce que je dois dire aux sauvages pour nos opérations ultérieures. Vous ne devez pas douter que je ne fasse tout ce qui dépendra de moi pour retenir les sauvages le plus longtemps que je pourrai; vous savez combien cela est difficile et je ne me flatte point d'y réussir.

J'envoie douze bateaux par trente-six hommes qui ont amené les recrues ; c'est à raison de trois hommes pour chacun, on ne sauroit en mettre moins et il n'est pas possible qu'ils puissent en conduire davantage.

XXI

A M. LE MARQUIS DE VAUDREUIL

De Carillon, le 10 août 1756.

J'ai l'honneur de vous rendre compte que M. de Bleury est arrivé ici ce matin avec son convoi. J'adresse à Monsieur l'intendant l'état de ce qu'il a apporté de même que celui des remèdes qui sont nécessaires pour les hôpitaux.

J'ai oublié dans ma dernière lettre de vous informer que le détachement de M. Duplessis étoit rentré et qu'il a exécuté sa mission ; il a ramené deux bateaux et un canot d'écorce ; il a coulé à fond deux pirogues et deux bateaux ; il a trouvé dans la rivière Bocquette celui que les ennemis nous avoient pris, lorsqu'ils nous firent des prisonniers auprès de la Rivière à la Loutre.

Il y a encore un parti anglois qu'on dit être de cinquante hommes, qui est venu samedi dernier, 7, jusques aux premières habitations du fort Saint-Frédéric, où ils ont tué quatorze chevaux, heureusement qu'il n'y a pas eu d'habitants ni de soldats de pris. Je n'ai été informé de cet accident que le lendemain matin, de façon que je n'ai pas pu envoyer de détachement pour les couper.

Je vais établir des signaux par des coups de canon pour m'avertir quand l'ennemi paroîtra du côté du fort Saint-Frédéric; je ne pourrai cependant pas toujours compter sur ces signaux, parce que, lorsque le vent est contraire, on n'entend pas ici le canon du fort Saint-Frédéric.

J'ai été reconnoître le terrain que les troupes doivent occuper en cas d'attaque, et j'ai assigné à chacun son poste. J'ai été aujourd'hui avec un détachement reconnoître le chemin des Agniès, qui est en avant du poste de M. de la Corne, et j'en suis revenu au travers des bois jusqu'au camp de Carillon. J'ai trouvé tous ces bois très praticables. Il y a apparence que, si l'ennemi vient, ses plus grandes forces prendront cette route et que l'autre partie viendra par eau. Plus je réfléchis sur mes dispositions que vous avez approuvées, plus je crois qu'il n'y a rien à ajouter. Je prends des précautions pour être averti des mouvements que l'ennemi peut faire dans le bois, de même que dans le lac Saint-Sacrement. Je suis convenu avec M. le chevalier de la Corne qu'il enverroit demain un parti du côté du fort Georges; dans la circonstance présente nous aurions besoin qu'il fît quelques prisonniers. J'ai envoyé le 5 un parti de quinze sauvages avec M. du Sablé du côté du fort Lydius ; il m'a bien promis de m'amener quelques prisonniers ; j'attends son retour dans trois ou quatre jours.

J'ai l'honneur de vous envoyer le mémoire de la situation où se trouve le fort de Vaudreuil. Si les ennemis diffèrent à venir encore une quinzaine de jours, j'espère qu'il sera en état de défense. J'ai été obligé de donner un ordre par écrit à M. de Lotbinière, dont je vous envoie la copie, pour l'empêcher de distraire les travailleurs pour d'autres travaux qui deviendroient inutiles si préalablement le fort n'étoit pas en état d'y attendre l'ennemi ; ces Messieurs peuvent avoir leurs raisons particulières pour ne point presser les travaux ; pour moi, qui n'en ai pas d'autres que celles du bien du service, je les presse autant qu'il m'est possible et j'y tiendrai exactement la main, étant très persuadé que c'est me conformer à vos intentions.

M. de Saint-Vincent et M. de Sacquespée m'ont demandé la permission de s'en aller chez eux, étant incommodés ; je n'ai pas pu la leur refuser ; ils partent demain.

Il y a un lieutenant du régiment de Royal-Roussillon qui est aussi fort incommodé, qui me demande la permission pour aller à Montréal, je crois qu'il vous demandera celle de repasser en France.

M. Le Verrier est fort incommodé d'un rhumatisme ; il n'a cependant pas de fièvre.

Je vous prie de trouver bon que Mme la marquise de Vaudreuil trouve ici des assurances de respect.

XXII

A M. LE COMTE D'ARGENSON ET A MONSIEUR LE GARDE DES SCEAUX

Le 20 août 1756.

Depuis le 16 du mois dernier que M. le marquis de Montcalm m'a laissé le commandement du corps de troupes qui se trouve à Carillon, je n'ai pas eu d'occasion d'avoir l'honneur de vous écrire pour vous informer de ma position et de ce qui s'est passé ici depuis son départ.

J'ai envoyé plusieurs détachements à la guerre, dont deux sur les derrières pour assurer la communication d'ici au fort Saint-Jean qui est l'entrepôt des vivres qui viennent ici de Montréal et de Québec.

Il y avoit des partis ennemis qui avoient paru sur la Rivière à la Loutre, qui nous faisoient craindre qu'ils ne voulussent faire un établissement aux sources de cette rivière; le détachement que j'y ai envoyé s'y est rendu et n'a point trouvé que l'ennemi se disposât à y en faire aucun. Ainsi, quant à présent, nous pouvons être tranquille pour cette partie.

J'ai aussi envoyé un détachement pour le même sujet à la Rivière Bocquette, où l'on a trouvé des traces dans les bois de quelques partis ennemis, des canots et des pirogues qu'ils y avoient cachés, à dessein sans doute d'intercepter quelques-uns de nos convois ; on m'a ramené quelques-uns de ces bateaux et pirogues et le reste a été brûlé ou coulé à fond.

J'ai envoyé trois détachements en différentes fois au fond du lac Saint-Sacrement, auprès du fort Georges. Le premier m'a amené quatre prisonniers et a apporté quatre chevelures ; celui qui commandoit ce détachement m'a assuré qu'il y avoit eu beaucoup de monde tué, et que les sauvages n'avoient eu le temps que d'enlever les quatre chevelures, parce que l'ennemi venoit en force.

Le second détachement, commandé par M. de la Colombière, capitaine des troupes de la colonie, s'est aussi approché très près du fort Georges, a reconnu le camp des ennemis, y a donné l'alarme ; les ennemis ont envoyé un détachement à sa poursuite, avec lequel il s'est battu une demi-heure dans le bois ; il a rapporté cinq chevelures et dit aussi avoir tué beaucoup de monde.

Le troisième détachement, dont la plus grande partie étoit de sauvages, s'est aussi porté au fond du lac Saint-Sacrement et a laissé le fort Georges à la droite et s'est porté sur le derrière du camp des ennemis où ils ont fait deux prisonniers et quatre chevelures.

J'ai envoyé aussi deux autres détachements au fond de la baie auprès de la Rivière au Chicot où M. de Dieskau a débarqué l'année dernière et où il laissa ses bateaux; ce détachement étoit commandé par M. de Beaujeu, capitaine des troupes de la colonie; il étoit composé de deux cent cinquante hommes. Je lui avois ordonné de se porter entre le fort Lydius et le fort Georges pour intercepter quelques convois aux ennemis; il a rencontré sur ce chemin un détachement des Anglois qui travailloit aux chemins; il l'a attaqué, a fait six prisonniers et six chevelures et a mis l'ennemi en fuite; parmi ces prisonniers il y a un capitaine.

J'ai actuellement un autre détachement dans cette partie et un sur le lac Saint-Sacrement, du côté du fort Georges. La plus grande partie de ces deux détachements sont composés de sauvages. Je n'ai fait autant de détachements sur l'ennemi que pour l'occuper sur cette partie et lui faire faire diversion, pour favoriser l'entreprise de M. de Montcalm sur Choagen.

Si je n'étois occupé à construire ce fort, mes détachements auroient été plus considérables, et j'aurois pu en faire un assez fort pour y marcher moi-même; mais cela ne m'a pas été possible sans faire discontinuer les travaux de ce fort, qui est de la plus grande importance pour la sûreté de cette frontière; quelque célérité que je puisse y apporter, il ne sauroit être en état de défense avant vingt jours.

Si on doit ajouter foi aux rapports de tous les prisonniers, l'ennemi dirige toutes ses forces pour cette partie ; il paroit qu'il les rassemble au fort Georges, où milord Loundon doit être rendu depuis quatre jours. Tous les prisonniers disent qu'ils doivent attaquer ce corps de troupes et aller faire le siège du fort Saint-Frédéric. Ils font monter leurs forces bien haut et bien supérieures aux miennes. M. le marquis de Vaudreuil m'a envoyé du renfort ; mais j'ai beaucoup de malades ; ce qui fait que mes troupes ne sont point augmentées de plus de mille hommes depuis le départ de M. de Montcalm. M. le marquis de Vaudreuil me promet encore de m'en faire passer d'autres. Je suis déterminé à attendre l'ennemi avec celles que j'ai ; s'il vient, je le combattrai et nous ferons tout de notre mieux. Je crois que je puis vous répondre du zèle et de la bonne volonté de toutes les troupes qui sont ici.

J'ai l'honneur de vous envoyer un croquis de ma position et de la disposition des troupes en cas d'attaque. J'ai plusieurs fois été reconnoître moi-même toutes les parties que je dois faire occuper et par où l'ennemi peut venir ; je me suis porté pour cela en avant des deux camps de M. le chevalier de la Corne et de M. de Contrecœur ; ils occupent les deux rives de l'entrée et de la décharge du lac Saint-Sacrement. Ce qui me fait croire que l'ennemi veut entreprendre sur moi, c'est qu'il y a trois jours qu'il a envoyé, sans doute pour reconnoître cette partie, un assez gros détachement jusques aux premières habitations du fort Saint-Frédéric, où il a tué une vingtaine de chevaux ; il n'y a point eu de soldats ni d'habitants de pris, ni de chevelures levées. Je n'en ai été averti que le lendemain matin, ce qui a fait que le détachement que j'ai envoyé à la poursuite, n'a pu le joindre ni le couper dans sa retraite.

Je mande à M. le garde des sceaux les mêmes choses dont j'ai l'honneur de vous rendre compte.

Il y a aussi quelques découvreurs qui ont paru sur une montagne pour reconnoître le camp de M. de Contrecœur ; et, hier au soir, il y a eu un détachement de sauvages et d'Anglois qui sont venus jusques auprès de la tête du camp de M. le chevalier de la Corne, où ils ont levé la chevelure à deux soldats et en ont blessé un troisième ; c'étoit des soldats qui étoient un peu en avant de la garde du camp, occupés à pêcher dans le lac Saint-Sacrement. J'ai envoyé sur-le-champ plusieurs détachements à la poursuite, sans qu'il ait été possible de les joindre. Il s'est sauvé à la faveur des bois. Je ne puis que vous rendre de très bons témoignages des trois bataillons qui sont ici ; je puis avoir l'honneur de vous assurer que je n'y suis point sans occupation, commander à des sauvages et à des Canadiens n'est pas chose aisée. Je suis obligé d'entrer dans tous les détails ; il faut être général d'armée, maréchal-de-logis, ingénieur, garde-magasin, diriger les hôpitaux, et commis des vivres, cependant tout se passe assez bien et je m'aide beaucoup du major général et de M. de Fontbrune, capitaine du régiment de la Marine.

Si les ennemis vouloient bien attendre une vingtaine de jours à venir, je serois bien mieux en état de les recevoir; mais il faudra bien les recevoir quand ils viendront. Toutes mes dispositions sont faites pour cela. Je pense que, s'ils viennent, il y en aura une partie qui viendra par terre pour favoriser le débarquement de celle qui pourra venir par le lac Saint-Sacrement pour débarquer au poste de MM. le chevalier de la Corne et de Contrecœur. Par les nouvelles que j'ai des ennemis par les prisonniers, ils rassemblent beaucoup de bateaux et de barques au fort Georges.

Je n'ai point de nouvelles positives de M. de Montcalm; on me mande qu'il doit être parti du 6 de Frontenac.

XXIII

A M. LE MARQUIS DE VAUDREUIL

Le 20 août 1756.

J'ai reçu hier au soir la lettre que vous m'avez fait l'honneur de m'écrire du 7 de ce mois. L'ordre que vous avez bien voulu me donner de composer un détachement de mille hommes de ce corps de troupes et d'en prendre le commandement pour me porter entre le fort Lydius et le fort Georges, pour opérer une diversion dans cette partie, est très positif et, dans d'autres circonstances, me mettroit fort à mon aise pour exécuter le mieux que je pourrois vos intentions, auxquelles je me conformerai toujours autant par devoir que par inclination. Je crois que, dans cette occasion, ce ne seroit point les suivre, en profitant de la permission que vous me donnez de faire ce détachement, attendu que, par les dernières nouvelles que nous avons eues de l'ennemi, sa position est bien différente de ce que nous l'avions jugé. C'est ce que vous avez dû voir par ma lettre du 5 de ce mois, à laquelle étoit joint la déposition d'un capitaine anglois. J'ai eu l'honneur de vous l'adresser par les Abénakis qui vous amenoient les prisonniers faits par le détachement de M. de Beaujeu et par des sauvages de celui de M. de la Colombière. Je pense que, dans ces circonstances, hors que vous n'ayez des nouvelles contraires, nous n'avons rien de mieux à faire que de nous tenir sur la défensive.

Je ne saurais me porter entre le fort Lydius et le fort Georges, quelque diligence que je puisse faire, avant quatre jours de marche. D'ici au fond de la baie il y a dix lieues par eau, et du fond de la baie au chemin de Lidieux, il y a douze lieues par terre ; ce qui fait vingt-deux lieues. Si l'ennemi est en force au lac

Saint-Sacrement, il peut se porter et se rendre en douze heures au poste de la Chûte et se trouver à même d'entreprendre sur les camps de MM. de la Corne et de Contrecœur et d'opérer sur cette partie. Comme nos forces se trouveroient divisées, il lui seroit facile de culbuter nos postes avancés, et Dieu sait ce qui s'en suivroit. Après avoir poussé nos postes et obligé le corps qui resteroit ici de se mettre entre le fort et la redoute, rien n'empêcheroit alors l'ennemi d'envoyer un gros détachement aux Deux-Rochers, qui couperoit entièrement ma retraite ; et je ne pourrois me retirer qu'au travers des bois. Jugez où j'en serois réduit, si ce malheur arrivoit ; il pourroit peut-être entraîner avec lui la perte de la colonie. Aussi toutes ces raisons me font prendre le parti de différer de faire ce détachement, jusques à ce que nous ayons des nouvelles différentes de l'ennemi. Je compte que vous voudrez bien approuver le parti que je prends qui sera toujours soumis aux ordres que vous voudrez bien m'envoyer.

Ce qui me fait penser que les ennemis veulent entreprendre sur cette partie, ce sont les manœuvres hardies qu'ils font depuis quelques jours. Il y a des découvreurs qui sont venus sur la montagne qui est de l'autre côté de la rivière, vis-à-vis notre camp, d'où il leur aura été facile de découvrir et de bien examiner le fort, qui, de cette montagne, où j'ai été hier, paroît fort peu respectable. Il y a eu aussi des découvreurs qui ont été sur les hauteurs du camp de MM. de la

Corne et de Contrecœur. Il y a eu même un parti,
composé de sauvages et d'Anglois, qui, le 14 de ce mois,
s'est porté entre le camp et le bivouac du camp de M.
le chevalier de la Corne, où il y a eu deux soldats, qui
étoient à pêcher, qui ont eu la chevelure levée et un
troisième qui a reçu un coup de fusil dans le bras. M.
le chevalier de la Corne a envoyé un détachement à
leur poursuite ; une vingtaine de nos sauvages Iroquois, qui se sont trouvés dans son camp, ont suivi
environ un quart de lieue ce parti anglois, dont ils
sont revenus disant qu'il n'étoit pas possible de les
joindre. M. le chevalier de la Corne croit qu'ils n'ont
pas voulu les suivre parce qu'ils ont vu qu'il y avoit
des sauvages Agniès de leurs alliés et que, pour être
reconnus, ils ont laissé un casse-tête auprès des gens
à qui ils ont levé la chevelure. M. le chevalier de la
Corne envoya un détachement par le lac pour s'em-
busquer à quatre ou cinq lieues du fort Georges, pour
tâcher de couper la retraite à ce parti ennemi. J'ai
envoyé aussi de mon côté un détachement aux Deux-
Rochers pour le même objet ; mais tout cela a été sans
succès ; ce parti s'est sauvé à la faveur des bois, sans
que nous en ayons eu d'autres nouvelles.

Depuis ce temps-là les sauvages font beaucoup de
difficulté pour aller faire la découverte du côté du
fort Georges. Ils se sont mis en chemin deux fois pour
y aller avec un détachement de Canadiens, et, chaque
fois, sous différents prétextes, ils sont revenus de
moitié chemin. Je les ai grondés et ils m'ont promis

d'y retourner et d'aller découvrir jusqu'au fort Georges. Je donnerai ce détachement à M. de Florimond,
qui est un très bon officier et qui connoit déjà cette
partie. Il est essentiel de savoir ce qui s'y passe. Je
manque de sauvages, et je n'ai actuellement qu'une
vingtaine d'Iroquois, et onze Hurons qui sont arrivés
hier au soir.

Je suis en peine du parti de M. du Sablé, qui est du
côté du fort Lydius depuis le 7 ; il n'avoit des vivres
que pour huit jours. Je l'attends avec bien de l'impatience.

Il y a longtemps que je me donne des soins pour la
propreté du camp des miliciens et pour qu'ils fassent
un ordinaire réglé ; ce qui s'exécute aussi bien qu'il
est possible ; et c'est aux soins particuliers que M. de
Sabrevoix y donne que cela est dû ; je suis extrêmement content de tout ce qu'il fait, et il tient les troupes
de la colonie dans le meilleur ordre. Je vous serois
bien obligé de vouloir bien lui écrire une lettre de
satisfaction à cet égard ; c'est un officier très zélé et de
beaucoup de mérite.

J'ai l'honneur de vous envoyer ci-joint le nombre de
combattants qu'il y a dans ce corps de troupes ; et,
dans la totalité, on en peut bien distraire près de six
cents, qui sont dans les hôpitaux de Saint-Frédéric,
dans celui-ci ou malades au camp. Je joins aussi l'état
des miliciens qui sont partis du fort Saint-Frédéric
pour s'en retourner chez eux, ayant été jugés par les
chirurgiens hors d'état de continuer la campagne.

M. Le Verrier souffre toujours beaucoup de son rhumatisme ; je le sollicite pour aller rétablir sa santé à Montréal ; si ses douleurs continuent, je compte qu'il partira par le retour de M. de Bleury.

Trouvez bon que Mme la marquise trouve ici les assurances de mon respect. Je ferai recevoir les officiers dont vous m'avez envoyé la liste.

Je ferai tenir le conseil de guerre pour juger les trois soldats qui ont déserté de la colonie.

XXIV

A M. BIGOT, INTENDANT

Le 4 août 1756.

J'ai reçu hier les deux lettres dont vous m'avez honoré le 7 de ce mois. M. Almain doit vous avoir envoyé l'état général de ce que nous avons et de ce que nous avons reçu ; j'espère que vous voudrez bien suppléer à ce qui nous manque et qu'on a cru nous avoir été envoyé.

Nous n'avons au magasin actuellement que cent vingt-trois quarts de farine ; ce qui ne fait du pain que pour vingt jours à ce corps de troupes. Comme c'est ce qu'il y a de plus nécessaire, la provision doit en être la plus assurée ; et, si cela étoit possible, il faudroit qu'il y eût ici pour faire du pain pour deux mois à toute l'armée, parce que, si l'ennemi nous réduisoit au point de nous obliger à nous retirer entre le fort et la redoute, il lui seroit facile de nous rendre la communication de nos convois très difficile d'ici à Saint-Frédéric, en faisant occuper par ses détachements les endroits de la rivière qui sont les plus étroits. Ainsi je vous prie de vouloir bien nous faire arriver en droiture ici toutes les subsistances que vous destinez pour ce corps de troupes et de ne faire laisser au fort Saint-Frédéric que ce qui peut regarder l'hôpital.

Depuis le retour de M. de Beaujeu, j'ai cru qu'il n'étoit pas prudent d'envoyer de gros détachements à la guerre parce que, d'après les nouvelles que nous avons appris par la déposition des prisonniers, les forces et la position des ennemis sont bien différentes de ce que nous croyons ; et, si les prisonniers disent vrai, c'est à nous à nous tenir sur la défensive.

Par la dernière de M. le marquis de Vaudreuil il me mettoit fort à mon aise, et ses ordres étoient positifs pour me mettre à la tête d'un détachement ; et, si les circonstances n'étoient pas changées, j'aurois exécuté ses ordres avec grand plaisir. J'attendrai, avant d'opérer selon ses désirs, sa réponse à ma lettre du 5, par laquelle je lui envoie la déposition des prisonniers ; et, à moins qu'il n'ait des nouvelles différentes, je m'attends qu'il m'enverra des ordres contraires à sa dernière lettre......... *

---

* La suite de cette lettre, que nous supprimons, contient la répétition des considérations déjà exposées dans la lettre précédente à M. de Vaudreuil.

5

J'ai l'honneur de vous remercier du plan et du mémoire que vous m'avez envoyé pour l'attaque de Choagen ; je vous le renvoie ci-joint. Je souhaite beaucoup de succès à Monsieur le marquis de Montcalm ; mais je pense toujours de même pour cette opération.

Je prendrai les arrangements que vous demandez au sujet de l'eau-de-vie et de la mélasse ; je mande au sieur Almain de venir ici pour en conférer avec moi. Je crois que sa résidence devroit être ici, comme le dépôt des principales consommations et qu'il y seroit plus utile qu'au fort Saint-Frédéric.

Je ne vous écris pas de ma main, parce que, hier, j'ai été sur la montagne de l'autre côté de la rivière, vis-à-vis de notre camp, à l'endroit où sont venus les découvreurs ennemis ; j'ai fait une chute ; je me suis foulé le poignet et j'ai été fort heureux de ne m'être pas cassé le col.

Je suis toujours bien sensible aux marques d'amitié que vous me donnez, je vous prie de vouloir bien me les conserver, et d'être bien persuadé du sincère attachement, etc.

XXV

A M. LE MARQUIS DE VAUDREUIL

Le 16 août 1756.

J'ai reçu les deux lettres que vous m'avez fait l'honneur de m'écrire du 10 et du 14 de ce mois. Je n'ai

pu y répondre plutôt ni vous rendre compte de ce qui
s'est passé ici, parce que M. de Bleury est arrivé au
fort Saint-Frédéric, où il a débarqué son convoi, et il
en est parti le lendemain matin, de façon que j'ai
été aussitôt averti de son départ que de son arrivée.
Je n'avais rien d'assez pressé à vous mander pour vous
dépêcher un bateau.

Je me conformerai à ce que vous me faites l'honneur de me mander par vos deux lettres ; je ne donnerai plus de billets aux sauvages pour des fusils.

A l'égard de la direction des travaux en temps de
guerre, elle regarde l'officier supérieur qui est chargé
de la défensive de la frontière ; c'est à lui à ordonner
ce qu'il juge nécessaire d'être fait aux places, de même
que pour faire les retranchements qu'il juge convenable, pour mettre en sûreté les troupes et accélérer
les travaux suivant les circonstances ; et c'est aux
ingénieurs à se conformer aux ordres que le général
juge à propos de leur donner. Tant qu'il vous plaira
me donner le commandement des troupes de la frontière, je vous supplie de trouver bon que j'en use de
même, et je ne saurois en être chargé autrement.

M. de Lobinière s'est conformé aux ordres que je lui
ai donnés pour les travaux du fort, et je suis content
de la célérité que l'on y apporte. Depuis que M. le
marquis de Montcalm et moi y avons tenu la main,
les choses en vont beaucoup mieux. Je fais travailler
actuellement aux batteries ; je compte qu'à la fin de
la semaine prochaine, celles des deux bastions du

front de l'attaque seront finies, et on travaillera tout de suite à celle du troisième bastion, qui est aussi tourné du côté de l'attaque. On élève en même temps le reste du fort à la hauteur où il doit être. Jusques à la fin du mois prochain, je ferai travailler avec toute la diligence possible aux ouvrages de la défense du fort ; après quoi, je ferai travailler aux logements pour mettre à couvert les troupes que vous jugerez devoir laisser ici pendant l'hiver, et j'en laisserai toute la direction à M. de Lotbinière. Vous pouvez être assuré que je lui laisserai tous les agréments qui pourront dépendre de moi, et qui ne seront pas contraires au service. Je ne pense pas que personne puisse se plaindre de manque d'attention et d'égards de ma part, et que je ne donne pas à tous Messieurs les officiers et aux troupes toutes les douceurs dont je puis être le maître.

J'ai envoyé plusieurs partis et détachements à la guerre et à la découverte, sans qu'il leur ait été possible de faire des prisonniers. Depuis que les sauvages ennemis approchent si fort de nous, les nôtres, qui sont ici en très petit nombre, sont fort intimidés et n'osent pas s'écarter, et, sous différents prétextes, reviennent et font rétrograder les détachements de moitié chemin des endroits où ils doivent aller.

M. de Florimond, après être parti trois fois et les sauvages l'ayant toujours obligé de revenir, j'ai pris le parti de lui former un détachement de cent cinquante hommes, soldats ou Canadiens, pour aller reconnoître jusques au fond du lac et savoir ce qui se passe dans cette partie. Il a été jusques aux îles qui sont à trois ou quatre lieues du fort Georges, et a trouvé que les ennemis les occupoient en force, qu'ils y avoient environ cinquante bateaux et une barque à deux mâts, ce qui l'a empêché d'aller plus avant ; et peu s'en est fallu que, pendant la nuit, il ne se soit trouvé parmi les ennemis. Depuis ce temps là M. le chevalier de la Corne et moi avons fait tout ce qui nous a été possible pour envoyer des sauvages par les terres pour reconnoître ces îles et voir le camp qui peut être au fort Georges. Mais toutes ces précautions ont été inutiles ; les sauvages s'en sont retournés de moitié chemin, et les François ont été obligés de les suivre. .

Il m'est arrivé neuf Abénakis, qui m'ont promis d'y aller avec les Hurons ; ils doivent partir ce soir. Je leur donnerai les officiers et les Canadiens qu'ils demandent. Je souhaite beaucoup que ce détachement soit plus heureux que les autres, étant très essentiel d'avoir dans l'occasion présente des nouvelles de l'ennemi. S'il vient, je prends toujours mes arrangements pour le bien recevoir.

Nous avons eu quelques alertes ; j'ai envoyé sur le champ des grenadiers et des piquets aux camps de MM. de la Corne et de Contrecœur, et j'avois ordonné que l'armée se tînt prête à marcher.

Le 19, il y a eu un parti de sauvages anglois qui est venu à cent cinquante pas du camp de M. de Contrecœur, qui a tué deux soldats et leur a levé la chevelure. Quelque diligence qu'on ait pu faire pour se mettre à leur poursuite, on n'a pu les joindre, et on n'a pris que sept à huit couvertures, quelques capots et des fourreaux de sabres qu'ils ont laissés en chemin. Par les traces que l'on voit des partis anglois, soit du côté de nos camps ou du côté de Saint-Frédéric, il paroît qu'ils cherchent à faire des prisonniers pour savoir nos forces. J'ai pris les plus justes mesures pour que cela n'arrive point, ayant défendu aux soldats de passer les gardes et les sentinelles. J'envoie tous les jours d'assez gros détachements à la découverte, pour tâcher de couper quelque parti ennemi, pour être averti des mouvement qu'il peut faire dans le bois pour venir nous attaquer en force. Par les arrangements que j'ai pris, si tout le monde fait son devoir, nous ne devons pas être surpris. Nous avons aussi des bateaux qui sont continuellement à la découverte dans le lac, qui vont jusques à trois à quatre lieues d'où ils peuvent découvrir fort loin.

Par les alertes qu'il y a eues, les troupes des camps avancés étoient fort fatiguées et un peu ébranlées ; pour les rassurer, j'ai envoyé soixante hommes de troupes de terre au camp de M. de Contrecœur, qui seront relevées tous les quatre jours ; ils ne sont commandés que par deux lieutenants pour éviter que nos capitaines ôtassent le commandement à M. de Contrecœur par leur ancienneté.

J'ai aussi jugé que la distance des camps de MM. le chevalier de la Corne et de Contrécœur étoit trop grande, et que l'ennemi, venant du côté de la montagne et par le bois, pourroit en couper la communication ; ce qui m'a fait prendre le parti d'envoyer MM. de Saint-Martin, Le Borgne et Villejouin, avec un détachement de cent vingt soldats des troupes de la Marine, pour être placé à moitié chemin des deux camps à la côte du nord du lac Saint-Sacrement, pour en assurer la communication et pour pouvoir donner du secours à celui des deux qui seroit attaqué. Je pense qu'au moyen de ces précautions, ces deux camps seront en sûreté. M. de Saint-Martin est un officier expérimenté qui s'acquittera très bien de cette commission.

J'ai envoyé un parti de douze sauvages au fond de la baie où M. de Dieskau débarqua l'année dernière, pour savoir si l'ennemi, comme les prisonniers l'annonçoient, ne fait point travailler dans cette partie. Il est rentré hier et assure que l'ennemi n'y a point encore fait travailler, mais qu'il avoit trouvé beaucoup de traces des partis qu'ils y envoient. Ce même parti de sauvages s'est porté près du fort Lydius, où il dit avoir vu beaucoup de monde et entendu beaucoup de sauvages.

Monsieur du Sablé n'est point encore de retour avec son détachement de sauvages ; il est cependant parti depuis le 7 et n'avoit des vivres que pour huit jours ; je crains bien qu'il ne lui soit arrivé quelque fâcheux accident.

Si l'ennemi est dans le dessein d'opérer sur cette

partie, je pense que nous sommes au moment. S'il n'entreprend pas avant le 20 du mois, la saison devenant avancée, je crois qu'il n'y aura plus rien à craindre.

Si l'ennemi, malgré toute la résistance que je me propose d'y faire dans le bois, par des forces très supérieures, m'obligeoit à venir camper entre le fort et la redoute, dans ce cas il lui seroit facile de venir occuper les hauteurs qui sont à la portée du canon du fort, d'où il pourroit faire des détachements qui iroient se placer aux endroits les plus étroits de la rivière d'ici au fort Saint-Frédéric et qui pourroient facilement intercepter nos convois. Ainsi, je pense qu'il est très essentiel que ce corps de troupes soit assuré de sa subsistance au moins pour ce qui regarde le pain pour deux mois. J'ai déjà prévenu de cet article Monsieur l'intendant par ma dernière lettre du 17.

La santé de Monsieur LeVerrier va beaucoup mieux ; je serois très flatté de lui être bon à quelque chose ; je l'ai prié de disposer de tout ce qui est en mon pouvoir.

J'ai l'honneur d'écrire par ce courrier à Mme de Vaudreuil.

XXVI

A M. BIGOT, INTENDANT

Le 28 août 1756.

J'ai reçu la lettre dont vous m'avez honoré le 30 de ce mois ; je vous suis bien obligé des nouvelles dont

vous avez bien voulu me faire part ; elles sont toutes
fort intéressantes. Je pense que Messieurs les Anglois
ne sont pas à se repentir d'avoir commencé cette
guerre ; je compte que Mahon les mettra à la raison
et que cela nous procurera bientôt la paix.

Il ne m'a pas été possible de vous écrire plutôt
parce que M. de Bleury n'est venu que jusques au
fort Saint-Frédéric, et que j'ai su son départ aussitôt
que son arrivée.

M. Almain vous envoie l'état de ce qu'il a apporté,
de même que de ce qui nous est venu hier par la barque. Nous n'avons, tant à Saint-Frédéric qu'à Carillon que onze cents quarts de farine, ce qui ne fait tout
au plus de pain que pour vingt jours pour toute l'armée. J'ai déjà eu l'honneur de vous mander que je
pense qu'il seroit absolument nécessaire qu'il y eut de
la farine à Carillon pour deux mois. Je n'ai pu faire
aucun usage de la mélasse faute de chaudière. A peine
en avons-nous suffisamment pour les hôpitaux. J'ai
fait essayer de faire faire de la bierre aux soldats avec
leurs marmittes, mais cela n'a pas réussi, parce
qu'elles sont beaucoup trop petites. Si vous pouviez
nous en envoyer de plus grandes bien promptement
ce seroit un grand bien pour ce corps de troupes ; j'ai
empêché qu'on ne distribuât davantage de mélasse,
crainte que les soldats ne la mangeassent et que cela
ne leur eût fait beaucoup de mal. *

* La suite de cette lettre contient la répétition des nouvelles
données dans la lettre précédente à M. de Vaudreuil. Nous la
supprimons comme inutile.

Dans toutes les alertes qu'il y a eues ici, j'ai fait marcher les grenadiers et des piquets ; je me suis porté moi-même aux postes avancés, et l'armée étoit prête à marcher.

Le patron de la barque qui est arrivé hier au soir au fort Saint-Frédéric a apporté une nouvelle fort intéressante, qui est celle de la prise de Choagen avec une victoire complète sur l'ennemi ; ce qui fait grand plaisir ici à tout le monde. J'ai peine à y ajouter foi, parce que je me flatte que Monsieur le général et vous auriez eu la bonté de me le faire savoir en diligence.

XXVII

A M. LE MARQUIS DE VAUDREUIL

Le 31 août 1756.

J'ai l'honneur de vous écrire par les Iroquois du Sault qui vont vous amener un prisonnier et vous apportent deux chevelures qu'ils ont fait à cinquante milles de Baston sur la Rivière de Connecticut. C'est le parti de M. du Sablé qui est de retour, duquel j'étois fort en peine. Il est arrivé excédé de fatigues, de même que les sauvages et mourant de faim.

Ce prisonnier est un habitant qui ne nous apprend rien d'intéressant, si ce n'est que les gens du pays ont grand peur des sauvages, ce qui les empêche de faire leur récolte. M. du Sablé m'a dit qu'elle est sur pied et que le grain se perdoit par trop de maturité.

Ce parti a mis la terreur dans toute cette contrée; tous les forts des ennemis ont tiré du canon. Outre le prisonnier qu'ils ont fait et les chevelures qu'ils portent, ils disent avoir tué trois ou quatre personnes, et en avoir mis un grand nombre en fuite. Il ne me reste ici que trois ou quatre sauvages ; il ne m'a pas été possible de retenir les autres.

J'ai eu l'honneur de vous écrire le 28 par la barque qui a dû partir hier. Je vous rend compte de tout ce qui s'est passé d'intéressant, M. Artel, que j'avois envoyé avec les Hurons et les Abénakis pour savoir des nouvelles de ce qui se passoit au camp des ennemis, est revenu hier matin. Ils n'ont été que jusques aux îles qui sont dans le lac, qu'ils ont trouvées occupées en force par les ennemis ; de la façon qu'ils en parlent, il paroît que le nombre de tentes et des feux n'est point augmenté.

Je fais encore partir ce soir M. de Florimond avec des sauvages et quelques Canadiens, pour aller au travers des terres y reconnoître jusques au camp des ennemis. Ils m'ont fort promis de ne point revenir sans m'en donner des nouvelles positives; les sauvages promettent toujours beaucoup en partant, et je trouve qu'ils tiennent fort peu de leurs promesses. Le fait est qu'ils ont peur des sauvages ennemis qu'ils disent être en grand nombre. Il seroit bien à désirer que j'en eusse beaucoup ici, et j'attends avec bien de l'impatience ceux que vous m'avez annoncés.

M. de Lusignan m'a mandé du fort Saint-Frédéric, qu'un canonnier, une femme et une petite fille avoient été dans une pirogue à une habitation des environs de ce fort. Comme ils ne sont point revenus le soir, M. de Lusignan a fait tirer deux coups de canon.

Craignant qu'ils n'eussent été pris par quelques partis anglois, j'ai sur-le-champ fait partir des détachements pour tâcher de les couper. Ils sont rentrés ce matin et ils n'ont rien vu.

Comme on a trouvé la pirogue où ces gens étoient embarqués, sur la grève, je pense que cette pirogue aura chaviré et que ces gens se seront noyés.

Nos postes avancés, qui se tiennent fort alertes, découvrent tous les jours des traces des partis ennemis aux environs de leurs camps. Par les précautions que nous prenons, j'espère que, quelque jour, il nous en tombera quelqu'un entre nos mains ; ce qui seroit fort à désirer. Il paroit par leurs manœuvres qu'ils cherchent à faire des prisonniers pour savoir et connoître nos forces.

J'ai pris les plus sages précautions pour éviter cet accident qui, dans cette occasion-ci, en seroit un grand. Le patron de la barque assure à M. de Lusignan la prise de Choagen et en a dit bien des circonstances ; il dit même que M. de Sacquespée en a fait faire la réjouissance au fort Saint-Jean. Si cela n'est pas vrai, il mérite punition d'avoir porté ici une pareille nouvelle, que j'ai toujours beaucoup de peine à croire, puisque je ne reçois rien de votre part qui me le confirme.

XXVIII

A M. LE COMTE D'ARGENSON

Le 1er septembre 1756.

Je viens d'apprendre que le vaisseau marchand qui doit partir pour la France, ne l'est pas encore, et j'en profite pour vous rendre compte de ce qui s'est passé depuis la lettre que j'ai eu l'honneur de vous écrire du 20 du mois dernier.

Un détachement que j'avois envoyé pour savoir ce qui se passoit au fond du lac Saint-Sacrement a trouvé les îles qui sont à quatre lieues en-deça du fort Georgés, occupées par les ennemis, où il y a une cinquantaine de bateaux et une barque à deux mâts, ce qui l'a empêché d'aller plus avant.

Comme nous n'avons dans le lac Saint-Sacrement que quelques canots d'écorce, il ne nous est pas possible d'envoyer de gros détachements pour chasser les ennemis de ces îles qu'ils paroissent occuper en force. Les bateaux qui sont ici dans la rivière ne peuvent point remonter par la décharge du lac Saint-

Sacrement à cause des chutes et des rapides ; pour y en faire passer, il faudroit faire un chemin qui pourroit nous devenir contraire, si les ennemis entreprenoient avec avantage sur cette partie, parce qu'il leur serviroit pour faire passer l'artillerie.

Les partis ennemis et les découvreurs continuent toujours à faire des découvertes et à approcher des postes avancés, il y a eu des sauvages qui sont venus lever la chevelure à deux soldats de la Marine à cent cinquante pas de la tête du camp de M. de Contrecœur. On a été sur-le-champ à leur poursuite ; mais il a été impossible de les joindre ; ils se sont sauvés à la faveur des bois, et on n'a pu avoir que quelques fusils, couvertes, capots et casse-têtes, qu'ils ont abandonnés en fuyant.

Les sauvages que j'ai ici sont en très petit nombre. La plus grande partie est à Choagen avec M. de Montcalm. Ils sont fort intimidés, parce que l'ennemi a tous les siens dans cette partie ce qui fait qu'ils n'osent point suivre les partis anglois qui se présentent.

Les postes avancés étoient un peu ébranlés de voir continuellement l'ennemi si près d'eux ; pour les rassurer, j'ai envoyé soixante soldats de nos troupes de terre, commandés par deux lieutenants, au camp de M. de Contrecœur, afin que l'ancienneté de nos capitaines ne lui otât pas le commandement.

J'ai aussi envoyé M. de Saint-Martin, officier des troupes de la Marine, qui est très intelligent et sur

lequel on peut compter, avec cent-vingt hommes pour
être placé entre les camps de MM. le chevalier de la
Corne et de Contrecœur, à la côte du nord du lac
Saint-Sacrement, pour en assurer la communication.
De son poste il découvre les deux camps. Moyennant
ces précautions, je crois tous mes postes avancés très
en sûreté ; je vais les visiter très souvent. J'ai, nuit et
jour, des canots d'écorce dans le lac Saint-Sacrement
et des détachements, qui vont tous les jours dans le
bois aux endroits par où l'ennemi peut venir ; moyennant quoi, si tout le monde fait son devoir, comme
j'y compte, je ne saurois être surpris.

Par ma dernière lettre, j'ai eu l'honneur de vous
envoyer mes dispositions en cas d'attaque auxquelles
quant à présent je ne vois rien à changer.

Si l'ennemi est dans le dessein d'entreprendre sur
cette partie, je pense que nous sommes au moment
parce que s'il retardoit jusques à la fin de ce mois la
saison seroit trop avancée.

M. le marquis de Vaudreuil, par sa dernière lettre,
me mande qu'il a tout disposé pour m'envoyer de
nouvelles forces ; je les attends. M. le marquis de
Montcalm doit être devant Choagen, dont je ne sais
positivement aucune nouvelle ; je pense qu'actuellement son expédition est faite ou manquée.

Le dernier détachement de sauvages que j'ai
envoyé du côté du fort Lydius, m'a rapporté que les
ennemis ne travailloient à aucun établissement,
comme les prisonniers l'annonçoient, au fond de la

Rivière au Chicot, où M. de Dieskau laissa ses bateaux l'année dernière.

Ils se sont portés sur le chemin du fort Georges au fort Lydius, où ils ont vu beaucoup de monde sans qu'il leur ait été possible de faire des prisonniers ni des chevelures.

M. du Sablé, officier des troupes de la colonie, que j'avois envoyé avec des sauvages entre le fort Lydius et Albany, est revenu hier avec tout son monde ; j'en étois fort en peine, parce qu'il n'avoit pris des vivres que pour dix jours et qu'il a été vingt-trois jours dehors. Les sauvages n'ayant pas pu faire des prisonniers ni lever des chevelures du côté du fort Lydius ont demandé à M. du Sablé d'aller dans la Nouvelle-Angleterre. Ils ont été dans le comté de Massachussets à Halfield, sur la rivière de Connecticut, qui est à plus de deux cents milles d'ici et à cinquante milles de Baston, où ils ont tué une dizaine de personnes, dont ils n'ont eu le temps que de lever quatre chevelures, et m'ont amené un prisonnier, qui est un habitant, qui ne sait rien de ce qui se passe à l'armée. Il m'a dit que, dans sa contrée, on y avoit grand peur des sauvages et que les habitants n'osoient pas faire la récolte. M. du Sablé m'a dit aussi que les grains n'étoient pas coupés et qu'ils se perdoient par trop de maturité.

Il prétend que l'alarme a été grande dans la Nouvelle-Angleterre et que tous les forts ont tiré du canon. Il est revenu ici, de même que tous les sauvages, excédé de fatigues et mourant de faim. De pareils partis sont très nécessaires pour mettre l'épouvante parmi tous les habitants. Voilà tout ce que je puis avoir l'honneur de vous mander depuis ma dernière lettre ; je rends le même compte à Monsieur le garde des sceaux.

Postscriptum.—Je rouvre ma lettre pour avoir l'honneur de vous mander que j'apprends dans le moment la prise de Choagen, dont le succès a surpassé notre attente. M. le marquis de Montcalm a remporté une victoire complète, où nous n'avons perdu que très peu de monde.

M. le marquis de Montcalm me mande encore que mes mouvements sur l'ennemi les ont empêché de faire passer du secours à Choagen. Tous les prisonniers disent que l'Anglois se dispose à venir m'attaquer. J'ai de la peine à le croire, parce que, s'il eut dû venir, il n'auroit pas tant tardé ; peut-être même a-t-il craint que je ne marchasse à lui. Ce qu'il y a de certain, c'est que, s'il vient, il sera bien reçu ; je puis vous répondre du zèle de toutes les troupes qui sont ici.

XXIX

A M. LE MARQUIS DE VAUDREUIL

Le 1ᵉʳ septembre 1756.

J'ai reçu hier à huit heures du soir la lettre que
vous m'avez fait l'honneur de m'écrire du 19 du mois
dernier, par laquelle vous me faites part de la prise
de Choagen. C'est une victoire des plus complètes,
qui est due aux justes et sages précautions que vous
avez prises. J'ai l'honneur de vous en faire mon très
humble compliment. Vous ne devez point douter de
la part que je prends à un pareil avantage ; j'en suis
aussi aise pour M. le marquis de Montcalm que si
j'eusse été moi-même chargé de cette expédition.

Je pense que les secours que vous me destinez
arriveront à temps ; en tout cas je me battrai avec ce
qui est ici. J'ai déjà eu l'honneur de vous mander que
je vous répondois du zèle de cette armée ; et, si
milord Loundon s'avise de venir, il trouvera à qui
parler. Cependant augmentation de bien ne nuit pas ;
je recevrai avec plaisir les troupes que vous me destinez. Sans doute que Monsieur l'intendant aura
pourvu à leur subsistance.

J'ai eu l'honneur de vous écrire le 28 par la barque,
et, hier matin, par les sauvages ; je vous rends
compte dans ces deux lettres, de ma position et de ce

qui s'est passé ici. Je ferai chanter le *Te Deum* aujour-
d'hui à six heures du soir, et je ferai faire une réjouissance générale ; je compte que milord Loundon enten-
dra l'artillerie de ce fort.

J'ai envoyé des ordres à M. de Lusignan pour me
faire passer ici les troupes à mesure qu'elles arriveront au fort Saint-Frédéric.

XXX

A M. BIGOT, INTENDANT

Le 2 septembre 1756.

J'ai reçu à huit heures, hier au soir, la lettre que
vous m'avez fait l'honneur de m'envoyer. Elle m'a
fait d'autant plus de plaisir que je ne m'attendois pas
à un avantage si grand et si prompt.

J'ai l'honneur de vous en faire mon compliment.
Vous y avez contribué autant que personne par l'ordre
et l'activité que vous avez mis pour pourvoir aux subsistances et à tout ce qui a pu être nécessaire à cette
entreprise.

Je prends beaucoup de part à la gloire de notre
général et à celle de M. le marquis de Montcalm. Je
suis aussi satisfait qu'il ait réussi que si j'en avais été
chargé.

Le secours qu'on me destine arrivera assurément à

temps ; les troupes qui sont ici auroient autant d'envie que moi qu'il prît fantaisie à milord Loundon de venir nous attaquer ; je pense qu'il s'en trouveroit fort mal.

M. Almain vous envoie l'état de ce que M. de Bleury apporta hier. Sans doute que vous aurez la bonté d'ordonner qu'il nous soit envoyé la quantité de subsistance dont cette armée pourra avoir besoin. Vous connoissez l'état de nos magasins.

XXXI

A M. LE MARQUIS DE VAUDREUIL

Le 7 septembre 1756.

J'ai reçu la lettre que vous m'avez fait l'honneur de m'écrire le 22 du mois dernier. J'ai envoyé M. de Florimond avec un détachement de sauvages et de Canadiens jusques sur les hauteurs qui sont au fond du lac Saint-Sacrement, d'où l'on découvre le fort Georges. Il est arrivé avant-hier au soir ; il a rapporté qu'il s'étoit mis dans un endroit où il a parfaitement vu le fort et le camp des ennemis, qu'il dit être des deux côtés du fort, et qu'il lui a paru plus considérable que le nôtre.

Il dit qu'aux environs du fort il y a sept à huit hengards, dont le moindre est plus grand que celui que nous avons ici. Il n'a pas pu découvrir la quantité de bateaux qui sont dans le lac, attendu qu'ils sont dans une anse.

A la gauche du fort, du côté du nord, il a vu une barque et une autre sur le chantier prête à lancer à l'eau ; il a aussi vu plusieurs bateaux qui alloient et venoient des îles, qu'il paroit que les ennemis occupent toujours en force.

Le même jour que M. de Florimond étoit à reconnoître la position des ennemis, il y eut trois de leurs barques et dix bateaux qui vinrent jusques à une pointe qui est à deux lieues du camp de M. de Contrecœur, où nous avons deux bateaux bien armés qui y passent la nuit et le jour.

Un de ces bateaux tira trois coups de fusil sur les barques ; il y en eut une qui tira un coup de canon. Nos deux bateaux firent bonne contenance ; les ennemis crurent qu'ils étoient soutenus par d'autres qui pouvoient être derrière la pointe, qu'ils ne pouvoient pas voir, et que nous avions du monde à terre ; ils revirèrent de bord et s'en retournèrent, en tirant quelques coups de canon. Au premier avis que j'en eus, j'envoyai les compagnies de grenadiers et les piquets au camp de M. de Contrecœur. Je m'y rendis moi-même le lendemain avant le jour et fis armer quatre canots, et je fus jusques à l'endroit où les barques des ennemis étoient venues, d'où l'on découvre jusques à l'Ile à la Barque. Je ne vis rien dans le lac, et, depuis ce temps, il n'y a rien paru. Nos découvertes continuent toujours à leur ordinaire. Il n'y a guère de jours qu'il n'y ait quelques coups tirés au camp de M. de Contrecœur ; les partis anglois sont toujours de ce côté. Il arrive souvent aussi qu'on croit d'y en avoir et qu'il n'y en à pas, ce qui fait que nos sentinelles tirent mal à propos.

Perthuis, interprète des sauvages, qui m'a apporté votre dernière lettre, est arrivé le 5 au soir avec cent soixante-quinze sauvages. J'en avois ici une trentaine, de façon qu'il y en a actuellement deux cents, avec douze Amalécites de la Rivière Saint-Jean, qui sont arrivés hier au soir.

J'en vais faire passer la plus grande partie aux postes avancés et je n'en garderai ici que le moins que je pourrai.

Il y a actuellement un parti de sept à huit sauvages qui ont été pour faire coup du côté du fort Georges ; ils n'ont pas voulu être plus nombreux ; ils m'ont promis de m'amener un prisonnier.

Je compte de former deux ou trois gros partis qui iront en même temps du côté du fort Lydius et du côté du fort Georges, et pour reconnoître les îles que les ennemis occupent sur le lac Saint-Sacrement.

Il nous est arrivé hier un événement dont je suis très fâché : ce sont deux officiers du régiment de la Reine qui avoient été à la chasse aux canards, avec une pirogue, dans une anse qui est de l'autre côté de la Rivière au Pendu, vis-à-vis la redoute. Il y avoit un parti ennemi, qui y étoit embusqué et qui a fait sa décharge sur ces deux officiers, qui sont MM. de Biville et Tarsac, tous les deux lieutenants ; ils ont été tués. On a trouvé la pirogue chavirée et percée de plusieurs coups. J'ai envoyé sur le champ tous les sauvages qui étoient ici avec un détachement à leur poursuite. Comme il faisoit un gros vent, je n'ai pas pu envoyer du côté des Deux Rochers pour tâcher de les couper sur cette partie.

Les sauvages que j'ai envoyés ont suivi la trace du parti ennemi tout le reste de la journée et toute la nuit ; ils ne sont revenus que ce matin, sans avoir pu les joindre, nonobstant toute la diligence qu'ils aient pu faire. C'est un parti anglois qu'ils disent être d'une cinquantaine d'hommes. Ils ont trouvé, au bord du rivage où le coup s'est fait, la tête de M. de Tarsac avec la chevelure levée ; ils n'ont point trouvé le corps. De celui de M. de Biville, on n'a trouvé que le chapeau dans l'eau. Il y a apparence que les deux corps sont au fond de l'eau ; j'enverrai aujourd'hui pour tâcher de les retrouver. C'est un accident très triste et très désagréable. Je n'ai cependant rien à me reprocher à cet égard, ayant défendu à MM. les officiers d'aller à la pêche et à la chasse, et notamment sur cette partie. Pour y aller furtivement, ils avoient pris une pirogue qu'ils avoient chez eux. Je suis toujours très fâché, nonobstant les précautions que j'ai prises, que cet accident soit arrivé, d'autant plus que cela a tombé sur deux bons sujets. M. de Roquemaure regrette beaucoup M. de Tarsac qu'il aimoit et qui lui étoit recommandé.

Le régiment de Béarn est arrivé hier, je l'ai fait camper à la Chûte pour être plus à portée de soutenir nos postes avancés. J'ai été surpris qu'ils soient arrivés sans m'apporter aucune lettre ni aucun ordre de votre part.

Voilà le temps qui s'avance. Si les ennemis ne viennent pas d'ici au 20, je ne pense pas qu'ils entreprennent rien de cette campagne sur cette partie.

Vous me faites l'honneur de me demander mon avis sur les dispositions qu'il y auroit à faire pour faire un mouvement en avant. Je le regarde comme fort difficile dans la position qu'occupent actuellement les ennemis, où vraisemblablement ils ont rassemblé toutes les forces qu'ils peuvent avoir entre le fort Lydius et le fort Georges. Ainsi je pense que dans la circonstance présente, il ne seroit pas prudent de rien entreprendre sur ces deux forts jusqu'à ce qu'on fût très certain qu'ils eussent séparé ou divisé leurs forces, ce qu'ils ne feront vraisemblablement que quand la saison sera bien avancée et qu'ils jugeront que nous aurons séparé les nôtres.

Je ne connois que deux moyens pour marcher en avant. Le premier seroit de se porter au fond de la baie où M. de Dieskau débarqua l'année dernière, et de là au fort Lydius ou au fort Georges. Par cette route il faut faire dix lieues par eau et douze lieues par terre, dont il y a environ quatre lieues, en partant de la baie, de fort mauvais chemin, ce qui me fait penser qu'il ne seroit pas possible de mener par cette partie de l'artillerie. Il y auroit aussi un très grand inconvénient pour les vivres : on ne pourroit tout au plus en porter que pour huit ou dix jours. Il faut deux jours pour aller au fond de la baie, et deux pour se rendre au fort Lydius, et autant de temps pour revenir ; ce qui fait que, quand même on ne seroit pas contrarié par le mauvais temps ou par l'ennemi, on n'auroit au plus que deux jours pour opérer ; et, sans canon, on ne peut rien entreprendre contre ces forts. Ainsi je crois que, si on vouloit sérieusement entreprendre par cette route, il faudroit commencer par s'établir au fond de la baie, y faire un retranchement et des fours pour la subsistance des troupes qui opéreroient ; et, quelques précautions que l'on pût prendre, la communication seroit bien longue, et il y auroit toujours à craindre qu'elle ne fût interceptée. Il faudroit même laisser un parti considérable aux Deux Rochers et laisser aussi un corps de troupes à Carillon pour couvrir cette partie et masquer ce qui pourroit venir par le lac Saint-Sacrement.

Toutes ces considérations me font penser qu'il n'est pas possible d'entreprendre rien de considérable et sans beaucoup de danger par cette route. Celle qui est la plus facile est de passer par le lac Saint-Sacrement, et qui est aussi la moins dangereuse pour les événements qui peuvent arriver. Du camp de M. de Contrecœur au fort Georges, on peut y aller dans huit à dix heures, et l'ennemi n'ayant aucun établissement au fond de la baie, ni de bateaux ne peut rien entreprendre sur cette route. Une simple garnison au fort Carillon peut suffire, ce qui feroit que l'on porteroit toutes ses forces par le lac Saint-Sacrement sans avoir la moindre inquiétude pour nos derrières. Mais, pour prendre ce parti, il faut ouvrir un chemin au portage pour y faire passer les bateaux et de l'artillerie. Il n'y a qu'une demi-lieue de chemin qui ne seroit pas difficile à faire. Je suis persuadé que dans deux ou trois jours on le rendroit praticable. Il faudroit y faire passer suffisamment des bateaux pour y être supérieurs à ceux que l'ennemi y a ; il faudroit préalablement s'emparer des îles qu'il occupe, d'où l'on iroit dans la baie qui est derrière ces îles, du côté du nord. L'on m'a assuré que le débarquement y est très commode et que le chemin par terre, pour aller jusques au fort Georges, seroit très aisé à faire, le pays étant plat et n'y ayant que trois lieues. Par cette route, on ne craindroit point de manquer de subsistance. L'on pourroit même établir des fours au camp de M. le chevalier de la Corne.

Voilà tous les moyens que je connois pour entreprendre sur l'ennemi. Je pense qu'il seroit à souhaiter que nous eussions des barques et des bateaux sur le lac Saint-Sacrement ; il seroit facile d'y en faire construire ; mais je crois que la saison est bien avancée pour y penser cette année.

Puisque vous m'avez permis d'avoir l'honneur de

vous dire mon avis, le voilà tel que je le pense ; je le soumets à vos réflexions et aux gens qui connoissent peut-être mieux cette partie que moi.

XXXII

A M. LE MARQUIS DE VAUDREUIL

Le 11 septembre 1756.

J'ai l'honneur de vous informer que le parti de huit sauvages que j'avois envoyé du côté du fort Georges, qui m'avoit promis de m'amener des prisonniers, est de retour depuis deux jours, sans qu'ils aient pu effectuer leur promesse. Ils m'ont assuré qu'ils se sont approchés de très près du camp des ennemis, qu'ils ont compté sept rangs de tentes de cent trente chacun, qu'ils ont vu beaucoup de drapeaux à la tête du camp, qu'il est placé des deux côtés du fort, ainsi que M. de Florimond l'a dit ; ils disent aussi qu'il y a un retranchement autour, et qu'ils en ont été si près qu'ils ont vu faire l'exercice aux troupes.

J'avois formé un détachement de trois cents hommes, tant Canadiens que sauvages, dont j'avais destiné le commandement à M. de la Perrière. Il devoit se porter par le côté du nord du lac Saint-Sacrement, partie par eau et partie par terre, jusques à la hauteur des îles que les ennemis occupent. M. de la Perrière devoit former un détachement de cinquante des meilleures jambes, qui se seroit approché du camp des ennemis pour reconnoître la position et tâcher de faire quelques prisonniers.

M. de Florimond devoit aussi commander un détachement de sauvages Amalécites et Abénakis, qui devoit se porter du côté du sud du lac Saint-Sacrement jusques à la hauteur des îles, d'où il devoit prendre au travers des terres pour se porter sur le chemin du fort Georges au fort Lydius, pour tâcher d'y faire aussi quelques prisonniers. Ces détachements alloient partir, quand ils ont appris la nouvelle de l'arrivée de M. de Montcalm, ce qui a fait relâcher tous les sauvages qui ont voulu le voir avant que de partir. Pour les satisfaire et pour les y déterminer, M. de Montcalm, qui est arrivé hier au soir, a été ce matin au camp de M. de Contrecœur. Il a approuvé les dispositions que j'avois faites pour le départ de ces deux détachements et a engagé les sauvages à partir, ce qu'ils ont promis de faire demain matin.

J'ai fait camper le régiment de Guyenne, qui est arrivé hier matin, à la Chute, à droite du régiment de Béarn.

J'ai fait voir tous les arrangements et dispositions que j'ai faites à M. le marquis de Montcalm ; il me paroit les approuver, et je ne crois pás qu'il y fasse de changement.

J'ai reçu hier par le régiment de Guyenne la lettre que vous m'avez fait l'honneur de m'écrire du 30 du mois dernier. Vous me trouverez toujours disposé à exécuter avec zèle les ordres qu'il vous plaira me donner

---

XXXIII

A M. LE COMTE D'ARGENSON

Le 18 septembre 1756.

Depuis la dernière lettre que j'ai eu l'honneur de vous écrire du premier du mois, il ne s'est rien passé de bien intéressant dans cette partie.

Il y a eu seulement trois barques angloises et dix bateaux qui ont paru le 3 de ce mois dans le lac Saint-Sacrement, à la vue du camp de M. de Contrecœur. Deux canots armés, de vingt hommes chacun, que nous avions à la découverte, avertirent qu'il paroissoit des barques et des bateaux anglois. Au premier avis que j'en eus, je fis marcher les grenadiers et les piquets au camp de M. de Contrecœur, où je me rendis aussi. Je fis sur le champ armer une dizaine de canots pour aller soutenir les deux que nous avions à la découverte, qui firent bonne contenance à la vue des barques angloises qui tiroient quelques coups de canon ; nos canots répondirent par quelques coups de fusil. Les barques angloises, qui ne pouvoient pas voir la quantité de nos canots, parce qu'ils s'étoient rangés derrière un cap et qu'elles craignoient que nous n'eussions du monde à terre, revirèrent de bord, firent leur retraite en continuant de tirer quelques coups de canon. Le lendemain, à la pointe du jour, je fis armer tous les canots que nous avions dans le lac Saint-Sacrement, et je fus reconnoître jusques à l'Ile à la Barque, qui est à près de quatre lieues du camp de M. de Contrecœur, où je craignois que les ennemis ne fissent quelques dispositions pour venir m'attaquer. Je n'y vis ni barques ni bateaux. Depuis ce temps-là, ils n'ont point reparu dans cette partie. J'ai lieu de croire que nos manœuvres leur en ont imposé.

Le 6 de ce mois, MM. de Biville et de Tarsac, lieutenants au régiment de la Reine, ont été tués et ont eu la chevelure levée, étant à la chasse, malgré les défenses réitérées que j'avois faites. Pour y aller furtivement, ils avoient pris une pirogue pour tirer des canards. Ils furent jusques à un quart de lieue du camp, de l'autre côté de la rivière, où un parti de sauvages anglois s'étoit embusqué, qui leur fit une décharge à bout portant, dont ils ont été percés en plusieurs endroits. J'en fus averti sur-le-champ et j'envoyai deux cents sauvages à la poursuite de ce parti, qu'ils ont suivi pendant deux jours, sans pouvoir le joindre. Quoique je n'aie rien à me reprocher, ayant défendu la chasse et la pêche, je suis très fâché de cet événement, qui est la perte de deux officiers qui étoient d'ailleurs deux bons sujets.

Les régiments de Béarn et de Guyenne sont arrivés ici dans les premiers jours de ce mois. Je les ai fait camper au poste de la Chute, pour être plus à portée de se porter et de soutenir les camps avancés que nous avons sur le lac Saint-Sacrement.

M. le marquis de Montcalm est arrivé avant-hier. Il n'a rien changé à mes dispositions et les a toutes approuvées, de même que le départ d'un détachement de quatre cents sauvages ou Canadiens, qui doit aller pour reconnoître les îles que les ennemis occupent dans le lac Saint-Sacrement et, de là, se porter du côté du fort Georges, pour faire des prisonniers sur cette partie et savoir au vrai la position de l'ennemi. Ce détachement partira aussitôt que les sauvages des différentes nations dont il est composé seront unis.

Selon les dernières nouvelles que j'ai eu des ennemis, le 6 de ce mois, par un détachement de sauvages et Canadiens, commandés par M. de Florimond, officier des troupes de la Marine, qui s'est porté jusques sur les hauteurs qui découvrent le fort Georges, il paroit, par ce qu'il a vû du fort et du camp des ennemis, qu'il est beaucoup plus nombreux que celui que nous avons ici. Il dit qu'il est situé des deux côtés du fort et qu'il est entouré d'un retranchement ; il n'a pas pu bien découvrir la quantité de bateaux et de barques qu'ils ont dans le lac Saint-Sacrement.

Quoiqu'il n'y ait point à douter que les ennemis n'aient toutes leurs forces au fort Georges et au fort Lydius, je suis très persuadé qu'ils ne viendront point nous attaquer ; s'ils avoient dû le faire, ils n'auroient pas tant tardé et ne nous auroient pas donné le temps de réunir nos forces. M. le marquis de Montcalm pense de même que moi à cet égard et compte s'en retourner dans fort peu de jours à Montréal.

XXXIV.

A M. LE MARÉCHAL DE BELLE-ISLE.

Le 9 octobre 1756.

Il y a longtemps que les vœux de la France et de l'état militaire vous destinoit une place au Conseil. J'ai tant de raisons particulières pour m'intéresser à ce qui vous regarde, que vous devez être bien persuadé de la sincérité de mon compliment dans cette occasion.

J'ose me flatter que vous avez appris avec quelque satisfaction le succès de notre campagne et que l'on puisse croire que deux officiers qui vous sont aussi attachés que M. le marquis de Montcalm et moi y avons eu quelque part. Avec au plus trois mille hommes, il a pris le fort de Choagen, où les ennemis en avoient dix-huit cents avec beaucoup d'artillerie. Avec le même nombre que je n'ai pas toujours eu, j'ai mis hors d'insulte un fort à quatre bastions commencé le 15 octobre de l'année dernière ; je me suis fait respecter par les ennemis qui ont toujours eu six à sept mille hommes devant moi. Je m'étois posté de façon à bien défendre mon terrain à milord Loundon. J'ai toujours eu de très gros détachements sur eux, qui ont très bien réussi, avec des partis de sauvages, qui ont pénétré jusques dans l'intérieur de la Nouvelle-Angleterre, où ils ont fait beaucoup de prisonniers et de chevelures, ont porté l'effroi et la terreur parmi les habitants qui ont laissé perdre la plus grande partie de leur récolte. Tout cela les a si fort occupés, et je les ai observés de si près qu'ils n'ont pu rien entreprendre sur moi, ni envoyer du secours à Choagen.

M. le marquis de Montcalm qui est resté ici environ un mois et qui est parti hier pour Montréal, n'a rien changé à mes dispositions ; au contraire, il les a confirmées, ainsi que toutes mes manœuvres.

Malgré le succès de cette campagne où, s'il y a eu du bien joué, il y a eu aussi du bonheur, la paix est à désirer partout et surtout dans un pays où il y a des obstacles inconnus en Europe.

La saison commence à devenir rude. Je ferai commencer à défiler l'armée pour entrer dans ses quartiers à la fin de ce mois. Je ne partirai qu'avec la dernière division qui sera du 12 au 15 de novembre.

Vous connoissez les sentiments inséparables du nom que je porte ; je vous les ai voués, et à M. le comte de Gisors, et j'y joins ceux du respect avec lesquels, etc.

7

XXXV

A M. LE MARQUIS DE PAULMY

Le 9 octobre 1756.

Je me serois fait un devoir de vous écrire dans le courant de la campagne, si je n'avois su l'exactitude de M. le marquis de Montcalm à cet égard. Je ne veux cependant pas la terminer sans avoir l'honneur de me rappeler à celui de votre souvenir et vous demander vos bontés dans toutes les occasions.

J'ai fait tous mes efforts pour me maintenir contre des forces très supérieures sur la frontière du lac Saint-Sacrement... *

Postscriptum.—Comme j'ai plus de part que personne à l'heureuse expédition de M. de Montcalm sur la prise de Choagen, j'espère que, si on lui accorde des grâces, je ne serai point oublié. Quoique j'écrive à Monsieur votre oncle et que je ne lui demande rien, il est trop juste et trop équitable, s'il lui en fait donner, pour que j'en sois frustré. Il seroit désagréable pour moi qu'il en eut et que je n'en eusse point. Aussi j'espère tout de vos bontés pour moi dans cette occasion, etc.

---

* La suite de cette lettre n'est que la répétition de la lettre précédente au maréchal de Belle-Isle.

XXXVI

A M. LE COMTE D'ARGENSON

Le 26 octobre 1756.

J'ai l'honneur de vous envoyer par la frégate l'Abénakise, qui est le dernier bâtiment qui partira cette année-ci pour la France, les duplicata des lettres que j'ai eu celui de vous écrire pendant tout le cours de la campagne, où je joins le croquis de la position de cette partie, qui, par les connoissances que j'en ai acquises, est un peu plus exact que le premier.

Vous trouverez aussi la disposition de l'ordre de marche et de bataille que j'avois faite en cas d'attaque. M. le marquis de Montcalm n'y a apporté d'autres changements que celui de me remplacer au poste de la Chûte, où il auroit été à portée de faire passer ses ordres dans toutes les parties. Je devois me porter avec les régiments de Guyenne et de Béarn, qui sont campés à la Chute, au secours des trois camps avancés que nous avions sur le lac Saint-Sacrement.

Le régiment de Royal-Roussillon, la compagnie de grenadiers et un piquet du régiment de la Sarre avec quatre compagnies de la Marine devoient rester à la Chute avec M. le marquis de Montcalm. Les régiments de la Reine et de Languedoc, avec deux compagnies de la Marine, devoient marcher aux ordres de M. de Bourlamaque, qui devoit remplir l'objet dont M. de

Montreuil, capitaine dans le régiment de la Reine, étoit chargé conformément à ma première disposition.

M. le marquis de Montcalm part aujourd'hui pour Montréal. Je reste chargé de terminer la campagne et du déblaiement de l'armée. Je compte que les dernières troupes partiront du 15 au 20 du mois prochain pour le plus tard ; il n'est pas possible de tenir la campagne plus longtemps parce que les glaces fermeroient le retour des troupes dans leurs quartiers.

Je ne pense pas que, d'ici à la fin de la campagne, il se passe rien d'intéressant ; il pourra seulement y avoir quelque légère escarmouche de part et d'autre entre les détachements qui pourront se rencontrer.

M. le marquis de Montcalm a l'honneur de vous rendre un compte très exact de tout ce qui se passe, de même que de ce qui regarde l'augmentation des troupes et les besoins en général de cette colonie ; il a bien voulu me communiquer toutes ses demandes. Je pense qu'il n'y a rien à ajouter à sa prévoyance, et nous sommes très d'accord sur tous les articles qu'il vous détaillera par son chiffre.

Nous terminons cette campagne très glorieusement et très heureusement, vis-à-vis de forces beaucoup supérieures aux nôtres.

J'espère que nous aurons mérité votre approbation. En mon particulier, je vous supplie de m'accorder vos bontés et votre protection ; vous ne pouvez en honorer personne qui vous soit plus respectueusement attaché.

Je vous supplie de vouloir bien vous ressouvenir

que je ne suis venu dans ce pays-ci que pour y chercher et y mériter mon avancement militaire. J'ai sacri-
fié pour cela beaucoup d'agrément que je pouvois
avoir en France, et même des emplois à la cour, dont
j'étois très à portée. Je me flatte que vous voudrez bien
avoir la bonté de faire valoir mes services auprès du
Roi ; ce sera à vous seul que je devrai les grâces qu'il
vous plaira me faire accorder.

XXXVII

A M. LE MARQUIS DE VAUDREUIL

Le 26 octobre 1756.

J'ai reçu hier par M. de Bleury la lettre que vous
m'avez fait l'honneur de m'écrire du 16 de ce mois. M.
le marquis de Montcalm, qui part dans ce moment,
me laisse le commandement de l'armée ; il vous rendra
compte des arrangements que nous avons pris pour
terminer la campagne et le déblaiement des troupes.
Vous devez être bien persuadé de toutes mes attentions
pour suivre vos intentions et pour exécuter vos ordres.
J'espère que tout se passera de façon que vous aurez
lieu d'être satisfait. Je ne pense pas que les ennemis
entreprennent rien ; cela ne m'empêchera point de me
tenir sur mes gardes, et je ne partirai avec les dernières troupes que du 10 au 15 comme vous le désirez,
hors que la saison ne devînt assez mauvaise pour me

faire craindre d'être arrêté par les glaces ; comme aussi je resterai plus longtemps si les ennemis nous faisoient craindre quelque entreprise.

Je suis bien sensible à la part que vous voulez bien prendre à ma santé ; je me porte beaucoup mieux et je compte qu'elle ne m'empêchera pas d'aller visiter souvent les postes avancés.

XXXVIII

A MONSIEUR LE GARDE DES SCEAUX

Le 30 octobre 1756.

J'espère que je serai encore à temps de profiter de la frégate l'Abénakise pour avoir l'honneur de vous rendre compte que, depuis ma dernière lettre du 27 de ce mois, il ne s'est rien passé d'intéressant sur cette frontière. Les ennemis paroissent, ainsi que nous, se disposer à prendre leurs quartiers d'hiver. La saison devient rude ; les gelées commencent à se faire sentir ; et, pour n'être pas arrêté ici par les glaces, je vais commencer à faire défiler les troupes. Je ferai partir demain 31 les soldats des troupes de la Marine et les miliciens du gouvernement de Québec. Le 1er de novembre, je ferai partir le régiment de Guyenne, qui est destiné à passer l'hiver à Québec ; le 2, le régiment de la Reine, qui a ses quartiers à la Pointe-aux-Trembles, à sept lieues au-dessus de Québec.

Le 3, je ferai partir les compagnies de la Marine et les miliciens du gouvernement des Trois-Rivières.

Je ferai partir aussi le même jour le régiment de Béarn pour aller camper au fort Saint-Frédéric, pour y travailler à couper le bois nécessaire pour la garnison de ce fort. Je compte qu'il en pourra partir le 7 ou le 8, pour se rendre à Montréal. Si, dans cet intervalle, les ennemis faisoient quelques mouvements, je pourrois faire revenir ce bataillon. Il n'en sera éloigné que de cinq lieues. J'en garde ici cent hommes pour accélérer les travaux du fort de Carillon, pour finir de le mettre en état de défense et de recevoir la garnison.

Je laisserai au fort de Carillon et au fort Saint-Frédéric le nombre de troupes que M. le marquis de Vaudreuil y a destiné, ainsi que M. de Lusignan, capitaine des troupes de la Marine, dont il a fait choix pour commander dans ces deux forts.

Je ferai partir le 6 les compagnies de la Marine et les miliciens du gouvernement de Montréal. Si les ennemis ne font aucun mouvement et que la saison ne devienne pas trop rude, je ferai partir le 11 le régiment de Royal-Roussillon, qui va à Chambly.

Je partirai le 12 avec celui de Languedoc, que je conduirai dans ses quartiers auprès de Montréal.

Je replierai, le 4, en entier, tous les postes avancés que nous avons sur le lac Saint-Sacrement ; j'y enverrai seulement des détachements tous les jours qui rentreront tous les soirs au camp. Je serai par là informé si l'ennemi faisoit quelque mouvement sur cette partie. Si cependant il y marchoit, je m'y porterois avec toutes mes forces.

J'ai envoyé deux détachements composés de sauvages et de Canadiens du côté du fort Lydius et vers le fort Georges. J'espère qu'ils m'amèneront quelques prisonniers et que je pourrai être informé des mouvements de l'ennemi. Je prends toutes les précautions nécessaires pour éviter toute surprise et terminer cette campagne aussi heureusement que nous l'avons commencée.

Permettez-moi encore, Monsieur, de vous demander la continuation de vos bontés et de votre protection.

XXXIX

A M. LE MARQUIS DE VAUDREUIL

Le 30 octobre 1756.

J'ai l'honneur de vous rendre compte que, depuis le départ de M. le marquis de Montcalm, il ne s'est rien passé d'intéressant sur cette frontière.

Je crois que les ennemis, ainsi que nous, pensent à prendre leurs quartiers d'hiver.

M. le marquis de Montcalm aura eu l'honneur de vous dire les arrangements que nous avons faits pour le déblaiement de l'armée.

Les troupes de la Marine, de même que M. de Lusignan, avec douze canonniers, qui ne devoient partir que le 1er, partiront aujourd'hui, pour qu'ils ne s'embarrassent point avec le régiment de Guyenne, dans le portage de Chambly, qui partira demain.

La Reine partira le 2 avec le reste des miliciens du gouvernement de Québec.

Le 3, je ferai partir les troupes de la Marine et les miliciens du gouvernement des Trois-Rivières, et, le même jour, le régiment de Béarn pour aller camper au fort Saint-Frédéric et y travailler à couper du bois pour la garnison de ce fort. Je garderai ici cent hommes de ce dernier bataillon pour accélérer les travaux et y couper aussi du bois pour les troupes qui y doivent hiverner.

Il n'en est pas de même ici pour le bois qu'au fort Saint-Frédéric; dans quelque circonstance que la garnison puisse se trouver, elle ne sauroit en manquer, parce qu'il y en a une grande quantité de coupé qui est sous le canon de la place. Cela ne m'empêchera pas d'en faire mettre autant que je le pourrai en corde; j'ai même ordonné qu'il ne partiroit ni soldats, ni miliciens qu'ils n'eussent coupé quatre buches et mises en corde au fort; je compte que cet objet nous procurera cent cordes qui ne feront aucun tort aux travaux et qui ne coûteront rien au Roi.

Je compte que le régiment de Béarn pourra partir le 7 ou le 8, pour se rendre à Montréal, et qu'il aura fini ce dont il est chargé.

Je ne ferai partir les troupes de la Marine, de Montréal, que par le premier convoi de M. de Bleury, parce que je n'aurois pas assez de Canadiens de ce gouvernement, n'en restant ici que quatre-vingts, ce qui sera à peine suffisant pour conduire les bataillons de Royal-Roussillon, Béarn et Languedoc.

Je replierai en entier les camps du portage le 4; j'y enverrai tous les jours ou tous les deux jours des détachements qui rentreront tous les soirs au camp; je serai informé par là des mouvements que les ennemis pourroient faire sur cette partie. S'ils y paroissoient, j'y marcherois avec toutes mes forces pour les en chasser. Je ne pense pas qu'ils veuillent en courir les risques. Je ne saurois encore vous mander au juste le jour que je ferai partir les deux derniers bataillons; cela dépendra du temps et des circonstances; ce ne sera que du 10 au 15, comme vous l'avez ordonné.

Soyez persuadé que je ne négligerai rien pour mettre cette frontière en sûreté, et j'espère que nous terminerons cette campagne aussi heureusement que nous l'avons commencée; du moins vous pouvez être assuré que j'y apporterai tous mes soins.

J'ai envoyé un parti de sept sauvages, qui sont presque les seuls qui me restent, au fond de la baie de la Rivière au Chicot, qui m'ont dit qu'ils me rendroient un bon compte de leur découverte; ils m'ont même promis d'aller sur le chemin de Lydius et de m'amener un prisonnier.

Il manque un grenadier du régiment de Languedoc

depuis avant-hier au soir ; on le croit égaré, pris ou
tué dans le bois ; on ne pense pas qu'il soit déserté,
n'ayant rien emporté de son équipage et que d'ailleurs il étoit fort sage. J'ai envoyé hier un détachement pour le chercher, qui ne l'a point trouvé. J'en
ai envoyé un autre aujourd'hui, qui n'est point de
retour.

J'ai permis à M. Duplessis d'aller au fort Saint-Frédéric pour y rétablir sa santé. Les chirurgiens disent
qu'il est hors d'état de passer l'hiver ici. J'attendrai
vos ordres à cet égard.

M. de Bleury, qui aura l'honneur de vous remettre
ma lettre, avoit déjà demandé la permission à M. de
Montcalm de devancer de quelques jours les troupes
qui vont à Montréal, y ayant à ce qu'il dit des affaires
très intéressantes à y terminer.

XL

A Mᵐᵉ DE MIREPOIX

Le 30 octobre 1756.

Je profite, Madame, des premiers vaisseaux qui
vont partir pour France pour me rappeler à l'honneur
de votre souvenir et de réclamer de nouveau vos bontés. Je vous envoie la relation de la campagne que
nous avons faite dans ce pays-ci, qui a été heureuse

et brillante. Nous avons pris Choagen et contenu les ennemis dans leurs limites. J'ai commandé pendant toute la campagne un corps séparé et j'ai eu le bonheur de réussir dans toutes les expéditions que j'ai entreprises. Nous touchons à la fin de la campagne et je suis destiné à passer l'hiver dans le gouvernement de Montréal, où sera aussi M. le marquis de Vaudreuil.

J'attendrai avec bien de l'impatience le mois de mai pour avoir de vos nouvelles. Je vous supplie de ne pas oublier qu'il faut m'écrire en février et faire mettre vos lettres au bureau de la Marine.

Je ne puis vous témoigner assez combien je suis fâché d'être éloigné de vous et de n'être pas à portée de vous renouveler moi-même, les assurances du respectueux attachement que je vous ai voué pour la vie et avec lequel, etc.

XLI

A M. DE MIREPOIX

De Carillon, le 30 octobre 1756.

Nous sommes sur le point de terminer notre campagne et j'ai l'honneur de vous envoyer la relation de ce que nous avons fait. J'ai lieu de croire que vous serez content du succès de nos expéditions.

M. le marquis de Montcalm a pris Choagen ; et moi, qui commandoit sur les frontières de la Nouvelle-Yorck, j'y ai attiré les plus grandes forces des ennemis et les ai empêchés de porter des secours à Choagen. Mes dispositions ont été approuvées, et, soit bonheur ou autrement, tout à réussi. Sous une quinzaine de jours, toutes nos troupes seront entrées en quartiers d'hiver, et il ne restera que des détachements dans les forts de nos frontières. Ce sera la dernière lettre que je pourrai vous écrire de cette année, et je vais attendre avec bien de l'impatience le retour de nos vaisseaux, qui ne peut être qu'à la fin d'avril, pour avoir de vos nouvelles.

Conservez-moi toujours vos bontés et votre amitié ; vous savez combien elles me sont précieuses ; et soyez bien convaincu de l'attachement inviolable, etc.

XLII

A M. LE COMTE D'ARGENSON

Le 15 avril 1757.

J'ai l'honneur de vous rendre compte, par la première occasion qui part pour la France, de mes opérations de la campagne dernière. Je ne partis du camp de Carillon, avec les bataillons de Royal-Roussillon et Languedoc, que le 13 novembre, après que

je fus exactement informé par des prisonniers et des
détachements, que j'avois envoyés à la guerre, que
milord Loundon étoit parti du fort Lydius et que son
armée avoit décampé du fort Georges et du fort
Lydius, que toutes les troupes étoient séparées et
qu'elles étoient en route pour aller prendre leurs quartiers d'hiver dans la Nouvelle-Angleterre et dans la
Nouvelle-Yorck.

J'établis les garnisons des forts de Carillon et de
Saint-Frédéric. Je laissai des instructions à MM. de
Lusignan et de Gaspé, capitaines des troupes de la
Marine, destinés pour commander dans ces deux forts
sur la conduite qu'ils devoient tenir pendant l'hiver
pour la sûreté de ces postes et pour les partis qu'ils
devoient envoyer à la guerre, comme aussi pour la
conservation des vivres. Je laissai aussi une instruction particulière à M. de Basserode, capitaine au régiment de Languedoc, qui étoit le plus ancien de nos
troupes de terre qui restoit à Carillon sur la conduite
qu'il devoit avoir avec M. de Lusignan, dans tous les
cas qui pourroient arriver.

Après que j'eus pris toutes les précautions que je
pensai être nécessaires, je décampai de Carillon et
repliai tous nos postes du lac Saint-Sacrement, dont
j'avois donné le commandement à M. de Poularies,
capitaine des grenadiers au régiment de Royal-Roussillon. La terre étoit déjà couverte d'un pied de neige.
Je fis le plus de diligence qu'il me fut possible crainte
d'être arrêté par les glaces sur le lac Champlain, dont

les bords étoient déjà pris. J'arrivai heureusement
dans le gouvernement de Montréal sans aucun accident. Toutes les troupes étoient le 20 novembre dans
leurs quartiers. La saison étoit trop avancée pour
qu'il me fut possible de descendre à Québec, où je
devois passer l'hiver ; je préférai de rester à Montréal
pour être plus à portée de la frontière, dans le cas
qu'il y eut quelque mouvement pendant cette saison.

Si M. le marquis de Vaudreuil avoit jugé à propos
de me donner le commandement du détachement qu'il
confia à M. de Rigaud pour l'expédition qu'il a faite
sur le fort Georges au lac Saint-Sacrement, je m'en
serois chargé avec plaisir; mais je n'aurois pu faire
mieux qu'il n'a fait. Cette entreprise a eu tout le succès qu'on pouvoit en attendre.

MM. les marquis de Vaudreuil et de Montcalm vous
rendront compte de tout ce qui s'est passé pendant
l'hiver et de la situation de cette colonie ; ce qui fait
que je n'entrerai dans aucun détail à cet égard.

Je me flatte que, s'il y a deux corps de troupes qui
agissent dans deux différents côtés, M. le marquis de
Vaudreuil voudra bien me confier le commandement
d'un ; je rechercherai toujours avec bien de l'empressement toutes les occasions où je pourrai donner des
preuves de mon zèle pour le service du Roi. Je m'estimerai bien heureux s'il me met à portée de mériter
vos bontés et votre protection.

XLIII

A M. LE MARQUIS DE PAULMY, SECRÉTAIRE D'ÉTAT
DE LA GUERRE

Le 20 juin 1757.

M. le comte d'Argenson m'a toujours honoré de ses bontés. Quoique je me flatte de les retrouver en vous, je ne puis qu'être très fâché de sa disgrâce.* Permettez-moi d'avoir l'honneur de vous témoigner la part que j'y prends ainsi que la satisfaction que j'ai de vous voir le remplacer dans toutes ses charges. Trouvez bon que je mette sous votre enveloppe une lettre pour lui que je vous supplie de lui faire passer.

J'ai l'honneur de vous envoyer aussi le duplicata de la dernière lettre que je lui ai écrite. M. le marquis de Montcalm m'a communiqué le compte qu'il vous rend de la situation de cette colonie et de l'état de nos troupes de terre; je n'ai rien à y ajouter, et il est conforme en tout à ma façon de penser. Je puis vous assurer que nous vivons dans la plus grande intelligence et que nous ne négligeons rien pour le bien du service. Je ne puis aussi que me louer de M. le marquis de Vaudreuil. Quand on est aussi éloi-

---

* Le comte d'Argenson fut exilé le 2 février 1757 et remplacé par son neveu, le marquis de Paulmy, comme secrétaire d'État de la guerre.

gné, il faut toujours être d'accord avec tout le monde, lever les difficultés et n'avoir à cœur que le bien du maître.

Je me conduis sur ces principes, dont je ne m'écarterai jamais. Je vous supplie d'en être bien persuadé et d'en assurer Sa Majesté.

Nous sommes au moment de commencer nos opérations et d'agir offensivement sur la frontière du lac Saint-Sacrement. Le manque de vivres nous a empêché de les commencer plus tôt; et nous ignorions aussi de quel côté les ennemis dirigeoient leurs forces. Il paroit qu'ils ont formé le projet de faire le siège de Louisbourg, ils nous donnent en même temps quelque inquiétude pour Québec. Il nous sera facile de nous opposer à ce dernier et d'y porter nos forces; mais, pour Louisbourg, nous ne pouvons y faire passer que de foibles secours. Il doit tout attendre de nos forces navales d'Europe. Si les ennemis s'étoient postés du côté de la Belle-Rivière, je devois y marcher avec un assez gros corps de troupes, mais comme ils ne font aucun mouvement sur cette partie, nous rassemblons toutes nos forces pour agir sur la même frontière. Nous avons quantité de sauvages de toutes les nations. Je partirai dans deux jours pour me rendre au lac Saint-Sacrement.

Je trouverai M. de Bourlamaque au camp de Carillon; M. de Montcalm m'y joindra dans peu de jours avec les dernières troupes. Je vais d'avance tout dis-

8

poser pour faire passer l'artillerie et des bateaux dans le lac Saint-Sacrement.

Les circonstances nous permettent de faire le siège du fort Georges. Je commanderai le corps de troupes qui fera l'avant-garde et qui sera en observation pour couvrir le siège ; il sera composé de tous les sauvages, des Canadiens et des meilleurs marcheurs des troupes de terre et de celles de la Marine. L'incertitude du sort de ma lettre fait que je n'ose pas entrer dans de plus grands détails. J'espère que cette expédition me mettra à portée de mériter des nouvelles grâces du Roi ; je ne les attends que de vos bontés et de votre protection.

XLIV

A M. DE MORAS, SECRÉTAIRE D'ÉTAT DE LA MARINE

Le 20 juin 1757.

Les bontés que vous m'avez fait l'honneur de me témoigner dans toutes les occasions, m'ont fait apprendre avec grand plaisir que vous étiez chargé du département de la marine, et je me félicite d'être du nombre des troupes qui sont sous votre direction. Je suis cependant fâché de la disgrâce de M. de Machault. Il est ami de mes parents et m'a honoré de ses bontés. Permettez-moi de mettre sous votre enveloppe une lettre pour lui. J'ai l'honneur de vous envoyer le duplicata de la dernière que je lui ai écrite.

M. le marquis de Montcalm m'a communiqué le compte qu'il vous rend de la situation de cette colonie et de l'état de nos troupes de terre ; je n'ai rien à y ajouter, et il est conforme en tout à ma façon de penser. Nous ne négligeons rien de tout ce qui peut tendre au bien du service.

Quoique je ne puisse que me louer des attentions que M. le marquis de Vaudreuil a pour moi et que je connoisse le désir qu'il a de m'obliger, je vous serai cependant bien obligé de m'y recommander et de lui faire mention des bontés dont vous voulez bien m'honorer. Je vous supplie de vous ressouvenir que vous m'avez permis de m'adresser à vous directement sans vous faire solliciter par M. le prince de Soubise ni par d'autres personnes qui veulent bien s'intéresser à ce qui me regarde.

L'incertitude où je suis du sort de ma lettre, n'ayant pas de chiffre, m'empêche d'entrer dans de plus grands détails. J'espère que cette expédition me mettra à portée de mériter de nouvelles grâces du Roi ; je serai bien charmé de les devoir au compte que vous en rendrez. Je vous supplie d'être persuadé de toute ma reconnaissance, comme du respectueux attachement avec lequel, etc.

XLV

A Mme LA MARÉCHALE DE MIREPOIX

De Montréal, le 20 juin 1757.

J'ai eu la plus grande joie d'apprendre de vos nouvelles et que votre santé étoit meilleure encore que quand je vous ai quitté; je crois que vous ne doutez pas non plus du plaisir que j'ai eu d'apprendre que M. de Mirepoix étoit fait maréchal de France. Le voilà parvenu à tout ce qu'il désiroit. Je désirerois à présent être de retour en Europe et de le voir chargé du commandement d'une armée et servir sous ses ordres.

Nous allons commencer la campagne en ce pays-ci par la frontière de la Nouvelle-Yorck, où nous allons ramasser nos plus grandes forces pour entreprendre le siège du fort Georges, situé sur le bord du lac Saint-Sacrement. Je me propose bien de profiter de toutes les occasions du retour de nos vaisseaux pour me rappeler à l'honneur de votre souvenir et de vous renouveller les assurances du respectueux attachement avec lequel, etc.

XLVI

A M. LE MARÉCHAL DE MIREPOIX

De Montréal, le 20 juin 1757.

Je me flatte, Monsieur le maréchal, que vous me rendez bien la justice d'être persuadé que personne ne prend plus de part que moi à la justice que le Roi vient de vous rendre en vous faisant maréchal de France. Vous voilà parvenu à toutes les dignités que vous pouviez attendre ; il ne s'agit plus à présent que de continuer à vous bien porter, ce que je souhaite pardessus tout ; et, comme je compte que vous ne tarderez pas à avoir le commandement d'une armée, je voudrois bien que d'avance vous eussiez la bonté de demander mon rappel, afin que j'aie le plaisir et la satisfaction de servir avec vous ; et j'ose même être persuadé que vous ne seriez pas fâché de m'avoir auprès de vous.

Nous allons rassembler toutes nos forces sur la frontière de la Nouvelle-Yorck, et notre première opération doit être le siège du fort Georges, situé sur le lac Saint-Sacrement. Par les nouvelles que nous avons de la Nouvelle-Angleterre, les ennemis se disposent à porter toutes leurs forces à l'Ile-Royale, pour faire le siège de Louisbourg ; et c'est milord Loundon, gouverneur de la colonie angloise, qui doit être chargé de cette expédition. On assure qu'il doit aussi arriver des forces considérables de la Vieille-Angleterre, et qu'elles doivent se réunir avec celles de la Nouvelle au port d'Halifax en Acadie, d'où ils seront à portée d'opérer sur Louisbourg. Il n'y a que nos forces navales qui partiront d'Europe, qui peuvent sauver cette place; et il est bien à souhaiter qu'elles soient parties d'Europe à temps ; car, si nous avions le malheur de perdre Louisbourg, l'entrée de nos secours en Canada deviendroit encore bien plus difficile.

Je vous supplie de ne point m'oublier et de me donner le plus souvent de vos nouvelles; je serai exact à vous donner des miennes et à vous faire part de nos expéditions.

Je compte toujours bien sûrement sur vos bontés et votre amitié et vous prie de croire que rien ne peut égaler l'attachement inviolable et respectueux avec lequel, etc.

XLVII

AU ROI DE POLOGNE *

De Montréal, le 30 juin 1757.

Sire,

Avec l'agréement que Votre Majesté m'a fait la grâce de me donner de me permettre de me rappeler dans son souvenir et lui demander la continuation de sa bienveillance, je ne manquerai aucune occasion de faire part à Votre Majesté des vœux continuels que je fais pour sa conservation. J'ose la supplier d'en être persuadée, comme du très profond respect avec lequel je suis, etc.

XLVIII

A M. LE MARÉCHAL DE LAUTREC

Le 4 juillet 1757.

Je vous supplie d'être persuadé que personne n'a pris plus de part que moi à votre nouvelle dignité de maréchal de France qui étoit dûe à tous les services

---

* Stanislas Ier, roi de Pologne, surnommé le *Bienfaisant*. Il régna vingt-huit ans sur la Lorraine, et fut un grand protecteur des lettres et des sciences.

que vous avez rendus à lE'tat, tant à la guerre que
dans les négociations.

Depuis longtemps mes vœux, conformes à tous ceux
des militaires, vous y appeloient. Je puis vous assurer que nos troupes d'Amérique y ont pris autant de
part que celles d'Europe. Le régiment de la Reine n'a
pas oublié que vous avez été à leur tête ; tous les officiers du régiment, et particulièrement M. de Roquemaure, vous sont très attachés et il a de l'amitié pour
moi. Je l'ai prié, dans toutes les occasions, de vous
faire mention de moi et de me rappeler à l'honneur de
votre souvenir. J'aurois une grande satisfaction de
servir sous vos ordres et de mériter vos bontés, vous
savez que j'ai des titres pous y prétendre. Soyez per-
suadez, Monseigneur, de l'attachement et du respect
avec lequel j'ai l'honneur d'être, etc.

(Semblables lettres de félicitations aux maréchaux de Biron,
de Luxembourg, d'Estrées, de Clare, de Senneterre et de la Tour-
Maubourg, promus en même temps que le maréchal de Mirepoix.
La lettre au maréchal de Biron contient, sur l'état de la colonie,
quelques détails qui ne sont que la répétition de ceux déjà
donnés dans la lettre précédente au maréchal de Mirepoix.)

XLIX

A M. LE MARQUIS DE VAUDREUIL

Le 11 juillet 1757.

J'ai eu l'honneur de vous informer de mon arrivée
le 7 à Carillon. Je trouvai M. de Bourlamaque occupé

à faire partir un détachement de sauvages de différentes nations, qui ne pouvoient s'accorder sur l'endroit où ils devoient frapper ; je les déterminai à aller
du côté du fort Georges et à suivre par terre la côte du
nord du lac Saint-Sacrement. Mon objet étoit de reconnoître un chemin pour aller par terre au fort Georges,
attendu que nous n'aurons pas assez de bateaux pour
pouvoir y aller tous par le lac. J'avois aussi pour
objet d'éloigner les découvreurs ennemis des environs
de nos camps et de couper les partis qu'ils pourroient
avoir du côté du fort Saint-Frédéric. Les ayant donc
déterminés à aller dans la partie que je désirois, je les
fit passer au camp de M. de Gaspé, pour en partir le
lendemain matin ; mais, au moment de leur départ,
les Iroquois et les Ottowais ne furent point d'accord ;
ce qui m'obligea à les aller joindre pour les y mettre
et les faire partir. Je déterminai tous les Iroquois et
quinze Ottowais à marcher sur le champ ; le reste des
Ottowais promit qu'ils partiroient le soir en bateau
pour les aller joindre. M. de Langy a été avec le parti
qui a été par terre, qui, à cinq lieues du camp de M.
de Gaspé, tomba dans le chemin des Agniès et sur les
pistes d'un parti qui venoit de passer et qui faisoit
route vers le camp de Carillon. Comme ils alloient se
mettre en marche pour aller à la poursuite de ce parti,
ils le virent revenir marchant sur eux. Les Anglois
tirèrent les premiers ; nos sauvages firent le cri et
furent sur eux, le casse-tête à la main, en tuèrent trois
et firent sept prisonniers qui dirent que le détache-

ment n'étoit composé que de trente hommes, dont quatre étoient restés malades au fond de la baie de Ganaouské, où ils avoient laissé deux berges, que l'officier qui les commandoit s'étoit séparé d'eux avec sept hommes et un sauvage pour aller du côté de Carillon. Les Iroquois revinrent ramener leurs prisonniers et trouvèrent les Ottowais en chemin. M. de Langy se mit à leur tête ; il les amena sur la piste du parti de l'officier et sept hommes qui avoient été à la découverte ; ils le suivirent et, à la pointe du jour, ils rencontrèrent ce parti qui s'en retournoit. Ils en ont pris quatre ; mais malheureusement l'officier et le sauvage se sont sauvés avec un autre homme. Vous voyez que ce détachement a été pris, dissipé ou tué ; cela fera un grand bien, dans ce moment ici, pour éloigner les ennemis, puisqu'on connoît la route qu'ils tiennent. Il n'a pas tenu à M. de Langy qu'on ait été aux berges pour les prendre avec les quatre hommes qui les gardoient. Il n'a jamais pu y déterminer les sauvages. Je ne puis vous dire assez de bien de son zèle, de sa bonne volonté et de son intelligence ; il mérite que vous lui accordiez vos bontés.

M. de la Rochebeaucourt, aide de camp de M. le marquis de Montcalm, qui avoit été de bonne volonté à ce parti, n'a pas quitté M. de Langy.

J'ai fait camper quatre bataillons à la Chute, où je campe aussi pour être plus à portée de veiller à la célérité des travaux du portage et donner les ordres aux postes avancés. Le chemin est fait depuis avant

hier ; nous avons actuellement vingt bateaux dans le
lac Saint-Sacrement ; je compte qu'il en passera de
vingt-cinq à trente par jour. J'emploie les hommes,
les chevaux et les bœufs à les traîner ; je fais de mon
mieux pour remplir vos intentions. Je voudrois bien
que M. de Montcalm trouvât le portage fini à son arrivée ; mais je ne crois pas la chose possible, et je ne
pense pas que nous puissions être prêts à marcher en
avant qu'à la fin de ce mois.

M. de Raymond est arrivé hier au soir avec son détachement ; je l'ai fait camper au camp qu'occupoit l'année dernière M. de Saint-Martin. Il se retranche. Ce
poste couvrira la tête du portage et éloignera davantage les partis ennemis. J'ai ordonné partout d'être
alerte et bien sur ses gardes et d'empêcher sous aucun
prétexte l'officier et le soldat de s'éloigner. M. de
Raymond m'a dit qu'il n'avoit reçu aucun ordre de
votre part pour envoyer M. de Saint-Vincent à Montréal ; il m'a dit qu'il n'avoit point autant de tort
comme on auroit pu le croire par le compte qui vous
en a été rendu ; je lui ai cependant ordonné les arrêts
et à M. de la Chapelle, où je les tiendrai quelques
jours.

Malgré tous les ordres que j'avais donnés au fort
Saint-Frédéric et l'exemple des deux soldats qui avoient
eu la chevelure levée, un caporal de la garnison de ce
fort, à ce que m'a mandé M. de Lusignan, en est sorti
pour aller à la chasse et a emprunté un fusil à un
habitant ; il a passé la rivière et a été pris de l'autre

côté, aux habitations de M. Hocard, par un parti qui n'étoit que de six hommes, suivant les pistes qu'on a trouvées. Je n'ai point été averti assez à temps pour envoyer à la poursuite. Cet accident est assez fâcheux, parce que cet homme peut instruire les ennemis de beaucoup de choses. J'ai donné ordre à M. de Lusignan de prendre toutes les précautions possibles pour que cela n'arrive pas davantage, quand bien même il devroit consigner la garnison dans le fort.

La plus grande partie des sauvages Iroquois du lac et du Sault et les Ottowais sont partis pour s'en retourner dans leurs villages ou à Montréal, pour amener leurs prisonniers. Quoique j'aie pu faire, je n'ai pu les retenir ; ils m'ont assuré qu'ils viendroient sur le champ et qu'ils seroient ici avant que les sauvages du pays d'En-haut fussent arrivés.

Je vous envoie ci-joint la déposition de deux de ces prisonniers, par laquelle il paroit que les ennemis n'ont pas trop envie de soutenir le fort Georges, puisqu'ils parlent d'en retirer du canon. Vous pourrez les faire questionner séparément et plus particulièrement. Vous pouvez être tranquille sur la besogne que nous faisons actuellement ; vous connoissez les talents et l'activité de M. Le Mercier ; il est inutile que je vous fasse son éloge.

J'ai laissé M. de Bourlamaque à Carillon avec les deux bataillons qui y étoient déjà campés pour fournir à charger l'artillerie et continuer les travaux du fort autant que les circonstances le permettent.

L

Le 19 juillet 1757.

M. le marquis de Montcalm n'est arrivé que hier au soir. Sans une pluie de trois jours qui a arrêté notre portage, il l'aurait trouvé presque fini. Nous avons cent cinquante bateaux et quinze pièces de canon passés au lac Saint-Sacrement et beaucoup d'autres munitions de guerre ; les fours que j'ai aussi fait faire à la tête du portage sont finis. Nous n'avons pas perdu de temps ; tout est en bon train ; et, si nous ne sommes pas encore contrariés par les pluies, je compte que nous serons en état de marcher du 28 au 30 de ce mois.

J'ai donné à M. Marin le détachement que vous désiriez ; il est composé de trois cents sauvages et de cent bons Canadiens, de huit cadets, des deux MM. de Langy, de M. du Sablé et de M. de la Rochebeaucourt, aide de camp de M. de Montcalm, qui m'a demandé à y aller. Ce détachement a marché par le fond de la baie, où il doit voir si l'ennemi n'a pas fait quelque établissement à la Rivière au Chicot, d'où il se portera sur le chemin entre le fort Georges et le fort Lydius, pour tâcher d'intercepter quelques convois ; vous savez que la besogne est entre bonne main.

J'ai déjà dit à M. le marquis de Montcalm qu'il

feroit bien d'entretenir d'assez gros partis de sauvages sur le chemin entre le fort Lydius et le fort Georges, et les faire toujours passer par le fond de la baie ; cela attirera l'attention des ennemis sur cette partie, dont il paroit être inquiet, et l'empêchera de porter toutes ses forces au fort Georges.

J'ai aussi envoyé un parti de quinze sauvages et trois Canadiens, commandés par M. de Boucherville, vers le fort Georges, pour y découvrir le mouvement de l'ennemi et tâcher de faire quelques prisonniers. Ce détachement doit marcher par la côte du nord du lac Saint-Sacrement, d'où il sera aussi à portée de couper les partis ennemis qui pourroient venir vers le fort de Carillon et celui de Saint-Frédéric.

A mesure que les troupes de la colonie sont arrivées, je les ai fait passer à la tête du portage. J'ai fait occuper par M. de Raymond l'ancien camp de M. de Saint-Martin, et j'ai placé M. de Vergor en arrière, vis-à-vis de M. de Gaspé. Ces camps sont placés de façon à se secourir mutuellement et à bien assurer la tête de notre portage. J'ai aussi fait occuper une petite île qu'il y a dans le lac Saint-Sacrement, qui est à la vue du camp de M. de Raymond. Ce poste met en sûreté nos bateaux et empêche que rien ne sorte de ce camp sans être vu. Jusques à présent, il ne nous a déserté personne, et nous n'avons eu personne de pris. Je ne pense pas que l'ennemi soit encore véritablement informé de vos projets.

Le jour que M. de Vergor a assis son camp, il y eut

une alerte pendant la nuit, dans laquelle il y eut un soldat qui fut tué et un blessé ; on croit que c'est un parti ennemi qui est venu reconnoître ; mais, tout bien considéré, je pense que c'est une sentinelle qui a tiré mal à propos, et que cet homme a été tué par un de nos gens ; les découvreurs que j'envoyai pour vérifier le fait, ne trouvèrent aucune piste de la part de l'ennemi.

Tous les miliciens qui nous arrivent sont des maîtres hommes et paroissent remplis de bonne volonté ; les troupes sont bien disposées ; je crois pouvoir vous répondre de leur zèle et j'espère que tout ira bien.

LI

A M. LE MARQUIS DE PAULMY

Le 1ᵉʳ septembre 1757.

Par la dernière lettre que j'ai eu l'honneur de vous écrire avant mon départ de Montréal, j'avois celui de vous informer que j'allois me rendre à Carillon et y disposer tout pour l'entreprise du siège du fort Georges. J'arrivai le 7 juillet à Carillon. M. de Montcalm ne m'y a joint que le 18. L'artillerie et la plus grande partie des bateaux étoient déjà passés dans le lac Saint-Sacrement. L'article des vivres fut cause que nous ne fûmes en état de marcher que le 29. Je partis par terre trois jours avant l'armée avec un détachement de près de trois mille hommes, composé de toutes les compagnies de grenadiers et des soldats les meilleurs marcheurs, des Canadiens et des sauvages, pour me rendre à la baie Ganaouské, sur la rive gauche du lac Saint-Sacrement pour y favoriser le débarquement du reste de l'armée, que M. de Montcalm conduisoit par bateaux.

J'arrivai, le 1ᵉʳ août, à la baie de Ganaouské distante du fort Georges de quatre lieues, et M. de Montcalm m'y joignit le lendemain matin. Comme mon détachement n'avoit de vivres que pour quatre jours, je fus obligé de prendre de ceux que l'on transportoit par les bateaux. Après que la distribution en fut faite, je me remis en marche à onze heures pour m'approcher plus près du fort Georges et pour reconnoître un endroit où l'armée, qui me côtoyait toujours par le lac, pût débarquer avec l'artillerie ; mais il ne me fut pas possible de le faire dans cette journée, à cause de la difficulté des mauvais chemins, plus près qu'à une demi-lieue du fort, où je campai. Et toute l'armée, pendant la nuit, débarqua à une anse du lac que je couvrois. Mes postes avancés, pendant la nuit, firent des prisonniers qui nous dirent qu'il étoit arrivé la veille un secours considérable aux ennemis et qu'ils se disposoient le lendemain matin à venir au-devant de nous. Sur cela nous prîmes la résolution de nous mettre en marche dès la pointe du jour, d'aller à leur rencontre, s'ils venoient au-devant de nous, et de marcher pour investir la place. Je fis l'avant-garde de l'armée avec mon détachement, et, n'ayant trouvé que des postes avancés des ennemis, qui furent poussés vivement, je me rendis sur le chemin du fort Lydius pour investir la place et leur couper la communication avec ce fort. Les ennemis, au nombre de deux mille hommes, avoient pris le parti de se retrancher sur une hauteur auprès du fort Georges. Leurs retranchements étoient faits de pièces de bois les unes sur les autres; il ne me parut pas possible de le prendre l'épée à la main. M. de Montcalm me joignit à une heure après midi avec toute l'armée sur le chemin du fort Lydius, où j'étois déjà posté et en état de m'opposer au secours qui pouvoit venir d'Orange et de Lydius, où les ennemis avoient un gros corps de troupes assemblé, aux ordres du général Webb. M. de Montcalm me demanda ce que je pensais de la position de l'ennemi, qui étoit dans le camp retranché; je lui dis qu'il me paroissoit assez bien retranché pour ne point l'emporter de vive force, attendu que ce retranchement étoit fort élevé et qu'il étoit sous le feu de la place. Sur cela, M. de Montcalm prit le parti de faire le siège du fort sans attaquer le retranchement, ou du moins d'attendre qu'il fût battu par notre artillerie.

Comme notre armée n'étoit pas assez considérable pour investir en entier la ville et le camp retranché et, faire en même temps le siège, M. de Montcalm jugea à propos de rassembler son armée et de faire camper la gauche au lac, où étoit le dépôt de l'artillerie, et de

9

faire étendre la droite du côté de la montagne, tirant
du côte du fort Lydius. Je restai chargé avec M. de
Rigaud de Vaudreuil, gouverneur des Trois-Rivières,
du commandement de toute la droite de l'armée, où
il n'y avoit que des sauvages et des Canadiens, pour
veiller et pour m'opposer au secours que les ennemis
auroient pu envoyer, ainsi que pour empêcher l'éva-
cuation qu'ils auroient pu faire du retranchement. M.
de Bourlamaque fut chargé de la disposition du siège
et M. de Montcalm resta avec toutes les troupes
réglées pour le soutenir. C'est dans cette disposition
que nous avons pris le fort Georges et le retranchement.

M. le marquis de Montcalm vous rend compte des
articles de la capitulation et du détail du siège, de
même que de tout ce qui s'est passé dans cette entreprise ; et notre retour à Carillon sera demain.

C'est à la célérité qui a été mise à cette entreprise
qu'en est dû le succès, de même qu'à la bonne volonté
et aux peines infatigables que les troupes et Canadiens
ont supportées avec tout le zèle possible, particulièrement les troupes qui étoient sous mes ordres, qui sont
venues par terre et qui ont continuellement marché
au travers des bois et des montagnes, où il n'avoit
jamais passé que des sauvages. Je n'entre point dans
de plus grands détails parce que M. le marquis de
Montcalm ne vous laissera rien ignorer. En mon particulier, je m'estimerois bien heureux si mon zèle et
ma bonne volonté pouvoient mériter que le Roi fût

satisfait de mes services. Je me flatte que vous voudrez
bien les faire valoir et que vous m'accorderez vos bontés et votre protection.

Je ne dois pas vous laisser ignorer que M. de Sénezergues, lieutenant-colonel, commandant le second
bataillon du régiment de la Sarre, a marché avec moi
au détachement qui a été par terre et qui a suivi la
côte du lac Saint-Sacrement, lequel a favorisé le
débarquement de l'armée et en a fait l'avant-garde.
M. de Sénezergues a marché en qualité de lieutenant-
colonel, quoique ce ne fût pas à son tour, parce que
ses anciens ne se sont pas trouvés en état de faire une
marche aussi longue et aussi pénible et de supporter
des fatigues inconnues en Europe. M. de Sénezergues,
qui est dans la force et dans la vigueur de l'âge,
encouragé par son zèle et sa bonne volonté, a résisté
aussi bien que personne à toutes les peines que nous
avons eues dans la marche, et m'a beaucoup secondé
dans toutes les différentes opérations que j'ai eues à
faire, et dans les différents partis que j'ai eus à prendre. Je me suis aidé de ses conseils et de son activité
dans les manœuvres. Je ne puis vous rendre d'assez
bons témoignages de cet officier ; il est aimé, considéré et respecté dans son bataillon, où il maintient
une discipline exacte ; je ne pense pas qu'il y ait de
meilleurs lieutenants-colonels que lui ; il mérite que
ses talents et ses services vous soient connus ; il est
en état de se bien acquitter de toutes les commissions
qui pourront lui être confiées ; et, à quelque grade

qu'il vous plaira l'élever, j'ose vous assurer qu'il le remplira avec distinction. M. le marquis de Montcalm pense de même que moi sur son compte et je suis persuadé qu'il vous en rend le même témoignage. En mon particulier, je serois bien flatté si ceux que j'ai l'honneur de vous rendre peuvent lui procurer vos bontés et les grâces du Roi.

Je vous supplie d'observer que, quoique M. de Sénezergues n'ait eu la commission de lieutenant-colonel que depuis deux ans, lorsqu'il a passé en Amérique, il y avoit sept ans qu'il étoit commandant de bataillon.

LII

A M. LE COMTE DE MAILLEBOIS

Le 1ᵉʳ septembre 1757.

J'ai reçu les deux lettres que vous m'avez fait l'honneur de m'écrire du mois de février; ce sont les seules qui me sont parvenues de toutes celles que vous avez eu la bonté de m'écrire. Je suis très sensible aux nouvelles marques que vous me donnez de la continuation de votre amitié, et je vous supplie d'être persuadé de toute ma reconnoissance. Personne ne vous est plus attaché et ne prend plus de part que moi à tout ce qui vous regarde.

Quoique je joue ici le rôle d'un petit général, je préférerois encore d'avoir l'honneur de servir sous vos ordres ; les leçons qu'un maître tel que vous voudroit bien me donner, me seroient bien plus utiles que tous les sièges et toutes les batailles que nous pourrions faire et donner en Amérique.

J'ai l'honneur de vous envoyer la relation de ce qui s'est passé pendant la campagne et de notre expédition du fort Georges ; je crois que Bourlamaque vous l'envoie de même.

M. de Montcalm va partir pour aller joindre M. de Vaudreuil à Montréal, d'où il ira à Québec. Je reste chargé de faire repasser l'artillerie à Carillon et du déblaiement de l'armée ; je compte que cela me tiendra dix ou douze jours ; après quoi j'ai ordre de ramener quatre bataillons dans le gouvernement de Montréal, pour travailler au chemin de Chambly et au fort de Saint-Jean. Bourlamaque restera à Carillon avec deux bataillons pour continuer à faire travailler aux fortifications de ce fort.

Je regarde toutes les opérations de cette campagne finies ; quand même milord Loundon reviendroit avec toutes ses forces sur la frontière, il ne sauroit être en état de rien entreprendre de cette année.

Nous ignorons où est ce général anglois ; nous savons seulement qu'il a dû s'embarquer à Halifax avec huit mille hommes de troupes des colonies angloises sur une flotte considérable venue de la Vieille-Angleterre. L'on pense que c'étoit pour faire le siège de Louisbourg ou pour venir à Québec ; quant à ce dernier, cela n'est pas croyable. Quoiqu'il en soit, il paroit que son expédition est manquée ; nos forces navales ont mis en sûreté Louisbourg. Il seroit à souhaiter qu'elles gardassent mieux le golfe Saint-Laurent ; nous avons eu beaucoup de vaisseaux marchands pris, qui étoient chargés de vivres pour cette colonie.

Conservez-moi toujours un peu de part dans votre amitié, et soyez bien convaincu que celle que je vous ai vouée est sans borne, ainsi que l'attachement sincère avec lequel, etc.

LIII

A M. LE PRINCE DE SOUBISE

Du camp de la Chute, le 2 septembre 1757.

J'ai l'honneur de vous envoyer la relation de nos opérations de cette campagne et de la prise du fort Georges, etc. (Comme dans la lettre précédente.)

Je n'ai de vos nouvelles que par la gazette où je vois que vous occupez les premières places à la tête de nos armées d'Europe. Je n'en suis nullement surpris ; cela vous est dû à tous égards ; je suis seulement fâché de n'y pas servir sous vos ordres. Je vous supplie de me conserver vos bontés. Je ne sais si mes lettres vous parviennent; je ne manque aucune occasion de me rappeler à votre souvenir.

LIV

A M. LE MARÉCHAL DE MIREPOIX

Du camp de Carillon, le 4 septembre 1757.

Depuis mon départ de France je n'ai reçu què la lettre que vous m'avez fait l'honneur de m'écrire de Compiègne, le 26 juillet de l'année dernière; elle ne m'est parvenue que le 6 août, devant le fort Georges. Quoique très occupé dans ce moment, je n'ai jamais ressenti de plaisir plus vif que celui que j'ai eu en apprenant de vos nouvelles. J'étois pour lors en lieu de mettre en usage tous les préceptes que vous m'indiquez, qui m'ont servi utilement de guide et d'instruction, et je puis vous assurer que j'ai lu plusieurs fois tout ce que vous avez la bonté de me mander. J'y ai trouvé sans étonnement la science la plus profonde de métier; mais j'ai été surpris que vous eussiez des connoissances aussi justes de l'Amérique septentrionale, et de vous voir si au fait de la façon dont nous devrions diriger et y conduire la guerre. J'en suis d'autant plus aise que j'ai pensé la même chose et je n'ai jamais cessé de le dire à M. de Montcalm et à

M. de Vaudreuil. Vous ne croiriez peut-être pas que je suis celui dont la tête fermente le moins; nous avons des gens qui, de leur cabinet, font continuellement des projets hardis, pour ne pas dire téméraires, dont l'exécution est toujours difficile ; et, si nous n'avions pas affaire à des troupes foibles et timides, nous ne pourrions pas nous flatter des succès que nous avons. Mais je crains que les Anglois de l'Amérique ne fassent à la fin ce que les Moscovites ont fait aux Suédois, parce qu'il nous arrive aussi de brider le cheval par la queue, et même notre dernière expédition; mais il y a des gens à qui tout réussit.

Le fort Georges, que nous avons détruit à la tête du lac Saint-Sacrement, dont les eaux se déchargent dans le lac Champlain, met en sûreté cette frontière, du moins il faut du temps aux ennemis pour le rétablir et pour rassembler assez de vivres pour qu'ils puissent opérer dans cette partie et nous faire craindre quelque entreprise sur les forts de Carillon et de Saint-Frédéric. Il y avoit deux ans que les ennemis avoient commencé cet établissement. S'ils ont envie de le recommencer, il nous sera facile de nous y opposer, en interceptant par nos partis les convois qu'ils seront obligés d'envoyer du fort Lydius, y ayant six lieues de portage à faire pour aller au lac Saint-Sacrement. Le chemin à la vérité est beau; mais il est dans les bois, et c'est là où les sauvages ont beau jeu. La frontière, par laquelle les ennemis et nous avons plus de facilité à faire la guerre et de pénétrer les uns chez les autres, est sans contredit celle du lac Saint-Sacrement et celle de la tête du lac Champlain ; et c'est celle aussi où nous avons le plus de moyens à nous opposer, parce que de part et d'autre nos forces peuvent être plus promptement rassemblées et rendues sur la frontière.

Voici quelle est notre situation. Mais auparavant je dois vous prévenir sur la navigation des lacs et des rivières, qui sont les chemins dont on se sert dans ce pays et dont on ne peut pas s'éloigner parce que c'est par là que l'on arrive, et par où il faut nécessairement tirer toutes les subsistances et munitions de guerre.

De Québec, les barques remontent le fleuve Saint-Laurent et entrent dans la Rivière de Sorrel, qu'elles remontent jusques au fort Chambly, qui est notre premier entrepôt ; et nos habitations ne s'étendent pas encore plus loin. Du fort Chambly au fort Saint-Jean, il y a quatre lieues ; la rivière n'est pas navigable à cause des rapides et des cascades dont elle est remplie ; c'est ce qui forme la décharge du lac Champlain. Dans la rivière de Sorrel, il faut faire deux lieues de portage.

Le fort Saint-Jean est situé au-dessus de tous les rapides et à l'entrée du lac Champlain ; nous y avons de grosses barques et des bateaux qui vont jusques à Saint-Frédéric et à Carillon. Le fort Saint-Jean est le second dépôt et le plus essentiel, parce que c'est l'endroit où tout doit se rassembler.

Du fort Saint-Jean à Montréal, il y a neuf lieues ; il

y a un chemin de six lieues qui coupe la langue de
terre qui est entre la Rivière de Sorrel et le fleuve
Saint-Laurent ; de Saint-Jean, il va aboutir aux habitations qui sont à la rive droite du fleuve Saint-Laurent, à un endroit que l'on appelle la Prairie, qui est
une grande paroisse, où l'on fait une traversée de trois
lieues dans le fleuve Saint-Laurent pour arriver à
Montréal. C'est ce chemin qui fait la communication
de Chambly et de Saint-Jean à Montréal, parce que,
pour faire le grand tour, qui est de descendre la
Rivière de Sorrel et de remonter le fleuve Saint-Laurent, il y a trente lieues et que l'on dépend des
vents.

De Saint-Jean au fort Saint-Frédéric, on y compte
quarante lieues ; la navigation du lac Champlain est
belle ; on fait ordinairement ce trajet dans trois jours ;
quelquefois on est moins de temps, quelquefois plus ;
mais cela est rare. Le fort Saint-Frédéric est situé à
l'endroit où le lac Champlain forme une baie et se
rétrécit et ne forme plus que la largeur d'une rivière
d'une portée de fusil. Le fort Saint-Frédéric est une
très mauvaise place ; il est à tous égards mal situé et
est dominé ; il auroit été beaucoup mieux placé à la
rive droite du lac Champlain, vis-à-vis l'endroit où il
est, où il y a une bonne position, et il y auroit aussi
de quoi y établir un bon camp retranché.

Le mauvais état et la position du fort Saint-Frédéric a fait prendre le parti à M. le marquis de Vaudreuil d'établir le fort de Carillon à cinq lieues plus

loin, en remontant la rivière ou, pour mieux dire, la continuation du lac Champlain qui, dans cet espace, n'a de large que la portée du fusil.

Carillon est situé à la rive gauche à la jonction de la décharge du lac Saint-Sacrement et de la continuité du lac Champlain, qui prend encore sa naissance à dix lieues plus loin, où il forme une baie, et un marais. Les bateaux peuvent aller jusques au fond de cette baie. La Rivière au Chicot s'y décharge et, près de son embouchure dans la baie, il y a une chute; il faut faire un petit portage. Quoique la Rivière au Chicot soit fort étroite, elle peut porter des bateaux au printemps et des canots d'écorce en tout temps; elle prend sa source à la hauteur des terres qui séparent les eaux qui coulent dans le lac Champlain et dans la rivière d'Orange.

La Rivière au Chicot peut avoir dix lieues de cours. Six lieues au-dessus de son embouchure, les ennemis avoient construit un fort dans la guerre de 1711, qui fut détruit; on l'appelloit le fort de la Reine-Anne. De ce fort à la rivière d'Orange, où est actuellement situé le fort Lydius il y a six lieues de portage. On y avoit ouvert un grand chemin qui est encore connu et où nos partis passent. Cette route fait un débouché aux ennemis pour pénétrer dans la colonie, de même qu'à nous pour aller dans leur pays.

Je reviens à Carillon. J'ai dit qu'il étoit situé au confluent du lac Champlain et de la décharge du lac Saint-Sacrement.

De Carillon, pour entrer dans le lac Saint-Sacrement, il faut faire un portage d'une petite lieue. Le lac Saint-Sacrement peut avoir dix lieues de long sur une de large ; les barques et les bateaux y naviguent facilement dans toute son étendue. J'ai déjà dit aussi que les ennemis avoient ouvert un chemin du lac Saint-Sacrement pour aller au fort Lydius. La route par le lac Saint-Sacrement est la plus belle, la plus courte et la plus commode que les ennemis et nous, puissions prendre, lorsqu'on voudra agir offensivement.

La route du fond de la baie et celle de la Rivière au Chicot aboutit de même que celle du lac Saint-Sacrement au fort Lydius, qui est actuellement le dépôt et le poste le plus avancé que les ennemis aient sur la frontière de la Nouvelle-Yorck.

Le fort Lydius est situé sur la rive gauche de la rivière d'Orange, au confluent d'une petite rivière. Il est dans un fond ; mais le camp retranché que l'on a établi sur les hauteurs couvre la mauvaise position de ce fort ; on dit que ce camp est bien placé. Les ennemis y avoient rassemblé dix mille hommes pendant notre expédition du fort Georges.

Du fort Lydius à Orange, que les Anglois appeloient Albany, il y a vingt lieues ; il y a un grand chemin qui y conduit ; les bateaux chargés peuvent remonter la rivière d'Orange jusques au fort Lydius. Pour assurer la communication avec Orange, les ennemis ont placé quatre forts sur le bord de la rive droite de la rivière d'Orange.

Toutes les habitations, depuis la rivière de Sarastow, qui est à quatre lieues au-dessous du fort Lydius, jusques à Orange, sont abandonnées ; les détachements que j'y envoyai, la campagne dernière, enlevèrent partie des habitants et brûlèrent la plus grande partie des maisons. D'Orange à New-Yorck, on compte soixante lieues ; les barques remontent la rivière jusqu'à Orange.

Par le détail de la position de cette frontière, vous verrez que nous ne sommes séparés des ennemis que par un portage de six lieues, et que la plus grande attention de part et d'autre pour la défensive consiste à ne pas souffrir d'établissement sur les mêmes eaux. Nous devons toujours être séparés des Anglois par la hauteur des terres.

Nous avons plus de moyens que les Anglois n'en ont de leur côté pour mettre cette frontière en sûreté ; et, en supposant même que, par des malheurs suivis, nous perdissions les forts de Carillon et de Saint-Frédéric, il resteroit toujours aux ennemis à passer le lac Champlain et à traverser un pays inhabité jusques à Saint-Jean, où ils trouveroient toutes nos forces rassemblées, Montréal étant le centre de la colonie. Il n'en est pas de même pour les Anglois ; si une fois nous avions pris poste avec des forces suffisantes sur la rivière d'Orange, nous arriverions bien vite à cette ville, qui n'est pas assez bien fortifiée pour nous arrê-

ter; le pays des environs est assez bien habité pour
nous fournir de quoi vivre. Au lieu que si les ennemis pénètrent chez nous, il faudroit qu'ils appor-
tassent tout avec eux; ils ne trouveroient rien dans le
pays.

Quand vous m'avez fait l'honneur de m'écrire,
Choagen n'étoit pas pris; il est bien surprenant que
l'on eût permis aux ennemis de s'établir sur le lac
Ontario; la perte du Canada devoit s'en suivre. Ils
étoient déjà plus forts que nous en marine sur ce lac;
ils étoient même en état de nous couper toute communication avec Niagara; et, par conséquent, tous les
pays d'En-haut tomboient d'eux-mêmes et étoient
entièrement perdus. Choagen a été pris par l'opération
du Saint-Esprit comme nous venons de prendre le fort
Georges; et Dieu veuille que notre bonheur ne nous
abandonne pas si la guerre continue!

Il étoit plus facile que vous ne le pensez aux ennemis de soutenir Choagen, puisque la ville d'Orange
n'en est éloignée que de soixante lieues, et qu'ils y
communiquoient facilement par la rivière des Agniès
ou de Moack, qui prend sa source à la hauteur des
terres qui bordent le lac Ontario et va se décharger
dans la rivière d'Orange, à six lieues au-dessus de
cette ville. Les bateaux peuvent remonter jusques à
la hauteur des terres, d'où, après un portage d'une
lieue, on entre dans la rivière de Choagen, qui porte
aussi des bateaux et qui se décharge dans le lac
Ontario. C'est par la navigation de ces deux rivières

que les Anglois faisoient leurs transports et qu'ils sou-
tinrent Choagen. Ils avoient eu aussi la précaution
d'établir des habitants et des entrepôts à l'abri d'insulte le long de la rivière de Moack, de même que
trois villages des sauvages Agniès, qui est une nation
domiciliée chez eux, et de plus, comme les Cinq
Nations, qui sont établies vers les sources de la
Rivière de Choagen, étoient neutres, nous n'osions
pas envoyer nos détachements dans cette partie
crainte de les mettre contre nous. Mais, depuis que
Choagen est détruit, nous ne craignons plus les Cinq
Nations ; la plus grande partie a même pris la hache
pour nous et frappé sur les Anglois.

La frontière de la Belle Rivière est sans contredit
la partie de la colonie la plus foible et la plus difficile
à soutenir ; mais il faut cependant nous y maintenir
à quel prix que cela puisse être. Au point où en sont
les choses, le salut de la colonie et de la Louisiane en
dépend. Je n'entreprendrai pas de savoir si nos premières opérations à la Belle Rivière ont été bien ou
mal faites ; je serois cependant porté à croire que, si
l'on s'étoit seulement contenté de bien faire châtier
les premiers traitants anglois qui ont paru dans cette
partie, (c'étoit même le cas d'être sans miséricorde et
de leur faire lever la chevelure par nos sauvages affidés); de tels exemples en auroient assurément imposé
aux traiteurs, et ils n'auroient pas poussé leurs magasins et leur établissement aussi loin qu'ils avoient
fait et ils se seroient contentés de faire la traite du

haut des montagnes des Apalaches. Mais nous les
avions laissés, non seulement avancer jusques à la
Belle Rivière, et même encore jusques au lac Erié et à
la Rivière à la Roche, et au point qu'ils avoient déjà
débauché des bandes de nos sauvages les plus affidés
et qui commençoient à s'établir parmi eux. Les
Anglois ont dans cette partie beaucoup plus de moyens
que nous pour s'attirer les sauvages ; ils peuvent donner les marchandises à beaucoup meilleur marché et
particulièrement l'eau-de-vie ; et, avec cette liqueur
on fait tout ce que l'on veut des sauvages.

L'établissement du fort Duquesne et le combat
contre Bradock, dont le succès est dû à la Providence
qui protège cette colonie, a chassé les Anglois de la
Belle-Rivière et les a repoussés jusqu'au haut des
Apalaches, qui devroient être naturellement les limites
dans cette partie. Ils y ont établi le fort de Cumberland, qui n'est éloigné que de soixante lieues du fort
Duquesne. Le pays qui sèpare ces deux forts n'est pas
si difficile à traverser comme bien des gens ont cru ; le
général Bradock avoit surmonté toutes les difficultés
et il n'étoit qu'à trois lieues du fort Duquesne, quand
il fut battu et entièrement défait ; et il avoit amené
huit pièces de canon et six cents chariots pour porter
les vivres de son armée.

La Virginie et la Pensylvanie, qui sont les provinces angloises et qui sont de l'autre côté des Apalaches, est un pays abondant et en état de fournir aux
entreprises que les ennemis voudront faire sur la

Belle-Rivière; et, par le moyens des rivières et des chemins qu'ils ont ouverts, ils sont en état de se rassembler et d'établir leurs magasins au fort de Cumberland. Comme, pour ne pas se tromper à la guerre sur les opérations que l'ennemi peut faire, il faut le croire en état d'agir du premier poste qu'il occupe sur la frontière, ainsi il faut compter que les ennemis ne sont qu'à soixante lieues de la Belle-Rivière et que, dans huit ou dix jours, un corps de troupes peut être en état d'opérer sur nous, de même que nous sur eux. Ils peuvent aussi être informés d'avance des préparatifs que nous pouvons faire dans la communication de la Belle-Rivière, comme nous devons l'être de ceux qu'ils seront obligés de faire en arrière du fort de Cumberland et dans leur colonie.

Voici les moyens que nous avons pour soutenir le fort Duquesne et la Belle-Rivière : premièrement, tous les sauvages de cette partie, qui sont en grand nombre, et tous ceux du nord, qui, par l'espoir du gain, s'y rassemblent et font continuellement des courses dans l'intérieur des colonies angloises qu'ils dévastent et y portent la terreur et l'effroi par les cruautés qu'ils font. Il ne part pas de partis qui n'amène des prisonniers ou qui n'apporte des chevelures ; aussi les campagnes des frontières de la Pensylvanie et de la Virginie, sont abandonnées ; ce qui fait que, dans ces colonies, on désire bien la paix ; d'autant plus que les habitants de cette partie sont attachés à la culture des terres et au commerce et sont les moins guerriers de toutes les colonies angloises.

De Montréal au fort Duquesne, on y compte deux cent trente lieues ; on est ordinairement un mois pour faire ce trajet. On monte le fleuve Saint-Laurent jusqu'au lac Ontario ; on traverse ce lac jusques à Niagara, où l'on fait un portage de trois lieues pour entrer dans le lac Erié, et on fait une traversée dans ce lac de trente lieues pour arriver à la presqu'île qui est le premier dépôt que nous avons pour le fort Duquesne. De la presqu'île, il faut faire un portage de sept lieues pour arriver à la Rivière aux Bœufs, qui est le second dépôt ; nous y avons un petit fort. On descend la Rivière aux Bœufs avec des canots d'écorce ou des petits bateaux et l'on entre dans la Belle-Rivière, que l'on descend jusqu'au fort Duquesne. Nous avons un troisième dépôt à l'embouchure de la Rivière aux Bœufs dans la Belle-Rivière, que l'on appelle le fort Machault. Selon ce que l'on m'a dit du fort Duquesne, il est mal situé et beaucoup trop petit, et je croirois qu'il faudroit peut-être mieux l'abandonner que de le défendre, et, dans l'état où il est, il ne faut le regarder que comme un dépôt pour les vivres et non comme un fort à pouvoir soutenir un siège en règle.

Je pense que le fort Duquesne auroit été mieux situé plus près de Rivière aux Bœufs, parce que nous aurions eu plus de moyens pour le soutenir et que les ennemis auroient eu la difficulté de remonter la Belle-

Rivière, où il devroit nous suffire d'avoir un établissement, parce que, tant que nous serons maîtres du haut
de cette rivière, il ne sera pas possible aux anglois de
venir s'établir au-dessous de nous. Mais il faudroit
que l'établissement que l'on feroit fut un fort en état
de soutenir un siège en règle, pour qu'on eut le temps
d'avoir du secours de Niagara et de Montréal, ou du
moins du Détroit qui est un très beau et un bon pays
situé entre le lac Erié et le lac Huron ; et il seroit
bien à souhaiter, pour la sûreté de la colonie, pour la
communication de la Louisiane et pour le commerce
du pays d'En-haut avec toutes les nations sauvages,
tant du nord que des Illinois, que le Détroit fût plus
considérable qu'il n'est ; et je regarde ce poste comme
le plus essentiel et le plus important du Canada. Le
pays y est très fertile et il n'y manque que des habitants.

Nous ne pouvons nous soutenir dans la partie de la
Belle-Rivière qu'en ayant continuellement des partis
dans les colonies angloises, pour être informés à temps
des mouvements des ennemis et que nous puissions
avoir celui de faire venir du Détroit et de Michilima-
kina les François et les sauvages qui sont dans cette
partie, de même que de tirer du secours de Niagara et
de Frontenac ; car, si on n'avoit pas cette attention et
que les ennemis arrivassent en force avant nos secours,
il est certain qu'ils se rendroient maîtres de la Belle-
Rivière ; et, s'ils parvenoient à s'y établir, il nous
seroit très difficile de les en déposter.

A l'égard de l'Acadie, je ne pense pas que nous puissions y rien entreprendre de solide par le Canada. Nous n'avons que deux chemins pour nous y rendre. De Québec par la rivière Saint-Jean on peut arriver à la baie Françoise ; il y a deux cents lieues. De cette ville, on descend quarante lieues le fleuve Saint-Laurent, jusqu'à la Rivière du Loup ; on remonte cette rivière ; après quoi, on fait le portage de Témiscosatac, qui a vingt lieues et au travers des montagnes, et l'on arrive au lac Témiscosatac, qui a sa décharge par la Rivière Madasaska dans la rivière Saint-Jean.

La navigation de la rivière Saint-Jean est difficile ; il y a plusieurs rapides et chûtes à passer ; on ne peut se servir que de pirogues ou de canots d'écorce.

La seconde route est celle de descendre le fleuve Saint-Laurent et d'aller à la baie Verte qui, avec la baie Françoise, forme l'isthme de la péninsule de l'Acadie. Beauséjour, que les anglois nous ont pris, est situé dans l'isthme sur les bords de la baie Françoise. De la baie Verte, il faut faire un portage de trois lieues pour arriver à Beauséjour, et c'est par ce chemin que nous y avons mené l'artillerie.

Il ne nous reste actuellement aucune possession dans la péninsule de l'Acadie, ni dans l'isthme. Le peu d'Acadiens qui restent sont errants dans le bois avec les sauvages, et ils se tiennent depuis le haut de la rivière Saint-Jean jusqu'à la baie de Miramichy, qui est vis-à-vis l'île Saint-Jean dans le golfe Saint-Laurent. Leur principal établissement est à la baie de Mirami-

chy, où nous avons quelques troupes aux ordres de
M. de Boishébert, capitaine des troupes de la Marine,
qui subissent le même sort que les Acadiens et les
sauvages ; et ils font de fréquentes courses dans la
Nouvelle-Angleterre vers la partie de Boston.

Les nations sauvages de l'Acadie sont celles qui
nous sont les plus affidées et qui ont une haine irré-
conciliable avec les Anglois, avec lesquels ils ne font
jamais la paix.

Les Acadiens qui se soutiennent encore dans l'Acadie sont dignes de pitié et de la bonté du Roi ; ils
donnent les plus grandes marques des sujets les plus
fidèles ; ils sont réduits dans la dernière misère et
toujours à la veille de mourir de faim, et il n'en reste
peut-être pas douze cents. Après la prise de Beauséjour, malgré la capitulation, il y en a eu une partie
qui a été enlevée et transportée avec inhumanité dans
les colonies angloises ; une autre partie s'est établie à
l'île Saint-Jean ; et il y en a une autre petite partie
qui est venue en Canada.

Dans l'état où est l'Acadie, elle est plus à charge
qu'utile au Canada ; il faudroit qu'elle fut en état de
se soutenir par elle-même, et qu'elle formât un gouvernement particulier.

Si le Roi a des projets pour le recouvrement de
l'Acadie, il ne peut le faire que par ses forces navales.
Dans ce cas, il me paroit que ce qu'il y auroit de mieux
à faire, ce seroit d'envoyer une escadre dans la baie
Françoise. Nous serions en état du Canada d'y envoyer

des troupes légères et des détachements de troupes françoises. On pourroit aussi en tirer de Louisbourg. Ce qui viendroit du Canada et de Louisbourg se rendroit à la baie Verte et se porteroit à Beaubassin à la baie Françoise, et l'on feroit le blocus de Beauséjour et même le siège en attendant l'escadre de France, qui auroit ordre d'entrer dans la baie Françoise et de venir joindre les troupes du Canada.

L'escadre fourniroit les vivres et ce qui seroit nécessaire pour prendre Beauséjour, qui ne tiendroit pas longtemps. Beauséjour pris, on seroit maître de l'isthme et l'on seroit sûr d'avoir une porte de derrière à tout événement ; et rien n'empêcheroit que l'on ne fut faire le siège du Port-Royal que les Anglois nomment Annapolis.

Selon le rapport que l'on m'a fait de cette place, le siège ne seroit pas long. Port-Royal pris, nous serions maîtres de toute la péninsule de l'Acadie, et il ne resteroit aux Anglois qu'Halifax qu'ils ne pourroient soutenir. Par ce projet, il me paroît que l'on prendroit l'Acadie pied à pied et sans se compromettre ; au lieu que si l'on veut prendre Halifax ou Port-Royal, sans prendre Beauséjour et être maître de l'isthme, les troupes qui viendront du Canada seront toujours en grand danger lorsqu'elles pénétreront ou se retireront de la péninsule de l'Acadie.

Si le projet de reconquérir l'Acadie avoit lieu, je serois charmé d'y conduire les troupes du Canada et de Louisbourg et d'être chargé de l'entière expédition pour ce qui regarderoit la terre.

Voilà ce que je pense de la position où nous nous trouvons dans cette partie du Nouveau Monde ; et, comme chacun a son projet, permettez-moi de vous faire part du mien.

Je croirois que, si nos forces navales étoient assez considérables pour envoyer une grosse escadre avec des troupes de débarquement sur les côtes de la Nouvelle-Yorck, il faudroit que l'escadre se présentât devant la ville de New-Yorck, qui est très mal fortifiée et pas à l'abri d'insulte, et que l'on fit sommer cette ville et toute cette province d'accepter une alliance offensive et défensive avec la France et que le Roi promît de la protéger à condition qu'elle s'érigeroit en république. Cette province, qui est dans son intérieur très mécontente et très fatiguée de la guerre et opprimée de toutes les incursions que nos partis font journellement dans tout le pays, pourroit fort bien accepter cette proposition. Elle pourroit encore y être forcée par les mouvements que nous pourrions faire en rassemblant toutes nos forces du Canada, et pénétrant dans l'intérieur du pays par la rivière d'Orange. La diversion que feroit notre escadre nous en faciliteroit tous les moyens. Il y a une raison qui pourroit encore déterminer la Nouvelle-Yorck à se mettre en république, qui est qu'ayant appartenu autrefois aux Hollandois, elle conserve toujours dans son intérieur l'esprit républicain et qu'il y a beaucoup d'habitants qui sont flamands ou allemands.

Si ce projet pouvoit être mis en exécution et qu'il réussît, il n'y a rien qui put être plus avantageux pour toutes nos colonies en général, mais encore plus particulièrement pour celle du Canada, qui auroit une communication libre dans tous les temps avec la mer. De New-Yorck à Montréal il n'y a que cent cinquante lieues, et il n'y a qu'un portage de six lieues à faire.

Les colonies angloises se trouveroient partagées et nos forces du Canada seroient suffisantes pour soutenir la république de la Nouvelle-Yorck contre les forces de toutes les autres provinces angloises. Voilà mon projet qui dépend de nos forces navales, d'une combinaison bien faite et d'une exécution bien dirigée.

J'ai encore à vous faire part de ce que je pense que nous devrions faire la campagne prochaine, en supposant qu'il ne nous vienne pas des ordres de la cour, pour agir conjointement avec nos escadres, soit sur l'Acadie ou ailleurs. Je crois que M. le marquis de Vaudreuil devroit se tenir sur la défensive dans toute la frontière du lac Saint-Sacrement et du lac Champlain, harceler continuellement les ennemis par nos partis, les empêcher de rétablir le fort Georges, et de faire aucun établissement à la baie et à la Rivière-au-Chicot, occuper les troupes à finir le fort de Carillon et celui de Saint-Jean ; car, si les ennemis vouloient agir offensivement, les troupes qui seroient à Saint-Jean seroint rendues dans trois jours à Carillon, et il ne

faudroit qu'avoir attention de tenir beaucoup de bateaux à Saint-Jean pour pouvoir s'en servir au premier
moment que l'on en auroit besoin. C'est pour la partie
du lac Champlain.

Quant à celle de la Belle-Rivière, il faudroit, aussitôt que la saison le permettra, y faire passer de nouvelles forces et des vivres. Cette frontière, qui est la
plus éloignée, est beaucoup trop dépourvue ; je pen-
serois aussi qu'il seroit bien important de tenter une
incursion dans la Nouvelle-Yorck avec un corps de
deux mille hommes et avec tous nos sauvages domi-
ciliés, en débouchant par la rivière de Choagen pour
se porter chez les Cinq Nations Iroquoises et les déterminer à prendre entièrement parti pour nous. Il faudroit que ce corps de troupes pénétrât dans la Rivière
de Moack, qu'il détruisît tous les petits forts et les
habitations qui sont sur les bords de cette rivière. Il y
a un village Palatin qu'il faudroit prendre, et mener
les habitants en Canada ; on dit qu'ils ne demande-
roient pas mieux. Le colonel Johnson a sa maison
auprès d'un village des sauvages Agniès ; il seroit bon
de l'éloigner de cette partie ; c'est le seul homme chez
les Anglois qui ait du crédit parmi les sauvages.

Cette expédition seroit très nécessaire ; elle nous
assureroit tous les sauvages des Cinq Nations, éloi-
gneroit pour toujours les ennemis du lac Ontario et à
ne plus penser à rétablir Choagen ; nos partis péné-
treroient par la Rivière des Agniès ou de Moack jusqu'aux portes de Corlac, que les Anglois appellent

Skencetady, et même jusqu'aux portes d'Orange ; cela
feroit aussi, que les partis que nous enverrions par le
lac Saint-Sacrement agiroient plus librement et péné-
treroient avec plus de facilité dans l'intérieur du pays.
Ce corps feroit aussi une diversion pour cette partie,
parce que, tant que les ennemis sauroient un corps de
troupes qui seroit à même d'agir derrière eux, il ne
leur seroit pas possible de penser d'agir offensivement
par le lac Saint-Sacrement ni sur toute cette frontière.

La destination de ce corps de troupes seroit d'autant
plus nécessaire que, si les ennemis venoient à agir
offensivement sur la Belle Rivière, il seroit à portée de
redescendre la Rivière de Choagen et de se rendre au
fort Duquesne en passant par les lacs Ontario, Erié et
la Rivière aux Bœufs.

Je crains que vous ne soyez ennuyé de la lecture
d'une aussi longue lettre. Pardonnez-le moi ; j'ai par-
couru un pays si vaste et si étendu que je crains de
m'y être perdu ; je serai bien content si je me suis
rendu assez intelligible.

Je dois encore vous ajouter que toutes nos forces de
ce pays ne peuvent rien faire pour le bas du fleuve
Saint-Laurent ; c'est à nos forces navales d'Europe à
nous tenir cette porte ouverte sans quoi nous passe-
rions mal notre temps.

Il ne me reste plus rien à dire sur la partie militaire ; je ne suis entré dans de si grands détails que
pour avoir l'honneur de répondre à votre lettre.

Je dois ne pas vous laisser ignorer la conduite que

j'observe. Je suis fort bien avec M. le marquis de Vaudreuil ; j'y serois encore mieux si je voulois, mais je ne me soucie pas d'avoir plus de part que je n'en ai à sa confiance, parce que M. de Montcalm en seroit jaloux et que cela feroit des tracasseries, chose que j'éviterai toute ma vie avec grand soin. J'ai la confiance de toutes les troupes, même des Canadiens et des sauvages qui disent que je suis un homme comme eux ; c'est la dernière marche que j'ai faite pour notre expédition, qui me procure cet éloge, qui est grand parmi les sauvages.

Je tiens un état honnête et décent ; je suis très bien servi ; j'ai de bons domestiques. Depuis que je suis en campagne, j'ai donné à dîner tous les jours à quinze personnes au moins. Tout est hors de prix dans la colonie ; il ne me sera pas possible de joindre les deux bouts ; mais je compte que l'on voudra bien y avoir égard ; nous sommes tous dans le même cas.

LV

A M. LE COMTE DE MAILLEBOIS

Du camp de Carillon, le 6 septembre 1757.

J'ai l'honneur de vous envoyer ci-joint une copie de la lettre que j'écris à M. de Paulmy pour lui demander de me faire maréchal de camp. Mes prétentions pour obtenir cette grâce sont fondées sur la promesse que M. le comte d'Argenson m'en a fait, sur nos heureux succès en Amérique et sur mes anciens services. Mais je compte bien plus sur les bontés et l'amitié dont vous m'honorez, pour l'obtenir par des sollicitations auprès de Monsieur votre beau-frère, et je vous en aurai toute l'obligation. C'est un moment décisif pour ma fortune militaire ; car, si je manque cette occasion de mon avancement, je n'ai plus rien à prétendre dans les grades militaires, mon âge ne me mettant plus à portée que de courir une carrière bornée. Si M. le marquis de Paulmy m'accordoit ses bontés et qu'il me procurât la grâce que je désire, je serai dans le cas de prétendre les mêmes choses que ceux qui ont commencé à servir en même temps que moi et je regagnerois le temps que j'ai perdu dans les emplois subalternes. M. le maréchal de Mirepoix me promet une brigade des gardes du corps ; j'y renonce volontiers si c'étoit un obstacle pour être retardé à être fait maréchal de camp; car je ne me suis pas expatrié pour me borner à des grâces qui ne peuvent que me procurer du bien-être.

Je ne puis mieux faire que de vous remettre tous mes intérêts ; j'approuverai tout ce que vous ferez. Vous connoissez la façon de penser de mes parents et savez encore mieux que moi tout ce qui peut me convenir. Les marques que vous m'avez données de votre amitié, et les obligations que je vous ai me sont de sûrs garants que vous voudrez bien me la continuer et que vous ne désapprouverez pas la liberté que je prends d'agir avec vous avec cette confiance. Je vous supplie d'être bien persuadé de la reconnoissance que j'ai de votre amitié et que personne ne vous est plus attaché que je le suis et n'est plus charmé de vous avoir obligation.

Je dois vous ajouter que MM. de Vaudreuil et de Montcalm demandent que je sois fait maréchal de camp ; cela pourroit être encore un moyen pour me procurer cette grâce.

J'ai fait le déblai de l'artillerie à Carillon. Le 1er de ce mois, j'ai fait un détachement composé de toutes les compagnies de grenadiers, de six piquets et de cent Canadiens pour aller reconnoître le fond de la baie à l'embouchure de la Rivière-au-Chicot, qui est à dix lieues en avant de Carillon, sur l'avis que j'avois eu que les ennemis avoient avancé un détachement sur cette partie. Je n'y ai trouvé qu'un camp abandonné entouré d'un retranchement, je l'ai fait brûler et démolir, et me suis retiré à Carillon, où j'ai laissé M. de Bourlamaque avec deux bataillons ; j'ai ramené les quatre autres à Saint-Jean et à Chambly et je me suis rendu auprès de M. de Vaudreuil à Montréal pour entretenir la correspondance et faire passer ses ordres aux troupes de terre. M. de Montcalm est à Québec pour disposer les recrues et pour passer en revue le régiment de Berry, qui a beaucoup de malades et qui vient d'arriver de France. Je compte

toutes nos opérations finies pour cette campagne ;
j'aurai cependant l'honneur de vous écrire par toutes
les occasions.

LVI

A M. LE MARQUIS DE PAULMY

Le 8 septembre 1757.

Vous m'avez permis de compter sur vos bontés. Je
suis très reconnoissant de toutes celles dont vous avez
bien voulu m'honorer et de la satisfaction que vous
voulez bien me témoigner de mes services, de la part
du Roi. C'est à vous à qui j'ai obligation d'avoir bien
voulu les faire valoir ; je ne m'adresserai jamais qu'à
vous seul pour les lui présenter et je serai flatté de
vous devoir les grâces qu'il vous plaira me faire accorder. Je vous supplie d'agréer que je vous fasse part de
ma situation et que j'aie l'honneur de vous rappeler
mes services et l'espérance que M. le comte d'Argenson m'a donnée, lorsque j'ai passé en Amérique.

Il y a vingt-trois ans que je sers ; j'ai fait onze campagnes dont quatre comme aide-maréchal-des-logis de
l'armée sous M. de Maillebois ou M. de Mortagne ;
j'ai été chargé en Italie de faire en chef le détail des
corps dont M. le maréchal de Mirepoix avoit le commandement. Je crois qu'il y a bien des lieutenants

généraux qui n'ont pas fait autant de campagnes et
qui ne se sont pas trouvés à autant d'actions; le
manque de fortune m'a obligé de ne devoir qu'à mes
services mon avancement, n'ayant jamais été en état
d'acheter un régiment.

Le désir que j'ai toujours eu de suivre mon métier
et de le faire dans telle partie du monde qu'il plairoit
au Roi de m'envoyer, m'a fait demander de passer en
Amérique; j'ai abandonné pour cela des parents, à
qui j'ai de grandes obligations et à qui je suis très
attaché. Je me suis peut-être éloigné d'obtenir des
places à la cour, dont je pouvois être susceptible dans
l'espérance que mes services en Amérique me feroient
regagner le temps que j'ai perdu à des emplois subalternes.

M. le comte d'Argenson m'avoit flatté que, si je faisois deux campagnes en Amérique, je pourrois être
fait maréchal de camp. Nous venons de terminer plus
heureusement qu'on ne devoit espérer la campagne
dernière. J'ai presque toujours été chargé du commandement en chef d'un corps de troupes et de la défense
de la frontière du lac Saint-Sacrement, et, dans celle-
ci que je viens de faire avec M. le marquis de Montcalm, il a bien voulu me donner les commissions les
plus importantes. Il n'y a point d'officier général en
Europe qui n'eût accepté à titre de distinction celles
dont j'ai été chargé dans l'une et dans l'autre campagne. Je vois avec reconnoissance que M. le marquis
de Montcalm ne vous a pas laissé ignorer mes services

de la campagne dernière, et je crois pouvoir m'en rapporter aux comptes qu'il voudra bien vous rendre de celle-ci.

Si vous croyez que mes services puissent me faire mériter d'être élevé au grade de maréchal de camp, je vous supplie de les présenter au Roi et d'observer que j'ai trente-huit ans, que ce sera peut-être le seul moment favorable en ma vie de me faire regagner le temps que j'ai perdu dans les emplois subalternes, et de me mettre à portée de courir la même carrière que les gens de ma naissance et de mon âge qui ont été à même d'acheter des emplois. Les circonstances où je me trouve semblent me mettre au pair pour une grâce qui me flatteroit plus que toutes celles que Sa Majesté pourroit m'accorder, puisqu'elle me mettroit à portée de lui donner de plus grandes preuves de mon zèle et de mon application à son service.

J'attends et j'espère tout de vos bontés ; Monsieur votre oncle et vous avez toujous aidé ceux en qui vous avez trouvé du zèle, pour parvenir de bonne heure aux grades, et ils se sont tous aperçus que, sous un ministère éclairé, occupé de la gloire du Roi et du bien de l'Etat, le défaut de fortune ou le manque de protection ne mettroit jamais d'obstacles à l'avancement militaire de ceux qui se consacrent au service. C'est avec cette confiance que je m'adresse plus à M. de Paulmy qu'au ministre de la guerre.

(Semblable lettre à M. de Moras, secrétaire d'Etat de la Marine.)

LVII

A MM. DE MORAS ET DE PAULMY

Le 8 septembre 1757.

Par la dernière lettre que j'ai eu l'honneur de vous écrire, je vous prévenois de la séparation de l'armée, après le déblaiement de l'artillerie et de toutes les munitions de guerre; quelque diligence que j'aie pu faire, il n'a été fini que le 1er de ce mois.

Avant de partir je n'ai voulu laisser aucune inquiétude à MM. les marquis de Vaudreuil et de Montcalm sur les mouvements que les ennemis auroient pu faire sur la frontière. En conséquence, j'envoyai un détachement aux ordres de M. de Contrecœur à la tête du lac Saint-Sacrement, où étoit situé le fort Georges. Il fut jusques sur les ruines et il trouva toutes choses dans l'état que nous les avions laissées sans qu'il parut que l'ennemi y fût revenu, ce qui s'accordoit avec le rapport des déserteurs et de quelques prisonniers que les sauvages avoient faits dans l'intérieur du pays.

Je fus en même temps informé que les ennemis faisoient quelques mouvements vers la Rivière-au-Chicot et au fond de la baie. Comme je ne connoissois cette partie que sur le rapport qu'on m'en avoit fait, je crus qu'il seroit utile pour le bien du service de la bien connoître, parce que, depuis longtemps les enne-

11

mis nous menaçoient de s'y faire un établissement pareil à celui du fort Georges. Je pris le parti d'aller moi-même la visiter. Je formai un détachement de toutes les compagnies de grenadiers et d'un piquet par bataillon, avec lequel je me rendis à l'embouchure de la Rivière au Chicot et dans la baie ; il y a dix lieues de Carillon. Je trouvai à la chute de cette rivière un camp que les ennemis avoient abandonné ; par les baraques que j'y trouvai encore, je jugeai qu'il y pouvoit avoir campé cinq à six cents hommes ; je les fis brûler, et détruire le retranchement qui les bordoit.

Par les connoissances que j'ai prises, je ne pense pas que les ennemis établissent un fort à l'embouchure de la Rivière au Chicot, parce que cela les obligeroit d'en avoir un à cinq lieues plus haut à la tête de cette rivière, où anciennement il y en avoit un que l'on nommoit le fort de la Reine-Anne. De cet endroit au fort Lydius, il y a six lieues de portage, la rivière ne pouvant porter des bateaux que dans le printemps depuis le fort de la Reine à la Chute, ce qui me fait croire que les ennemis ne pourroient jamais pousser leurs projets d'entreprise dans cette partie et qu'il leur seroit toujours plus commode de venir par le lac Saint-Sacrement.

Je pense que les ennemis n'occuperont jamais l'embouchure de la Rivière au Chicot que par des détachements, pour empêcher nos partis de pénétrer vers le fort Lydius et dans l'intérieur du pays et d'être plus à portée d'envoyer des partis sur nous ; et par les connoissances que j'ai prises, il sera aisé de les en corriger.

De retour à Carillon avec mon détachement, je partis, après avoir donné mes ordres à M. de Bourlamaque pour la continuation de ce fort, où il reste avec deux bataillons. J'ai conduit les quatre autres à Saint-Jean et Chambly, pour y continuer les travaux du commencement de la campagne. Après que l'établissement en a été fait je me suis rendu à Montréal pour être en état de faire passer les ordres aux troupes. M. le marquis de Montcalm part aujourd'hui pour se rendre à Québec pour conférer avec Monsieur l'intendant sur le besoin des troupes et pour passer en revue le régiment de Berry, nouvellement arrivé de France.

Nous ignorons où est milord Loundon. Nous avons su par les prisonniers qu'il a dû s'embarquer à Halifax avec huit mille hommes des troupes des colonies angloises sur une flotte considérable arrivée de la Vieille Angleterre. L'on pense que c'est pour faire le siège de Louisbourg ou pour venir à Québec; quant au dernier, cela n'est pas croyable.

LVIII

AU ROI DE POLOGNE

Le 10 septembre 1757.

Sire,

Votre Majeté m'a permis de lui faire part de nos opérations militaires ; je prends la liberté de lui envoyer le détail de tout ce qui s'est passé d'intéressant pendant la campagne. Votre Majesté verra avec plaisir que nos heureux succès continuent en Amérique. Je regarde toutes nos expéditions finies pour cette année. Quand même milord Loundon reviendroit avec toutes ses forces sur la frontière, la saison est déjà trop avancée pour qu'il pût agir offensivement. Son entreprise sur Louisbourg est manquée ; nos forces navales doivent mettre cette place en sûreté ; l'escadre de M. du Bois de la Motte y est heureusement arrivée à temps.

Je ne manque aucune occasion pour me rappeler dans l'honneur du souvenir de Votre Majesté, et la supplier de m'accorder la continuation de ses bontés et de sa bienveillance.

LIX

A M. LE MARÉCHAL DE MIREPOIX

Au camp de Carillon, le 10 septembre 1757.

J'ai l'honneur de vous envoyer une relation de notre expédition du fort Georges. Lorsque M. de Bougainville partit de l'armée pour en aller porter la nouvelle à M. le marquis de Vaudreuil, je n'eus le temps que de vous écrire un mot ; je le priai de vous écrire de Montréal et de vous envoyer un détail de notre expédition. Il m'a dit l'avoir fait, et j'espère qu'il vous sera parvenu. Celui que je vous adresse a été fait par M. de Montcalm et M. de Bourlamaque ; il est assez exact ; vous verrez que j'y ai joué un rôle principal, et il me paroît que je me suis acquitté de ma besogne à la satisfaction de tout le monde. Il n'a pas tenu à moi que nous n'ayons suivi de meilleurs principes de guerre ; nous avons été heureux d'avoir affaire avec des troupes timides et avec des généraux malhabiles ; enfin, nous nous en sommes tirés et, quand on réussit, tout est bien.

M. de Montcalm est parti pour retourner à Montréal et à Québec ; je finis le déblai de l'armée, etc.

(Comme dans les lettres précédentes.)

LX

A M. LE PRINCE DE SOUBISE

De Montréal, le 24 septembre 1757.

Par la dernière lettre que j'ai eu l'honneur de vous écrire, le mois dernier, je vous prévenois de la fin de nos opérations de cette campagne. Après le départ de M. de Montcalm, etc...... J'ai été chargé, etc...... (Comme dans les lettres précédentes).

Les bontés dont vous voulez bien m'honorer me font espérer qu'à votre retour à la cour vous voudrez bien vous joindre à M. et Mme la maréchale de Mirepoix pour obtenir la grâce que je demande. C'est un moment décisif pour ma fortune. J'ai l'honneur de vous envoyer la copie de la lettre que j'écris à M. de Paulmy. M. de Moras pourroit bien me servir dans cette occasion ; je vous supplie d'avoir la bonté de m'y recommander ; je n'oublierai jamais les obligations que je vous ai ; je désirerois bien ardemment d'être à portée de servir sous vos ordres.

LXI

A MADAME LA MARÉCHALE DE MIREPOIX

De Montréal, le 24 septembre 1757.

J'ai eu l'honneur de vous écrire, Madame, par toutes les occasions que j'ai pu trouver. Je ne sais si mes lettres vous sont parvenues ; je n'en ai encore reçu qu'une seule de toutes celles que vous avez eu la bonté de m'écrire, qui est du mois de mai de l'année dernière. Je ne saurois vous exprimer le plaisir qu'elle m'a fait, puisqu'il ne peut m'arriver rien de plus heureux et que je désire davantage que la continuation des bontés dont vous voulez bien m'honorer.

J'éprouve bien combien il est triste et fâcheux d'être éloigné des personnes à qui l'on est le plus attaché et que l'on ne voudroit jamais avoir quitté. Si quelque événement peut me rappeler auprès de vous, je ne crois pas que je m'avise de repasser les mers. Mais, puisque ma malheureuse étoile veut que je me sois expatrié, je dois chercher à m'en dédommager par des grâces qui me mettent à portée de regagner le temps que j'ai perdu dans les emplois subalternes, pour que je puisse courir la même carrière que les gens de mon âge et prétendre aux premiers grades militaires.

J'ai l'honneur de vous envoyer la copie de la lettre que j'écris à M. de Paulmy. Je ne sais si vous la trouverez bien. La demande que je lui fais de me procurer le grade de maréchal de camp me paroît être bien fondée, tant par la promesse que M. le comte d'Argenson m'en a faite que par mes anciens services et les succès heureux des deux campagnes où j'ai eu la première part, ayant toujours été chargé de l'exécution des opérations les plus difficiles.

De toutes les grâces que le Roi puisse m'accorder, celle qui me fera le plus de plaisir et qui me flattera davantage seroit dans ce moment d'être fait maréchal de camp. C'est de vous de qui je tiens tout; et j'espère de vos bontés que, dans cette occasion qui est décisive pour moi, vous m'accorderez votre protection et que vous aurez le bonté de ne rien négliger pour me procurer la grâce que je demande.

M. de Paulmy m'a écrit une lettre de la part du Roi des plus satisfaisantes au sujet de mes opérations de la campagne dernière.

J'ai vu sur un état envoyé à M. de Montcalm que l'on m'avoit accordé une pension de cent pistoles sur l'ordre de Saint-Louis. Je n'ai pas été flatté de cette grâce, parce que l'on a accordé la même à M. de Bourlamaque et qu'il y a bien de la différence de mes services aux siens. L'année dernière, j'ai commandé en chef les principales forces de la colonie. Les pensions de cent pistoles sur l'ordre de Saint-Louis sont ordinairement données à des lieutenants-colonels. M. de Roquemaure, lieutenant-colonel du régiment de la Reine, en a eu une pareille l'année dernière. Celles que l'on donne à des brigadiers sont ordinairement de deux mille francs, ou de quinze cents livres au moins. L'égalité que l'on a mise entre moi et M. de Bourlamaque a surpris toutes les troupes de la colonie, d'autant plus que M. de Montcalm a eu le cordon rouge. J'aurois beaucoup mieux aimé que l'on ne m'eût rien accordé, et j'aurois été assez flatté de la lettre que M. de Paulmy m'a écrite de la part du Roi.

J'ai cependant pensé que je ferois bien de ne pas m'en plaindre. Si vous le jugez à propos, vous pourrez en témoigner mon mécontentement ; vous savez bien mieux que moi tout ce qui me convient, et ce qu'il faut dire aussi. J'ai une entière confiance en vos bontés ; j'ose me flatter que vous êtes bien persuadée de toute ma reconnoissance.

Je dois vous ajouter que M. de Vaudreuil demande très fortement que je sois fait maréchal de camp ; il fait de moi les plus grandes éloges à la cour. Je vous serai sensiblement obligé d'en faire témoigner toute ma reconnoissance à M. le chevalier de Vaudreuil et à M. le maréchal de Noailles qui protège tous les Vaudreuils. M. de Galifet est fort lié avec eux ; il pourra se charger de cette commission ; et je vous supplie de dire beaucoup de bien de M. le marquis de Vaudreuil. Il est aimé et considéré dans ce pays.

J'ai encore une autre grâce à vous demander qui est de vouloir bien accorder votre protection à M. de Fontbrune, capitaine réformé au régiment de la Marine. Il m'a suivi dans ce pays par amitié et par attachement ; il m'est très utile ; je lui ai bien des obligations. 'M. de Montcalm et moi demandons avec beaucoup d'instances à M. le marquis de Paulmy qu'il soit fait cette année chevalier de Saint-Louis ; il mérite cette grâce par ses services. Je vous supplie d'avoir la bonté de lui en parler ; je serois bien satisfait si votre recommandation la lui procuroit.

Je suis de retour à Montréal depuis deux jours. Je me suis rendu auprès de M. de Vaudreuil pour faire passer ses ordres aux troupes de terre.

M. de Montcalm est allé à Québec pour conférer avec Monsieur l'intendant.

Je ne suis parti de la frontière qu'après avoir pris les précautions nécessaires pour la mettre en sûreté ; je pense que toutes nos opérations de cette campagne sont finies ; car, quand même milord Loundon reviendroit avec toutes ses forces sur la frontière, il ne seroit pas en état de rien entreprendre de cette année. Nous avons profité des circonstances. Milord Loundon avoit amené huit mille hommes pour faire le siège de Louisbourg ; nos forces navales ont mis cette place en sûreté, et son expédition est manquée.

Les Anglois se conduisent bien mal dans ce pays ; il seroit bien à souhaiter qu'ils en fissent de même en Europe.

Nous espérons que nos grandes armées mettront bientôt le roi de Prusse à la raison, et que nous aurons la paix. Je ne me console pas qu'un aussi grand espace et les mers à traverser me privent de vous faire ma cour et de vous donner des marques que personne

au monde n'est plus reconnoissant que je le suis de toutes vos bontés. Je vous supplie de me les conserver et
d'être bien persuadée du désir que j'ai de les mériter
et de vous témoigner qu'il n'est pas possible de vous
être plus sincèrement et plus respectueusement attaché
que je le suis.

(Semblable lettre, du 23 septembre, à M. le maréchal de
Mirepoix.)

LXII

A M. LE MARQUIS DE PAULMY

Le 8 octobre 1757.

J'ai l'honneur de vous rendre compte que les quatre
bataillons destinés à passer l'hiver dans le gouvernement de Montréal ont été rendus dans leurs quartiers
le 1er octobre; les bataillons de la Reine et Languedoc sont en marche pour se rendre dans celui de Québec; les deux bataillons de Berry y sont déjà établis.

Au départ de M. le marquis de Vaudreuil pour
Québec, je suis resté chargé de la correspondance des
postes de la frontière et de l'établissement des quartiers de ce gouvernement, dont j'ai fait la tournée
pour visiter les paroisses et savoir les habitants qui
étoient en état de nourrir les soldats; ce qui a souf-

fert beaucoup de difficultés, à cause de la situation où se trouve réduite la colonie par le manque de récolte. Je n'entrerai pas, sur cet article, dans de plus grands détails, parce que j'ignore le sort que peut avoir ma lettre; MM. de Vaudreuil, de Montcalm et Bigot ne vous laissent rien ignorer. Les bataillons de la Sarre, de Royal-Roussillon et de Guyenne sont nourris par les habitants et se contenteront de la même nourriture que leurs hôtes; le bataillon de Béarn aura sept compagnies dans la ville de Montréal, qui seront nourries à la ration, qui a été réglée; les six autres compagnies sont réparties dans les paroisses voisines; les soldats sont aussi nourris par les habitants.

Les soldats se sont soumis à toutes les réductions que l'on a jugé nécessaire dans les circonstances où nous nous trouvons, sans témoigner le moindre mécontentement.

Les habitants se prêtent aussi avec bien du zèle à donner des preuves de leur bonne volonté et de leur fidélité. Avec les soins que chacun, dans sa partie, y apportera, et les ordres qui sont donnés par les chefs, nous nous soutiendrons et gagnerons le temps de recevoir les secours qu'il plaira au Roi de nous envoyer.

M. le marquis de Vaudreuil ne reviendra de Québec que dans les premiers jours du mois prochain; la présence de M. de Montcalm y sera nécessaire pour plus longtemps. M. de Bourlamaque, qui n'est parti de Carillon qu'après le départ des troupes et qu'après avoir établi la garnison de ce fort et celle de celui de Saint-Frédéric, est actuellement en chemin pour se rendre à Québec, où il doit passer l'hiver.

Quant à moi, je suis destiné pour rester à Montréal ; je l'ai demandé de préférence, étant plus à portée de la frontière, s'il y a quelque mouvement pendant l'hiver.

J'avois eu l'honneur de vous demander une augmentation d'appointements pour le sieur de Fontbrune, dans mes dernières lettres. Il est mort de maladie le mois dernier ; c'est une perte pour le service du Roi. Il étoit passé avec moi en Canada ; je le regrette infiniment ; il m'étoit attaché et je l'avois engagé de venir en Amérique.

LXIII

A MONSIEUR DE MORAS

Le 10 octobre 1757.

Permettez-moi de vous supplier de vouloir bien accorder vos bontés et votre protection à M. Dumas, capitaine des troupes de cette colonie. Il a fait la dernière campagne sous mes ordres et sous ceux de M. de Rigaud de Vaudreuil, il a fait les fonctions de major et a eu le détail de toutes les milices qui ont été mises pour la première fois par brigades. C'est lui qui en a fait l'arrangement, qui lui a donné beaucoup de peines

et de travail assidu. Les milices, qui jusqu'alors ne
connoissoient pas l'ordre et la discipline, ont servi
comme les troupes réglées. Nous nous sommes si bien
trouvés de cette formation qu'à l'avenir on en usera
toujours de même; mais il seroit à souhaiter pour le
bien du service que M. Dumas en eût continuellement le détail. Ayant servi en France, il connoit
mieux qu'un autre l'ordre et la police qui est absolument nécessaire parmi les gens de guerre. C'est un
officier de distinction, qui a toutes les qualités qu'on
peut désirer. J'ose vous assurer qu'il est très capable
de se bien acquitter de tous les emplois dont vous
voudrez bien le charger, je ne puis vous en rendre
d'assez bons témoignages. M. le marquis de Vaudreuil
ne vous laissera pas ignorer ce qu'il mérite, et ce qu'il
pense sur son compte. Ses services doivent d'ailleurs
vous être connus assez, puisque c'est lui qui commandoit à l'affaire de la Belle-Rivière à la défaite du général Bradock; c'est cette heureuse journée qui a mis le
Canada à l'abri des premières incursions des Anglois.
Je ne sais quelle grâce vous demandera M. le marquis
de Vaudreuil pour M. Dumas; toutes celles que vous
voudrez bien lui accorder seront bien placées. En mon
particulier, je serois bien flatté si la recommandation
que j'ai l'honneur de vous en faire et les témoignages
que je me crois obligé devoir vous rendre de ses services de la campagne dernière, pouvoient les lui procurer; je vous en aurois une grande obligation.

LXIV

A M. DE MORAS

Le 10 octobre 1757.

Le retour de M. Varin en France laisse la place de commissaire ordonnateur vacante à Montréal. En attendant que vous ayez nommé celui qui doit le remplacer, c'est M. Martel qui en fait les fonctions par ordre de Monsieur l'intendant. Il est très capable de bien remplir cet emploi ; il a tous les talents nécessaires et sa probité est généralement reconnue dans toute cette colonie. Permettez-moi de vous supplier de vouloir bien lui accorder cette charge ; M. le marquis de Vaudreuil et M. Bigot vous demandent la même grâce ; en mon particulier, je vous serai très obligé.

LXV

A M. LE MARQUIS DE PAULMY

Le 10 octobre 1757.

Je profite du départ du courrier de Louisbourg par lequel j'ai reçu une lettre de M. de Moras qui me témoigne la satisfaction que le Roi veut bien avoir de mes services. C'est au compte que vous avez bien voulu en rendre à Sa Majesté que j'en suis redevable. Permettez-moi de vous en faire mes très humbles remerciements; je ne discontinuerai pas de donner dans toutes les occasions de nouvelles preuves de mon zèle.

Je suis persuadé que M. le marquis de Montcalm ne vous laissera pas ignorer les services que j'ai été à portée de rendre cet hiver, dans le gouvernement de Montréal, en faisant observer, tant aux troupes de la Marine qu'à celles de terre, une exacte discipline, de même qu'aux habitants, en obligeant les uns et les autres avec de la prudence et de la fermeté à se soumettre à toutes les réductions de vivres qui ont été jugées nécessaires. J'ai commencé à en montrer l'exemple en mangeant des mêmes viandes que les troupes; comme ma lettre court les hasards de la mer, je n'entrerai pas dans de plus grands détails sur l'article des vivres ni sur la situation actuelle de cette colonie, étant persuadé que MM. les marquis de Vaudreuil et de Montcalm ne vous laisseront rien ignorer ni à désirer par leurs chiffres. Pour ce qui me regarde je vous prie d'assurer Sa Majesté que je maintiendrai les troupes qui me seront confiées dans leurs devoirs et à souffrir patiemment tous les événements de la guerre et les temps de disette.

J'observerai, comme j'ai toujours fait, la plus grande union et harmonie avec MM. les marquis de Vaudreuil et de Montcalm, et j'espère que mon exemple continuera à la faire observer dans les deux corps de troupes.

Je ne dois pas vous laisser ignorer combien j'ai lieu d'être satisfait de l'amitié et de la confiance que me témoigne M. le marquis de Montcalm dans toutes les occasions.

M. le marquis de Montcalm aura l'honneur de vous faire des représentations sur la situation où se trouvent réduits les subalternes des troupes de terre. Comme tout est au moins trois fois plus cher que quand elles sont arrivées dans la colonie, il n'est pas possible que les lieutenants puissent vivre avec leur paye, si vous n'avez la bonté d'y avoir égard en les faisant augmenter ou en leur faisant donner le vin et autres douceurs qu'ils ont eu les premières campagnes.

Permettez-moi d'avoir l'honneur de vous faire les mêmes représentations pour moi. La place que j'occupe m'oblige de tenir un état honnête pour m'attirer la considération que je dois avoir. Je n'ai cependant pas à me reprocher d'avoir fait aucune dépense mal à propos et je croirois même avoir mal servi le Roi, si je n'avois pas reçu avec la décence que j'ai observée.

Ce qui n'a pas empêché que je n'aie usé d'une grande économie. Je me trouve cependant cette année en arrière de dix mille livres des appointements que le Roi me donne; cela ne peut qu'augmenter, puis-

12

qu'il ne me reste plus rien des provisions que j'avois apportées de France.

Je vous supplie d'avoir la bonté d'observer que je n'ai pour fortune que les bienfaits du Roi, que je dépenserai avec plaisir à son service ; et tout ce que je désire, du côté de l'argent, est de ne rien devoir en partant de ce pays ; il seroit bien douloureux pour moi de laisser plus de dettes que je ne serai en état de payer.

Permettez-moi encore de vous rappeler la grâce que j'ai eu l'honneur de vous demander par mes dernières lettres qui est de me procurer le grade de maréchal de camp.

MM. les marquis de Vaudreuil et de Montcalm vous l'ont demandé et la désirent pour moi ; M. le comte d'Argenson me l'avoit promise, si je restois deux ans en Amérique, et ils sont révolus ; je me flatte de l'avoir méritée dans les occasions que j'ai eues de donner des preuves de mon application et de mon zèle. Ce ne sera cependant qu'au compte que vous voudrez bien en rendre à Sa Majesté que je serai redevable de cette grâce ; je vous supplie d'avance de vouloir bien être persuadé de ma reconnoissance.

M. le marquis de Vaudreuil envoie à M. de Moras deux cartes et deux mémoires que j'ai fait, m'étant appliqué depuis que je suis en Amérique à la connoissance du pays.

Je cemptois avoir l'honneur de vous les envoyer en même temps ; mais comme cette occasion n'est pas sûre et que ce n'est qu'un homme qui porte les dépêches à Louisbourg, j'ai cru ne devoir pas l'en charger, M. le marquis de Vaudreuil m'ayant prié de les lui remettre, parce que M. de Moras les lui demande, étant pressé d'avoir des connoissances à ce sujet. J'aurai l'honneur de vous les envoyer par une occasion plus sûre, qui sera le départ des premiers vaisseaux.

(Semblable lettre à M. de Moras.)

LXVI

AU ROI DE POLOGNE

Le 28 octobre 1757, de Montréal.

Sire,

Je supplie Votre Majesté de trouver bon que je profite des derniers vaisseaux qui vont retourner en France pour me rappeler à sa bienveillance et pour lui rendre compte de la situation actuelle de la colonie. Depuis les dernières lettres que j'ai écrites à Votre Majesté il ne s'y est rien passé d'intéressant ; nos troupes seront dans leurs quartiers d'hiver le 1er novembre.

Les Anglois ont paru devant l'Ile Royale, avec une forte escadre et des troupes de débarquement, pour faire le siège de Louisbourg. L'escadre de M. du Bois

de la Motte, qui est encore dans ce port, les a empêchés d'oser rien entreprendre. Leur escadre s'est retirée fort en désordre et avec beaucoup de malades,
dans les ports de la Nouvelle-Angleterre; on ne pense
pas qu'ils reparoissent de cette année. Cette expédition manquée leur coûte beaucoup d'hommes et d'argent, ce qui fait grand tort à leurs colonies, qui sont
bien fatiguées de la guerre et qui souffrent avec peine
les impôts auxquels elles sont taxées. Cela occasionne
de la fermentation dans les esprits. Depuis longtemps,
on n'est pas content dans toutes ces colonies du parle-
ment de la Vieille-Angleterre; elles voudroient en
avoir un qui fût indépendant.

Si les Anglois ne sont pas plus heureux dans leurs
expéditions en Europe qu'en Amérique, ils ne pourront pas soutenir longtemps les frais immenses que la
guerre leur occasionne. Nos affaires sont ici dans une
assez bonne position à la réserve du peu de vivres qui
nous restent pour attendre les secours qui ne peuvent
venir de France qu'au mois de mai. La récolte a été
mauvaise, et nous avons ici beaucoup de vaisseaux
marchands qui ont été pris. Nous serons obligés de
passer l'hiver dans une grande économie pour les
vivres; les troupes et les habitants sont déjà disposés
à se soumettre patiemment à toutes les réductions qui
seront jugées nécessaires pour arriver au temps des
secours qu'il plaira au Roi votre gendre de nous
envoyer.

Ce sera la dernière lettre que j'écrirai de cette année

à Votre Majesté ; les derniers vaisseaux partent de Québec le 5 du mois prochain. Je la supplie de m'accorder la continuation de ses bontés, et de vouloir bien agréer favorablement les vœux que je fais pour sa conservation.

LXVII

A M. LE MARQUIS DE PAULMY

Le 22 avril 1758.

J'ai l'honneur de vous envoyer le duplicata de la carte d'une partie de l'Amérique et du mémoire sur les limites. Nous sommes toujours dans la même position ; nous attendons avec beaucoup d'impatience l'arrivée des vaisseaux et des vivres de France. Il n'y a encore rien de décidé pour nos opérations de la campagne ; tout dépendra des mouvements des ennemis et des moyens que nous aurons. Je ne sais dans quelle partie je serai employé ; cela dépendra aussi des circonstances. J'ai toujours le même zèle pour tout ce qui pourra être utile au service du Roi ; j'espère que ma bonne santé continuera à seconder ma bonne volonté.

Je ne puis toujours que me louer de la confiance et de l'amitié que MM. les marquis de Vaudreuil et de Montcalm me témoignent. Je suis à Montréal avec eux pour être plus à portée d'être employé aux premières opérations. M. de Bourlamaque est à Québec, d'où il ne partira que lorsque les bataillons qui sont dans ce gouvernement, remonteront pour marcher en campagne.

Tous nos partis de l'hiver de la petite guerre ont très bien réussi et ont battu les ennemis dans toutes les rencontres. Je n'entre pas dans aucun détail à cet égard parce que M. de Montcalm a l'honneur de vous en rendre compte et qu'il ne vous laissera rien ignorer de tout ce qui se passe dans la colonie, de même de tout ce qui regarde nos troupes de terre.

LXVIII

A M. LE MARQUIS DE PAULMY

De Montréal, le 6 mai 1758.

J'ai eu l'honneur de vous écrire le 22 du mois d'avril et celui de vous envoyer la carte d'une des parties de l'Amérique que j'ai faites avec les mémoires sur les limites. Je profite encore d'un second bâtiment, quittant Québec pour aller en France en droiture, pour me rappeler dans l'honneur de votre souvenir et vous demander la continuation de votre protection.

Nous sommes toujours dans la même position. Nos besoins augmentent tous les jours ; nous attendons avec grande impatience l'arrivée des vaisseaux et des vivres de France, pour commencer nos opérations de la campagne, qui dépendent des circonstances et des mouvements des ennemis. Nous avons lieu de croire qu'ils voudront tenter cette année l'expédition de l'Ile Royale, mais qu'ils s'y prendront de meilleure heure que l'année dernière ; et, si nos escadres n'y arrivent pas dans tout le mois de mai, il y a lieu de craindre qu'elles ne soient pas rendues assez à temps pour empêcher la prise de Louisbourg.

Malgré la disette de vivres où cette colonie est réduite, les habitants conservent toujours leur bonne volonté et les troupes se soumettent de bonne grâce à toutes les réductions de vivres qui sont jugées nécessaires. La disette est plus grande à Québec que dans les autres gouvernements ; ce qui fait que le bataillon de la Reine en partira le 15 de ce mois pour se rendre à Carillon.

J'ignore encore dans quelle partie je serai employé. J'ai le même zèle pour aller dans tous les endroits où l'on jugera que je puisse être le plus utile pour le service de Sa Majesté.

Si les ennemis vont à l'Ile Royale, comme il y a toute apparence, et qu'il nous arrive des vivres dans tout le courant de ce mois, nous avons beau jeu pour agir offensivement sur la frontière de la Nouvelle-York. J'ai fait un projet de campagne à cet égard que j'ai remis à MM. les marquis de Vaudreuil et de Montcalm ; ils l'ont trouvé bon. On pourra le mettre en exécution, si les circonstances le permettent. M. le marquis de Montcalm entre avec vous dans de plus grands détails.

LXIX

A M. LE MARÉCHAL DE BELL-ISLE, SECRÉTAIRE D'ÉTAT
DE LA GUERRE

Le 26 juin 1758.

J'ai eu l'honneur de vous écrire plusieurs lettres
depuis que je suis en Amérique, et j'ai eu celui de
vous rendre compte, toutes les années, de nos opérations. Je ne sais si mes lettres vous sont parvenues.

Je n'ai appris que par les lettres que nous avons
reçues de France à la fin du mois dernier, la mort de
M. le maréchal de Mirepoix ; c'est la plus grande
perte que je pouvais faire ; j'en suis inconsolable ; je
lui étois attaché par toutes sortes d'endroits ; j'étois
son élève, et il m'avoit toujours tenu lieu de père. Il
ne me reste aucun parent ni protecteur à la cour que
vous, de qui, dans toutes les occasions, j'ai reçu toutes
sortes de marques de bonté. Oserai-je me flatter que
dans celle-ci vous voudrez bien encore me les conserver. J'espère trouver auprès de vous la même recommandation que M. de Mirepoix m'accordoit ; je me
flatte de la mériter par mes sentiments de reconnoissance et par mon attachement respectueux pour tous
ceux qui vous appartiennent.

Les nouvelles publiques nous annoncent que vous
avez bien voulu vous charger du département de la
guerre ; ce sont tous les vœux des militaires, et votre
ministère fera la gloire des armes du Roi. Je vous

supplie de vouloir bien en recevoir mon très sincère compliment. J'ose me flatter que, par mon application et par mon zèle, je mériterai les mêmes bontés dont vous m'avez toujours honoré et qui me procureront par votre appui les grâces que mes services me font espérer.

Lorsque je suis venu en Amérique, M. le comte d'Argenson m'avoit promis que, si j'y faisois deux campagnes, je serois fait maréchal de camp. Nous les y avons faites et elles ont été heureuses ; j'ai même été chargé des principales opérations. Nous allons commencer la troisième, et il y a lieu d'espérer que nous aurons le même bonheur. J'ai vingt-quatre ans de service ; j'ai passé par tous les grades ; j'ai fait treize campagnes, tant en Allemagne qu'en Bohême, en Italie et en Amérique.

MM. les marquis de Vaudreuil et de Montcalm ont écrit, la campagne dernière, à MM. de Paulmy et de Moras et leur ont demandé avec instance cette grâce pour moi. Je me flatte que vous voudrez bien y avoir égard. Ce sera à vous seul que j'en serai redevable ; j'espère et j'attends tout de votre protection et de vos bontés.

Le manque de vivres retarde nos opérations. Nous ne pouvons commencer à ouvrir la campagne que dans les premiers jours du mois prochain. Les troupes sont actuellement en marche pour se rendre sur la frontière du lac Saint-Sacrement. Pour ce qui me regarde, je suis destiné à aller dans une autre partie.

M. le marquis de Vaudreuil me confie le commandement d'un corps de troupes d'environ trois mille hommes, dont il y en aura quatre cents de troupes de terre et autant de la Marine, le reste Canadiens et sauvages. La destination de ce corps a trois objets principaux : le premier, c'est de faire déclarer les Iroquois des Cinq Nations et les faire agir offensivement avec moi contre les Anglois sur la rivière de Corlac ou Moak, autant qne les circonstances pourront le permettre.

Le second qui me paroît le plus essentiel est d'empêcher le rétablissement de Choagen et la construction de différents forts qu'ils méditent de fortifier sur les rivières de cette partie pour arriver à leurs fins, suivant les avis que nous avons des mouvements qu'ils font du côté de la hauteur des terres.

Le troisième est de faire une forte diversion du côté de Corlac ou Chenectady, tandis que M. le marquis de Montcalm se portera avec nos plus grandes forces sur le lac Saint-Sacrement. Ma mission est délicate, importante, politique et militaire; l'on me menace d'une infinité d'obstacles que j'aurai à surmonter, soit pour la nourriture, n'ayant que pour deux mois de farine et de graisse, ne pouvant porter ni pain ni biscuit, pas même de tentes pour nous mettre à couvert ; je puis aussi trouver des oppositions de la part des Iroquois partisans des Anglois.

MM. de Rigaud, de Longueuil et de Sénezergues,

commandants du bataillon de la Sarre, viennent avec moi et M. l'abbé Piquet très accrédité parmi ces nations.

J'espère, avec ce secours, ma bonne volonté et mon zèle pour le service du Roi, surmonter toutes les difficultés qui se présenteront.

M. le marquis de Montcalm partira de Montréal du 10 au 15 pour se rendre à Carillon, et moi du 25 au 30 pour aller à ma destination. Mon détachement ne sera rassemblé qu'à l'entrée du lac Ontario, où M. le marquis de Vaudreuil a donné rendez-vous aux sauvages du pays d'En-haut.

Je vous supplie d'être persuadé que je n'oublierai rien pour donner des nouvelles preuves de mon zèle et d'être bien assuré de la reconnoissance que j'aurai du soin que vous voudrez bien prendre de les faire valoir et de toutes les marques de bontés dont vous voudrez bien continuer de m'honorer.

Je n'entre dans aucun détail de ce qui regarde cette colonie, sachant que M. le marquis de Vaudreuil ne vous laissera rien ignorer.

Au retour de ma campagne j'aurai l'honneur de vous informer de tout et de vous rendre un fidèle compte.

(Semblable lettre à M. de Moras.)

LXX

A Mme LA MARÉCHALE DE MIREPOIX

De Montréal, le 26 juin 1758.

Je me faisois une grande joie de recevoir au printemps de vos nouvelles ; mais j'ai été bien trompé, en apprenant le malheur qui vous a frappée, le mois de septembre dernier, et que vous ne devez pas douter que je partage sincèrement avec vous. Vous connoissez mieux que personne toutes les raisons que j'ai de regretter Monsieur le maréchal, à qui j'étois attaché par toutes sortes de liens.

Les nouvelles assurances que vous voulez bien me donner de la continuation de vos bontés me pénètrent de la plus vive reconnoissance. Je puis vous assurer que je les mériterai toujours par mon attachement pour vous. Nous venons de passer un hiver bien misérable par le manque de vivres ; toute la colonie a été réduite à n'avoir qu'une demi-livre de pain par jour et à manger du cheval. Nous avons eu bien de la peine à contenir les peuples et à les réduire à ce genre de vie. A mon particulier, il m'a fallu user de beaucoup de fermeté avec les troupes pour les empêcher de se révolter. Ma conduite à leur égard m'a réussi heureusement et tout s'est passé à la satisfaction de tout le monde, et la colonie compte m'avoir de grandes obligations à cet égard. Les vaisseaux qui viennent d'arriver de France nous ont apporté des vivres, ce qui nous met un peu plus à l'aise et en état d'entrer en campagne. Nous devons avoir deux corps de troupes, dont l'un se portera aux ordres de M. de Montcalm sur le lac Champlain par le lac Saint-Sacrement, vers la frontière de la Nouvelle-York ; et je dois commander le second, qui doit se porter par le lac Ontario à la Rivière de Choagen et passer pas le pays des Cinq Nations Iroquoises pour attaquer les frontières de la Nouvelle-York sur la Rivière de Moac. L'objet de mon expédition doit être de faire faire diversion aux ennemis pour les empêcher d'agir en force sur la frontière du lac Saint-Sacrement. Je ne pourrai avoir l'honneur de vous écrire qu'à la fin de la campagne au départ de nos vaisseaux et en rendant compte de nos opérations de la campagne. J'y trouverai l'occasion de réclamer la continuation de vos bontés que je vous prie de m'accorder toujours, avec la grâce d'être bien persuadée, etc.

LXXI

A M. LE MARQUIS DE MONTCALM

Le 30 juin 1758.

M. le marquis de Vaudreuil ne s'est déterminé, mon cher général, que hier au soir à faire relâcher mon détachement. J'ai été de cet avis pensant qu'il falloit aller au plus pressé.

J'ai fait partir ce matin les piquets de Languedoc, Guyenne et Berry, qui étoient les plus près. Ceux de Béarn, la Sarre et Royal-Roussillon, qui étoient à la Chine viendront coucher ce soir à Montréal ; ils en partiront demain de grand matin. Ils font le grand tour par la Rivière de Sorrel. Ainsi ils ne pourront arriver à Saint-Jean que le 5 du mois prochain. Je m'y trouverai et je leur ferai faire le plus de diligence possible pour vous joindre. Je presse M. de Vaudreuil de vous faire passer très promptement tous les secours qu'il vous destine et surtout les sauvages ; j'espère que nous aurons le temps de rassembler toutes nos forces avant que les ennemis soient en état de nous attaquer.

Nous vous croyons arrivé depuis hier à Carillon, et je pense que, si vous voyez que les ennemis se disposent à se mettre en mouvement, vous dépêcherez dès aujourd'hui un courrier pour faire part de votre situation, ce qui me fera décider à partir sur le champ pour vous aller joindre, sans attendre que les piquets soient arrivés à Saint-Jean. Je l'aurois fait dès aujourd'hui, si je ne croyois vous être plus utile ici pour accélérer le départ des troupes que l'on vous destine. M. de Vaudreuil est déterminé à vous tout envoyer, et, si les ennemis viennent, il faudra voir à frapper fort.

Je ne sais si nous avons des bateaux à Saint-Jean. Vous ferez bien d'en renvoyer le plus que vous pourrez.

Vous ne devez pas douter, mon cher général, du plaisir que j'aurai de vous rejoindre.

Mercier, qui vole à votre secours, vous porte toutes vos lettres ; je vous ferai part de celles que j'ai reçues.

Mille compliments, je vous supplie, à M. de Bourlamaque et à tous vos aides de camp.

LXXII

A M. LE COMTE D'ARGENSON

De Montréal, le 2 juillet 1758.

Je ne puis vous témoigner toute ma reconnoissance de la part que vous voulez bien prendre à la perte que j'ai faite de M. le maréchal de Mirepoix ; j'avois toutes sortes de raisons pour l'aimer et lui être attaché. J'en suis pénétré de douleur. Je savois combien il étoit de vos amis et tout le cas qu'il faisoit de l'amitié que vous aviez pour lui. Les obligations particulières que je vous ai et les bontés dont vous continuez de m'honorer me sont des garants bien sûrs de tous vos sentiments. La mort de M. de Mirepoix a mis dans mon cœur le plus grand chagrin, quoiqu'elle n'ait rien changé à ma fortune ; M. le prince de Beauveau, qui a été son successeur, m'a assuré qu'il rempliroit les mêmes vues qu'il avoit pour moi et Mme de Mirepoix me flatte de la continuation de ses mêmes bontés.

Je vous supplie de recevoir mes regrets sur la retraite de M. de Paulmy. Les militaires expatriés perdent plus que personne au changement des ministres.

Les gens de condition ne doivent jamais oublier que pendant votre ministère, vous avez été occupé à les soutenir et à les protéger ; pour moi, j'en conserverai toute ma vie la plus vive reconnoissance, et je suis bien persuadé que M. le comte de Maillebois vous répondra de mes sentiments.

Nous sommes, dans ce pays, dans la plus grande détresse ; nous manquons de vivres. Louisbourg est assiégé et sera pris, si M. de Conflans, avec son escadre, n'arrive pas au secours. Les ennemis nous menacent sur toutes les frontières, et particulièrement sur celle du lac Saint-Sacrement, où ils ont rassemblé de grandes forces, que l'on fait monter à plus de vingt mille hommes, pour venir attaquer Carillon, où les nôtres commandées par M. de Montcalm sont de beaucoup inférieures. J'avois une destination particulière, avec un détachement de deux mille hommes ; j'étois déjà en marche pour me rendre par le lac Ontario aux Cinq Nations Iroquoises pour les forcer à se déclarer pour nous et à agir offensivement avec moi sur la rivière de Moak ou des Agniès. Il auroit été à désirer que mes opérations eussent pu avoir lieu ; les effets qu'elles auroient pu produire étoient de la plus grande importance pour la sûreté de cette colonie; mais M. le marquis de Vaudreuil a jugé à propos de me faire rétrograder pour me faire aller au secours de M. le marquis de Montcalm. Quelques diligences que je puisse faire, je ne puis le joindre que le 10 avec ma première division. J'espère d'arriver assez à temps. Je ne crois pas que les ennemis soient en état de nous attaquer avant le 15 de ce mois. Je vais partout avec le même zèle; je me flatte que je trouverai à la frontière du lac Saint-Sacrement de nouvelles occasions de mériter des grâces du Roi.

LXXIII

A M. LE MARQUIS DE PAULMY

De Montréal, le 2 juillet 1758.

J'ai reçu la lettre que vous m'avez fait l'honneur de m'écrire, du 28 février. Je ne puis vous exprimer la peine que j'ai ressentie de ce que vous vous étiez déterminé à demander votre retraite. Personne n'y prend plus de part que moi. Je ne saurois trop vous remercier de ce que vous avez bien voulu informer M. le maréchal de Belle-Isle de mes services en Amérique.

Recevez aussi les assurances de ma plus vive reconnoissance de toutes les marques de bontés dont vous m'avez toujours honoré.

Nous sommes vivement pressés dans cette colonie par la disette et par les Anglois, qui assiègent Louisbourg et nous menacent de pénétrer par Carillon dans la colonie avec des forces considérables. J'étois destiné pour une opération importante et déjà en marche avec environ trois mille hommes; j'ai eu ordre de rétrograder et d'aller au secours de M. le marquis de Montcalm sur nos frontières du lac Saint-Sacrement, où les ennemis dirigent toutes leurs forces.

LXXIV

A MM. LE MARÉCHAL DE BELLE-ISLE ET DE MORAS

Le 4 juillet 1758, de Montréal.

J'ai eu l'honneur de vous informer par ma dernière lettre du 26 du mois dernier que M. le marquis de Vaudreuil m'avoit confié le commandement d'un corps de troupes pour aller aux Cinq Nations Iroquoises, et les faire agir offensivement avec moi vers la rivière de Corlac. Quoique mon détachement fut déjà en mouvement, ce projet a changé, sur la nouvelle que nous avons eue que les Anglois assiégeoient Louisbourg et qu'ils assembloient de très grandes forces à la tête du lac Saint-Sacrement, où étoit situé le fort Georges, pour venir attaquer Carillon. M. le marquis de Vaudreuil, ayant jugé à propos d'aller au plus pressé et d'opposer toutes nos forces à la défense de cette frontière, m'a donné ordre de rétrograder avec mon détachement et de me porter au secours de M. le marquis de Montcalm à Carillon. Quelque diligence que je puisse faire, je ne pourrai m'y rendre avec ma première division avant le 10 ; j'espère y arriver assez à temps. Je ne pense pas que les ennemis soient en état de nous attaquer avant le 15 de ce mois.

Il auroit bien été à désirer que mes opérations projetées eussent pu avoir lieu ; les différents effets qu'elles auroient produits étoient de la plus grande importance pour la colonie. Quoiqu'il en soit, je marche avec le même zèle au secours de la frontière de Carillon, où j'espère trouver des occasions de mériter des grâces du Roi et la continuation de vos mêmes bontés à faire valoir auprès de Sa Majesté mes services.

LXXV

A M. LE MARÉCHAL DE BELLE-ISLE

Le 10 juillet 1758, de Carillon.

J'ai eu l'honneur de vous mander, par ma dernière lettre avant mon départ de Montréal, que je ne croyois

pas pouvoir joindre M. le marquis de Montcalm avant
le 10 de ce mois ; mais, sur ce que j'ai appris qu'il
étoit vivement pressé par les ennemis, j'ai marché
jour et nuit, et suis arrivé dans la nuit du 7 au 8 sur
les hauteurs de Carillon avec M. de Sénezergues et les
quatre cents hommes de troupes de terre, qui faisoient partie du détachement qui m'avoit été confié
pour aller aux Cinq Nations Iroquoises. J'y ai trouvé
M. le marquis de Montcalm, qui s'étoit replié du lac
Saint-Sacrement, occupé à faire un abattis pour arrêter l'armée des ennemis. Il me fit part de ses dispositions et me chargea de la partie droite de nos abattis.
Le 8, à midi et demie, les ennemis replièrent nos
postes avancés, et nous attaquèrent, en même temps
sur quatre colonnes ; ils firent leurs plus grands
efforts à la droite, où je commandois. Le combat a
été long et opiniâtre ; il n'a fini qu'à huit heures du
soir. Cette glorieuse journée pour les armes du Roi,
qui a sauvé l'Amérique entière, est due à la valeur des
troupes et aux bonnes dispositions de M. le marquis
de Montcalm. Je dois m'en rapporter à ce qu'il dira
de la conduite que j'y ai tenue, de même qu'à la relation qu'il fera de ce combat. L'on veut bien en attri-
buer le succès à l'arrivée de mon détachement qui a
fait une diligence incroyable et qui a rassuré les
bataillons de l'échec qu'un de nos détachements avoit
eu la veille. La confiance que les troupes m'ont témoi-
gnée, depuis que je suis en Canada, ne m'a jamais
tant flatté que dans cette occasion. J'ose espérer que

les services que j'ai pû rendre dans une action aussi décisive ne pouront que gagner dans le compte que vous voudrez bien en rendre à Sa Majesté.

J'ai lieu d'être mortifié de n'avoir pû encore obtenir la grâce d'être fait maréchal de camp ; elle m'avoit été promise par M. d'Argenson, si j'étois seulement deux ans en Amérique. Je serai bien charmé de vous en devoir l'obligation.

LXXVI

A M. DE MORAS

Le 10 juillet 1758, de Carillon.

Par ma dernière lettre j'avois eu l'honneur de vous mander que je ne comptois pas pouvoir joindre M. le marquis de Montcalm à Carillon que le 10 de ce mois, etc. (Comme dans la lettre précédente.)

Notre petit nombre a battu une armée de plus de vingt cinq mille hommes. M. de Bourlamaque y a été dangereusement blessé à l'épaule ; pour moi, j'en ai été quitte pour deux coups de fusil dans mon chapeau.

LXXVII

A M. DE MORAS

Le 12 juillet 1758, à Carillon.

Permettez-moi d'avoir l'honneur de vous rendre compte des services de M. Le Mercier. C'est un officier des plus actifs et de la meilleure volonté ; je l'avois demandé à M. le marquis de Vaudreuil pour venir avec moi au détachement qu'il m'avoit confié pour aller vers les Cinq Nations Iroquoises. Aussitôt que ma destination eut changé, il demanda à venir à Carillon pour y mettre l'artillerie en état de servir aux différentes opérations de M. le marquis de Montcalm. Il a servi très utilement la journée du 8 ; il a eu la plus grande attention à nous faire porter pendant le combat toutes les munitions nécessaires, dont nous avions besoin. Je serois bien flatté si le témoignage que j'ai l'honneur de vous en rendre pouvoit lui procurer la continuation de vos bontés.

LXXVIII

AU ROI DE POLOGNE

Le 12 juillet 1758, de Carillon.

Sire,

Sur l'avis que nous reçûmes à Montréal que les ennemis s'avançoient à grands pas vers notre frontière du fort de Carillon et que M. le marquis de Montcalm avoit été obligé de se replier sur ce fort, j'en partis avec toute la diligence qu'il me fut possible le 5 de juillet et j'y arrivai le 8, sur les trois heures du matin. A midi l'ennemi parut sur les hauteurs où nous nous étions retirés la veille et s'avança en bon ordre sur quatre colonnes. Je commandois notre droite, M. de Bourlamaque la gauche et M. de Montcalm le centre. Nous étions deux mille neuf cents combattants de troupes de terre et environ quatre cents hommes tant des troupes de la Marine que Canadiens.

Les ennemis, au nombre de vingt mille hommes de milice de la Nouvelle-Angleterre et cinq mille de troupes réglées de la Vieille, engagèrent une affaire générale, où notre petit nombre a fait des prodiges de valeur et a obligé l'armée angloise à se retirer avec précipitation, et, à neuf heures du matin le lendemain, elle a entièrement évacué notre frontière et s'est retirée de l'autre côté du lac Saint-Sacrement.

Cette brillante victoire, qui a sauvé le Canada, ne nous a coûté que trois cents hommes tués ou blessés ; les ennemis en ont perdu plus de trois mille, Je ne manquerai pas d'informer Votre Majesté, pour obéir à ses ordres, des différents événements qui pourront être intéressants.

LXXX

A M. LE MARÉCHAL DE BELLE-ISLE

Le 12 juillet 1758, de Carillon.

Permettez-moi de me joindre à la demande que
M. le marquis de Montcalm a l'honneur de vous faire
en faveur de MM. de Roquemaure et de Sénezergues.
Ce dernier étoit de mon détachement l'année dernière,
qui a marché par terre et qui a fait l'avant-garde de
l'armée pour l'expédition du fort Georges. Quoique ce
ne fût pas son tour à marcher, il se trouva le seul
commandant de bataillon en état de me suivre. La
même chose est arrivée cette année, lorsqu'il a été
question de mon détachement pour aller aux Cinq
Nations Iroquoises. J'étois charmé de l'avoir avec
moi ; c'est un homme d'un vrai mérite à tous égards ;
je fais grand cas de ses talents et de ses lumières. Il
est depuis onze ans commandant de bataillon et la
plupart de ceux qui sont ici ne l'ont été qu'en passant
en Canada ; mais, comme ils y ont passé un an plus
tôt que lui, ils se sont trouvés en même temps commandants et lieutenants-colonels, et par conséquent
plus anciens que lui pour ce dernier grade. Il semble-
roit que vous pourriez lui faire la grâce de lui tenir
compte du temps qu'il a été commandant de bataillon. Il est fort à son aise ; il ne sert que pour parvenir
aux grades supérieurs ; j'ose vous assurer qu'il est en

état de les remplir. Je serois bien flatté si ce que j'ai l'honneur de vous en marquer pouvoit contribuer à son avancement.

LXXXI

A M. DE CREMILLE

Le 12 juillet 1758, de Carillon.

J'ai l'honneur d'écrire à M. le maréchal de Belle-Isle conjointement avec M. le marquis de Montcalm, en faveur de MM. de Roquemaure et de Sénezergues. Permettez-moi de vous demander votre protection pour eux. Je serois bien flatté si ma recommandation pouvoit leur procurer vos bontés et les grâces du Roi qu'ils ont lieu d'espérer de leurs services.

LXXXII

A M. LE MARÉCHAL DE BELLE-ISLE

Le 8 septembre 1758, de Carillon.

J'ai l'honneur de vous rendre compte, que depuis le départ de M. le marquis de Montcalm, je suis resté chargé du commandement de l'armée. Il a été le 6 de ce mois à Montréal pour y conférer avec M. le marquis de Vaudreuil sur les arrangements à prendre dans la situation où se trouve cette colonie, sur laquelle je n'entrerai dans aucun détail. M. le marquis de Montcalm vous en rendra un compte exact et, par le moyen de son chiffre, il ne vous laissera rien ignorer. Je pense comme lui sur tout ce qu'il aura l'honneur de vous mander. Je compte qu'il pourra être de retour ici sous peu de jours. En attendant, j'occupe la même position et je fais travailler sans relâche à nos retranchements. Le général Abercromby est toujours à la tête du lac Saint-Sacrement, où il s'est retranché.

Quoique son armée soit forte au moins de dix mille hommes, je ne pense pas qu'il vienne nous attaquer, à moins qu'il ne soit renforcé par les troupes qui ont fait le siège de Louisbourg; car, pour celles qui ont fait l'expédition au lac Ontario, je ne crois pas qu'elles reviennent dans cette partie, et je ne doute pas qu'elles ne soient actuellement occupées à rétablir Choagen. Je dois ne pas vous laisser ignorer que nos troupes conservent le même zèle et la même bonne volonté; et je ne doute pas que, si les ennemis viennent nous attaquer de vive force, en quelque nombre qu'ils puissent être, nous ne les battions comme nous avons déjà fait.

Je vous supplie d'assurer Sa Majesté que je ferai de mon mieux et que je ne négligerai rien pour soutenir

la gloire ét la réputation de ses troupes, et je me flatte
que je mériterai que vous me conserviez vos bontés et
votre protection.

(Semblable lettre à M. de Moras.)

LXXXIII

A M. DE MASSIAC, SECRÉTAIRE D'ÉTAT DE LA MARINE

Le 28 septembre 1758, de Carillon.

Agréez que j'aie l'honneur de vous faire mon compliment sur le choix de Sa Majesté en vous faisant
remplacer M. de Moras à la charge de secrétaire d'É-
tat de la marine. J'en suis d'autant plus charmé
qu'occupant la seconde place dans les troupes de terre
qui servent en Canada, j'ai l'avantage de servir dans
votre département de la marine. Permettez-moi de
vous demander vos bontés et votre protection. Je me
flatte de pouvoir y prétendre par l'amitié que vous
aviez pour M. le maréchal de Mirepoix ; je ferai aussi
de mon mieux pour les mériter par la même attention
que j'ai eue pour M. de Moras, en lui rendant exactement compte des différentes opérations dont j'ai été
chargé. J'espère que les bons témoignages que M. le
marquis de Vaudreuil voudra bien vous rendre de
moi, de même que M. le marquis de Montcalm, vous
persuaderont de mon zèle pour le service du Roi.

Par la dernière lettre que j'ai écrite à M. de Moras, le 8 du mois de septembre, je l'informois que M. de Montcalm avoit été à Montréal pour y conférer avec M. le marquis de Vaudreuil au sujet de la situation de cette colonie, et que j'étois resté chargé du commandement de l'armée. M. de Montcalm a rejoint le 16 de ce mois. Pendant son absence, il ne s'est rien passé de considérable. J'ai fait travailler avec la même célérité à nos retranchements, et j'ai fait harceler les ennemis par différents détachements sur le chemin du fort Lydius au lac Saint-Sacrement, qui ont tué quelques hommes et fait des prisonniers sans que nous ayons perdu personne.

Les ennemis occupent toujours leur même position à la tête du lac Saint-Sacrement ; nous occupons celle de la décharge du même lac. La saison déjà avancée nous fait croire qu'ils n'entreprendront plus rien sur nous de cette campagne. Je n'entrerai pas dans d'autres détails sur la situation de cette colonie. MM. les marquis de Vaudreuil et de Montcalm, au moyen de leurs chiffres, ne vous laisseront assurément rien ignorer.

Par les dernières lettres que j'ai reçues de M. de Moras, il me témoignoit la satisfaction que Sa Majesté veut bien avoir de mes services. Je m'étois flatté d'être fait maréchal de camp ; je croyois devoir prétendre à cette grâce, tant par mes services que par la promesse que M. d'Argenson m'en avoit faite si je restois seulement deux ans en Amérique; j'y ai déjà fait trois campagnes qui ont été remplies d'heureux succès.

J'ose me flatter que ceux de cette dernière, si vous voulez bien avoir la bonté de m'accorder votre protection, pourront me procurer cette grâce. Je serai bien charmé de vous en avoir l'obligation.

LXXXIV

A M. LE NORMAND

Le 28 octobre 1758, de Carillon.

Je vous prie d'agréer que j'aie l'honneur de vous faire mon compliment sur le choix que Sa Majesté a fait pour vous adjoindre à la charge de secrétaire d'État au département de la marine. L'avantage que j'ai d'occuper la seconde place dans le commandement des troupes de terre qui servent en Canada me fait désirer que vous vouliez bien m'accorder vos bontés, et je vous supplie d'être persuadé que je ne négligerai rien pour les mériter.

LXXXV

A M. LE MARÉCHAL DE BELLE-ISLE

De Carillon, le 28 octobre 1758.

J'ai eu l'honneur de vous mander par ma dernière lettre du 8 du mois de septembre que M. le marquis de Montcalm étoit parti pour aller conférer avec M. le marquis de Vaudreuil sur la situation de cette colonie, etc. (Comme dans la lettre à M. de Massiac.)

Nous prendrons des quartiers d'hiver vers le 15 du mois prochain. Je prendrai le mien à Montréal pour être plus à portée d'être chargé des opérations qui pourront être faites pendant l'hiver. Je n'entrerai pas dans de plus grands détails sur la situation de cette colonie ; M. le marquis de Montcalm, par le moyen de son chiffre, ne vous laissera rien ignorer.

Comme c'est la dernière lettre que j'aurai l'honneur de vous écrire de cette année, permettez-moi de vous renouveler mon respectueux attachement et de vous supplier de m'accorder la continuation de vos bontés. J'attends tout de vous. Je vous dois mon premier avancement, et j'ose me flatter que par votre protection j'obtiendrai la grâce d'être fait maréchal de camp ; et mes services, tant en Allemagne qu'en Bohême et en Italie et trois campagnes en Amérique remplies d'heureux succès, où j'ai été chargé des principales opérations, me font espérer que vous aurez la bonté de faire valoir auprès de Sa Majesté mon zèle. Vous êtes le protecteur des militaires qui ne doivent leur avancement qu'à leurs services ; vous le serez en même temps de quelqu'un qui a l'honneur et l'avantage de vous appartenir.

(Semblable lettre à M. de Crémille.)

LXXXVI

A M. LE PRINCE DE BEAUVAU

De Carillon, le 28 octobre 1758.

Voici la dernière lettre que j'aurai l'honneur de vous écrire de cette année. J'ai déjà eu celui de vous prévenir que je remettois à la fin de la campagne à vous informer de la situation de mes affaires, sur ce que vous avez eu la bonté de me mander que vous vouliez bien y prendre part et vous y intéresser. La grâce que vous voulez bien m'accorder de me donner une brigade dans votre compagnie me fait grand plaisir et me flatte infiniment ; mais je crains que cela ne puisse pas être de longtemps. M. de Mirepoix m'avoit prévenu que M. de .... * avoit un bon du Roi pour la première, que la seconde revenoit au premier exempt, et que je ne pouvois avoir que la troisième.

* En blanc dans le manuscrit.

Si c'est encore de même et qu'il n'y ait point eu de changement, mon tour ne sera pas de sitôt. N'y aurait-il pas moyen de proposer quelqu'arrangement à M. de .... * par argent ou autrement, pour se désister de la promesse qu'il a de la première brigade, et alors je me trouverois le premier à l'avoir, ce qui me feroit un grand avantage. Si c'étoit possible, je vous en serai très obligé et je suivrai exactement tout ce que vous aurez fait et décidé à cet égard.

Vous pouvez vous ressouvenir que j'eus l'honneur de vous dire avant mon départ la promesse que M. d'Argenson m'avoit faite de me faire maréchal de camp si je restois seulement deux ans en Amérique. Il y en aura trois révolus au mois d'avril prochain que j'y suis, et cette grâce ne m'a pas encore été accordée. MM. les marquis de Vaudreuil et de Montcalm l'ont demandée pour moi, l'année dernière, avec beaucoup d'instance ; ils la redemandent encore celle-ci, et M. de Montcalm ajoute à sa demande que, quand même on ne le feroit pas lieutenant général, il désire que l'on me fasse maréchal de camp, et qu'il en sera de même charmé. De tout ce que l'on pourroit m'accorder, c'est la grâce qui me flatteroit davantage, parce qu'elle me mettroit à portée de courir la même carrière que les gens de mon âge et de regagner le temps que j'ai perdu dans les emplois subalternes. J'ai commencé à servir lieutenant au régiment de la

* En blanc dans le manuscrit.

Marine la campagne de 1735. Vous connoissez mes services en Europe ; depuis que je suis en Amérique, j'y ai toujours été chargé des principales opérations, et j'ose vous dire que j'ai beaucoup contribué à tous nos heureux succès.

Vous pouvez encore vous ressouvenir que j'ai eu l'honneur de vous dire que M. d'Argenson m'avoit positivement promis que, si M. de Montcalm venoit à manquer ou à être rappelé, qu'il ne seroit jamais remplacé par un officier général qui me fût supérieur, et que je resterois en chef chargé du commandement des troupes de terre, ou que je serois rappelé. Si ce cas arrive, je vous supplie de dire aux ministres la promesse que M. d'Argenson m'a faite à cet égard, et que je ne me suis déterminé à venir en Amérique qu'à cette condition ; mais qu'il me sera égal que l'on me confie le commandement ou que l'on me rappelle, que je demande seulement de n'avoir pas le désagrément de servir sous un autre chef. J'espère bien que vous et Mme de Mirepoix m'épargneriez ce chagrin, si ce cas arrivoit. M. de Montcalm a demandé son rappel au mois de juillet par un mécontentement avec M. de Vaudreuil ; depuis ce temps, ils sont de meilleure intelligence ; et il a demandé à rester. Je ne sais ce que la cour décidera à cet égard.

Quant à moi, j'ai trouvé le moyen de bien vivre avec tout le monde, et je puis me flatter d'avoir acquis la confiance de toutes les troupes et des habitants de cette colonie. Notre position y devient tous les jours

14

plus critique, èt la besogne beaucoup plus difficile.
Les forces des ennemis sont très considérables, et nos
secours nous parviendront beaucoup plus difficile-
ment à cause de la prise de Louisbourg.

Permettez-moi encore de vous rappeler que M. d'Argenson avoit pris le bon du Roi pour que mes appointements du roi de Pologne me soient conservés après
sa mort de même que pendant mon absence. Si le cas
arrivoit que nous eussions le malheur de perdre ce
prince, je vous prie d'avoir la bonté de demander le
bon du Roi au ministre de la guerre. M. d'Argenson,
en me le faisant voir, me dit qu'il alloit le mettre dans
son tiroir, où on le trouveroit toujours. Je vous supplie de me mettre cette affaire en règle, qui est de
grande conséquence pour moi. Vous voyez que je profite de la permission que vous m'avez donnée de vous
importuner de mes affaires. Je mets toute ma confiance en vos bontés. Vous savez mieux que moi, et
Mme de Mirepoix, ce qui peut me convenir et m'être
le plus avantageux ; j'approuverai et vous serai également reconnoissant de tout ce que vous aurez décidé.
Je vous prie de vouloir bien me conserver une part
dans votre souvenir et la continuation de votre
amitié.

Je compte que ce sera M. Doreil, commissaire ordonnateur, qui repasse en France, qui aura l'honneur
de vous remettre ma lettre. Permettez-moi de vous
demander vos bontés pour lui ; vous pouvez vous en

rapporter à ce qu'il vous dira de notre situation ; il est instruit, et je l'ai prié d'entrer dans tous les détails avec vous.

LXXXVII

A Mme LA MARÉCHALE DE MIREPOIX

Du camp de Carillon, le 28 octobre 1758.

Je n'ai point eu occasion d'avoir l'honneur de vous écrire depuis ma dernière lettre du 26 juin dernier, et je profite des derniers vaisseaux qui vont partir pour France pour vous donner de nos nouvelles et vous faire part des opérations de la campagne. L'expédition que je devois faire sur le lac Ontario, vers la Nouvelle-York, n'a pas eu lieu. Comme j'étois en marche, j'ai reçu ordre de rétrograder pour joindre M. de Montcalm sur la frontière du lac Saint-Sacrement, où il étoit menacé d'être attaqué par toutes les forces réunies des ennemis, qui s'étoient rassemblées dans cette partie. J'ai fait la plus grande diligence, et je n'ai pu joindre M. de Montcalm que le 8 juillet au matin. Je le trouvois campé près du fort de Carillon, où il avoit été obligé de se retirer la veille par l'arrivée du général Abercomby, qui avoit débouché sur lui avec une armée forte de près de dix-huit mille hommes. M. de Montcalm étoit occupé à se retrancher sur les hauteurs en avant de Carillon, où ses troupes avec mon détachement réunis ne composoient pas ensemble plus de quatre à cinq mille hommes. Nous n'avions eu, pendant la nuit, que le temps de faire des abattis pour couronner les hauteurs.

L'armée des ennemis déboucha sur nous vers midi sur quatre colonnes ; ils nous attaquèrent de vive force à plusieurs reprises, et leur principale attaque fut sur la droite où je commandois. Ils furent repoussés ; le combat dura jusqu'à sept heures du soir ; il fut des plus vifs et des plus opiniâtres de part et d'autre ; nos troupes ont montré le plus grand courage et la plus grande fermeté. Les ennemis ont eu cinq cents hommes tués restés sur la place, et de mille à onze cents blessés ; ils se sont retirés à la faveur de la nuit et ont repassé le lac Saint-Sacrement. Ce combat a sauvé la colonie pour cette année et a mis les ennemis hors d'état de rien entreprendre dans cette partie de toute cette campagne, dont la fin s'est passée en détachements et en courses de part et d'autre. Mais les ennemis en ont fait pénétrer un dans le lac Ontario, qui a pris le fort de Frontenac, où nous avions assez considérablement des vivres et des munitions de toutes espèces, ce qui nous fera un tort considérable. Nous avons été obligés d'envoyer dans cette partie un gros détachement pour repousser l'ennemi, qui, après avoir brûlé le fort de Frontenac, s'est retiré par la Rivière de Choagen dans la Nouvelle-Yorck. Dans la partie de la Belle-Rivière, il y a eu aussi différents petits combats, dans lesquels nos troupes ont presque toujours eu l'avantage ; mais, malgré cela, faute de vivres, nous avons été obligés d'abandonner et de brûler le fort Duquesne et de restreindre notre défensive dans cette partie au fort Machault, situé à l'embouchure de la Rivière aux Bœufs dans la Belle-Rivière, qui est quarante lieues au-dessus du fort Duquesne.

Vous aurez sans doute appris la prise de l'Ile-Royale, où l'on auroit pu se défendre mieux que l'on n'a fait. Cette perte fera grand tort à cette colonie, parce que, par le port de Louisbourg, les ennemis seront beaucoup plus à portée d'intercepter les secours destinés pour cette colonie, dont nous avons les plus grands besoins pour la campagne prochaine, que nous passerons bien misérablement, quelque économie que nous fassions sur nos vivres pendant l'hiver.

Par les lettres que MM. les marquis de Vaudreuil et de Montcalm ont écrit aux ministres, ils leur demandent avec la plus vive instance que je sois fait maréchal de camp ; ils m'attribuent, ainsi que toute la colonie, le succès que nous avons eu au combat de Carillon, le 8 juillet. Je demande de mon côté cette grâce ; mais je compte bien plus l'obtenir sur vos bontés que sur toute autre chose. M. le marquis de Montcalm a demandé son rappel à la cour au sujet de quelques tracasseries qu'il a eues avec M. le marquis de Vaudreuil et qui, depuis ce temps, paroissent apaisées ; mais, quoiqu'il en soit, comme toutes veulent le bien, elles ne porteront sûrement point préjudice au service du Roi. Si cependant le rappel de M. de Montcalm avoit lieu, je compte bien que le commandement me seroit dévolu et que l'on n'enverroit point d'officier qui me fût supérieur. Je ne saurois vous dire combien il me tarde que cette malheureuse guerre finisse, par l'impatience où je suis de me retrouver avec vous et d'être à portée de vous témoigner ma reconnoissance et l'attachement respectueux que je vous ai voué pour la vie.

LXXXVIII

A M. LE MARÉCHAL DE BELLE-ISLE

De Carillon, le 29 octobre 1758.

Permettez-moi, je vous supplie, d'avoir l'honneur de vous rendre les meilleurs témoignages de M. le chevalier de Montreuil, aide-major général. Il est intelligent, appliqué dans ses fonctions et de la plus grande probité ; il est aimé et généralement estimé de tout le monde dans cette colonie. J'ose vous assurer que, quelque grâce qu'il vous plaise lui accorder, elle sera bien placée. Il a servi avec la plus grande distinction à notre affaire du 8 juillet. Je ne doute pas que M. le marquis de Montcalm ne vous en ait rendu le même compte. A mon particulier, je serois bien flatté si ce que j'ai l'honneur de vous en mander pouvoit lui procurer vos bontés et votre protection.

LXXXIX

A M. DE CREMILLE

De Carillon, le 29 octobre 1758.

Permettez-moi de vous recommander le sieur de la Rochette et de vous supplier de lui accorder vos bontés et votre protection auprès de M. de Massiac et de Messieurs les trésoriers généraux, pour les déterminer à revenir au choix qu'ils en avoient fait pour trésorier du Canada et qu'ils ont ensuite retracté en faveur du sujet qu'ils se proposent d'envoyer et qui n'est point encore arrivé. Si le sieur de la Rochette ne vous étoit pas connu, je vous répondrois de sa probité et de ses talents pour remplir cette place.

S'il se trouve des difficultés pour qu'il ne puisse l'obtenir, je suis persuadé que M. le marquis de Montcalm et M. Doreil vous solliciteront pour lui accorder la commission de commissaire des guerres. Agréez que je me joigne d'avance à eux pour vous demander cette grâce. Je serois bien flatté, etc.

(Semblable lettre à M. de Massiac.)

XC

A M. LE MARÉCHAL DE BELLE-ISLE

De Carillon, le 30 octobre 1758.

Permettez-moi d'avoir l'honneur de vous recommander le sieur de Beauclair, capitaine au régiment de la Sarre, et de me joindre à M. le marquis de Montcalm pour vous supplier de lui accorder la grâce qu'il vous demande, qui est de lui rendre reversible une pension de trois cents livres que M. le chevalier de Beauclair, son oncle, avoit, dont il a appris la mort cette année. Il étoit maréchal-des-logis de la première compagnie des mousquetaires. J'ose vous assurer que le sieur de Beauclair mérite votre protection ; il n'a pour fortune qu'une légitime d'Auvergne ; c'est un officier de distinction ; il a été blessé considérablement à la tête à notre affaire du 8 juillet et sa blessure n'est point encore fermée. A mon particulier je serois bien flatté, etc.

XCI

AU ROI DE POLOGNE

De Carillon, le 30 octobre 1758.

Sire,

Je supplie Votre Majesté de me permettre de profiter du départ du dernier vaisseau qui va partir cette année de Québec pour France, pour me rappeler dans son souvenir et lui demander la continuation de ses bontés.

J'ai exécuté les ordres de Votre Majesté dans le compte que je lui ai rendu des différents événements qui sont arrivés dans les armées de ce Nouveau Monde.

Dans notre partie du Canada, nous avons été assez heureux pour soutenir l'honneur et la gloire des armes du Roi votre gendre. Nous espérons qu'il lui plaira de nous envoyer l'année prochaine des secours suffisants pour résister aux forces des Anglois, qui sont très considérables.

La paix est bien à désirer pour ce pays, à cause des difficultés de nous y faire passer les choses nécessaires. Mais elle l'est bien plus pour moi qui n'ai rien de plus à cœur que de me rapprocher de Votre Majesté. En attendant que je puisse avoir ce bonheur, je ne cesse de faire des vœux pour sa conservation.

XCII

A M. LE MARÉCHAL DE BELLE-ISLE

De Montréal, le 15 avril 1759.

Par la dernière lettre que j'ai eu l'honneur de vous écrire, le 11 du mois de novembre dernier, il y avoit

lieu d'espérer que M. de Ligneris, capitaine des troupes de la Marine, auroit pû se maintenir au fort Duquesne. La saison, qui étoit déjà fort avancée, faisoit
croire que les ennemis ne continueroient pas leurs
opérations dans cette partie, ce qui seroit arrivé, si
l'on n'avoit pas été obligé, faute de vivres, de renvoyer
les troupes et les sauvages qui étoient rassemblés
sous cette place et de réduire la garnison à trois cents
hommes. Le général Forbets, qui en fut informé par
nos déserteurs et par ses sauvages affidés, poursuivit
son expédition. M. de Ligneris, qui fut instruit de sa
marche, prit la résolution d'évacuer et de faire saute,
le fort Duquesne et de se retirer au fort Machault,
situé sur la Belle-Rivière, à quarante lieues au-dessus
du fort Duquesne. Le général Forbets fit construire
un fort de pieux à peu de distance où étoit situé le fort
Duquesne, où il laissa une garnison de trois cents
hommes et se retira avec son armée par la même route
qu'il étoit venu. Il laissa aussi quatre cents hommes
de garnison au fort de Royal-Hernont (?) qu'il avoit
fait construire à dix-huit lieues du fort Duquesne, en-
deça des montagnes des Apalaches, sur le haut de la
Rivière d'Atigué, d'où il repassa les montagnes et
ramena son armée dans la Pensylvanie.

Cette expédition a terminé la campagne dernière.
Les sauvages de la Belle Rivière se sont retirés dans
l'intérieur des terres et paroissent toujours bien inten-
tionnés pour nous ; mais il y a lieu de croire que, si
les Anglois reviennent cette année avec les mêmes

forces dans cette partie, les sauvages ne nous abandonnent. Ils font ce qu'ils peuvent par leurs présents pour les engager à prendre leur parti, ou du moins à rester neutres ; s'ils peuvent y réussir, nous ne tarderons pas à être obligés d'abandonner la Belle Rivière et à nous replier jusqu'au lac Erié.

Les ennemis nous menacent, cette année, dans toutes les parties. Ils ont de grandes forces et de grands moyens ; nous en avons peu. La campagne sera critique.

MM. les marquis de Vaudreuil et de Montcalm nous informent par leurs chiffres de nos projets pour soutenir contre les entreprises des Anglois. Il faut espérer que nous serons aussi heureux que la campagne dernière.

J'ai le même zèle pour exécuter les opérations dont je serai chargé ; je continuerai à faire de mon mieux pour mériter les grâces du Roi et vos mêmes bontés à faire valoir mes services auprès de Sa Majesté.

(Semblable lettre à M. de Massiac.)

XCIII

A M. DE CREMILLE

De Montréal, le 15 avril 1759.

Je profite du départ du premier navire qui part cette année pour France, pour avoir l'honneur de me rappeler à votre souvenir et vous demander la continuation de vos mêmes bontés. M. le marquis de Montcalm vous rend compte de nos projets et de nos opérations pour résister aux grandes forces et aux grands moyens des Anglois, et combien les nôtres sont peu considérables.

Les ennemis nous menacent de nous attaquer dans toutes les parties ; il faut espérer qu'il nous arrivera quelque heureux succès, pareil à celui de la campagne dernière. J'ai le même zèle pour exécuter les commissions dont je serai chargé, etc.

XCIV

AU ROI DE POLOGNE

De Montréal, le 15 avril 1759.

Sire,

J'attendrai avec la plus grande impatience le départ de nos vaisseaux de Québec, pour pouvoir profiter de la permission que Votre Majesté m'a fait la grâce de me donner de me rappeler à son souvenir. Je la supplie de vouloir bien m'accorder ses mêmes bontés. Je m'estimerois bien heureux si les services que je puis rendre au Roi votre gendre, dans ce Nouveau-Monde, me fournissoient des occasions de m'en rendre digne.

J'envoye à Votre Majesté le précis des nouvelles de ce continent. Je ne sais pas encore dans quelle partie je serai employé ; cela dépendra des premiers mouvements des ennemis. Si la paix ne vient à notre secours, nous n'avons qu'à espérer que de quelques succès pareils à celui de l'année dernière.

Quoique bien éloigné de Votre Majesté, je ne cesse de faire des vœux pour sa conservation et pour que les circonstances puissent m'en rapprocher et me mettre à portée de lui donner de continuelles marques du profond respect, etc.

XCV

A M. LE MARÉCHAL DE BELLE-ISLE

Le 17 mai 1759.

J'ai reçu par M. de Bougainville la lettre que vous m'avez fait l'honneur de m'écrire, le 19 février. C'est aux témoignages que vous avez eu la bonté de rendre au Roi de mes services que je dois la grâce qu'il lui a plu m'accorder ; je ferai de mon mieux pour mériter que vous me conserviez vos bontés et votre protection.

Je vous supplie d'assurer Sa Majesté que je ferai tous mes efforts pour me rendre digne des nouvelles grâces qu'il lui plaira de m'accorder.

Quoiqu'il paroisse que nous allons être vivement attaqués, je ne crains pas que les ennemis puissent nous réduire dans une seule campagne. Nous devons tout attendre de la valeur des troupes, de la bonne volonté des Canadiens et de la bonne disposition où les sauvages sont à notre égard. Je vis dans la meilleure intelligence avec MM. les marquis de Vaudreuil et de Montcalm, ils font l'un et l'autre cas de mes avis, je pense qu'il faudra nous défendre pied à pied, et nous battre jusqu'à extinction. Il sera encore, s'il le faut, plus avantageux pour le service du Roi que nous périssions les armes à la main que de souffrir une capitulation aussi honteuse que celle de l'Ile Royale. M. le marquis de Montcalm vous rend un compte exact du besoin de nos troupes et de ceux de la colonie.

Toutes les troupes ainsi que moi sommes comblés des grâces que vous nous avez procurées, et rien ne peut égaler notre reconnoissance.

XCVI

A M. DE BERRYER, MNIISTRE DE LA MARINE

Le 17 mai 1759.

Je vous supplie de recevoir tous mes remerciements de la grâce que le Roi a bien voulu m'accorder et des bontés dont vous voulez bien m'honorer. Je suis on ne peut pas plus sensible à tout ce que vous me faites l'honneur de me marquer par votre lettre du 19 février, de même qu'à tout ce que M. le marquis de Montcalm m'a dit d'obligeant de votre part. Je m'estimerois bien heureux, si je trouvois des occasions de mériter des nouvelles grâces du Roi.

Il paroît que nous allons être vivement attaqués. J'oserois vous répondre que les ennemis ne nous forceront pas dans une seule campagne ; j'ai lieu de croire que mes avis seront suivis et que nous nous défendrons, sans nous renfermer dans les places. Je pense qu'il sera, s'il le faut, plus utile pour le service du Roi que nous périssions les armes à la main que de souffrir une capitulation qui perdroit pour toujours cette colonie à Sa Majesté. Nous pouvons compter sur la valeur des troupes, sur la bonne volonté des Canadiens, et sur la bonne disposition des sauvages à notre égard, qui connoissent parfaitement combien il leur est important que les Anglois n'envahissent pas le Canada.

XCVII

A Mme LA MARÉCHALE DE MIREPOIX

Le 17 mai 1759.

Il est impossible de vous exprimer le plaisir que j'ai eu d'apprendre de vos nouvelles. M. de Bougainville m'a remis la lettre que vous m'avez fait l'honneur de m'écrire le 19 février.

Je suis on ne peut pas plus sensible à tout ce que vous avez la bonté de me mander, et j'ose vous assurer que je mérite tous les sentiments que vous faites la grâce de me témoigner par le tendre, sincère et respectueux attachement que je vous ai voué pour toute ma vie.

J'ai appris avec la plus grande satisfaction, par M. de Bougainville, que vous jouissiez d'une assez bonne santé, ce qui fait une grande consolation pour moi. J'en étois dans la plus vive inquiétude.

Je me resouviens toujours avec frayeur de l'état où vous avez été; vos nerfs ont besoin d'un grand ménagement; il faut vous dissiper et éviter les choses qui pourroient vous faire de la peine. Je désirerois bien d'être à portée de vous épargner les embarras de votre maison ; je m'attends bien à trouver vos affaires dérangées ; je suis devenu moins sévère, depuis que je sais par moi-même que, quand on a seulement une espèce de maison, il n'est pas possible de joindre les deux bouts de l'année sans faire des dettes. Il faut en prendre son parti ; il y a toujours plus de bien que de vie.

Comme je vous dois tout ce que j'ai, je ne finirois pas de vous faire des remerciements. J'ai appris avec un très grand plaisir que vous m'aviez fait accorder le grade de maréchal de camp, ce qui me met à portée de pouvoir prétendre à tout ; et je suis actuellement susceptible de plusieurs grâces, comme d'être lieutenant général, inspecteur, d'avoir un gouvernement, et même d'être fait cordon bleu ; il y en a toujours eu dans ma famille, et malheureusement il n'y en a plus. On pourroit bien s'aviser de me faire cordon rouge à la première occasion, sans que je le demande. Je vous supplie d'avance de prévenir les ministres que je n'en veux pas, parce que c'est comme une exclusion pour le cordon bleu. Si je pouvois avoir une place de menin, ce seroit fort beau et fort agréable. Je n'ai à désirer que votre conservation, et je suis assuré de ma fortune. La générosité avec laquelle vous en usez avec votre famille doit vous attirer l'admiration de tout le monde.

A l'égard du mariage que le chevalier de Mesnon vous a proposé, vous savez que je n'ai jamais eu beaucoup de goût pour me marier, dans la crainte de

15

prendre une femme qui ne vous fût pas agréable, ce qui feroit le malheur de ma vie.

S'il s'en trouvoit une dont vous fissiez choix, je la prendrois volontiers, dès que je serois assuré qu'elle vous conviendroit. Ainsi vous pouvez faire la réponse que vous désirez à M. le chevalier de Mesnon, à qui je suis toujours bien obligé de son souvenir et de l'amitié qu'il me témoigne. Si cette affaire n'a pas lieu et que vous trouviez quelque autre parti qui vous convienne, vous pourrez en disposer de même; je tiendrai tous les engagements que vous aurez pris.

C'est tout ce que je peux avoir l'honneur de vous mander à ce sujet, en vous priant de faire attention que je voudrois trouver une femme qui vous fût aussi attachée que je vous le suis. Il m'est impossible de vous témoigner toute ma reconnoissance de toutes les obligations que je vous ai; je vous supplie de me conserver vos mêmes bontés et d'être persuadée que personne au monde ne vous est pour toute la vie plus tendrement et plus respectueusement attaché.

Il paroît que nous allons être vivement attaqués. Mon avis sera de nous battre jusqu'à extinction, etc. (comme dans les lettres précédentes).

Je n'ai pas encore reçu l'habit de maréchal de camp et la pacotille que vous avez eu la bonté de m'envoyer, dont je vous suis infiniment obligé. Le plaisir que cela me fait, qui est grand, n'égale pas la satisfaction que j'ai de toutes les marques d'attention et de souvenir dont vous ne discontinuez de m'honorer.

Le vaisseau où étoit M. de Bougainville, n'est pas encore mouillé devant Québec; ce qui fait que je n'ai pas reçu ce que vous m'avez envoyé; mais c'est en sûreté, et je l'aurai incessamment.

Je souhaite bien que la paix se fasse bientôt pour être continuellement à portée de vous donner des marques de ma reconnoissance.

XCVIII

A M. LE MARÉCHAL DE BELLE-ISLE

Le 2 août 1759.

Je fus informé à cinq heures du matin par les volontaires de Duprat et par les postes de M. de Repentigny, qui bordent la rive droite de la rivière du Sault de Montmorency, que les ennemis faisoient marcher quatre cents hommes par leur droite vers le bois. Une demie heure après, les mêmes postes me rendirent compte que ces quatre cents hommes s'étoient arrêtés à l'entrée du bois et qu'ils travailloient à faire des fascines, comme ils avoient fait depuis deux jours. A dix heures, nous vîmes deux frégates et un vaisseau de soixante-quatre pièces de canon mettre à la voile et s'approcher dans le chenal vers le Sault de Montmorency, et, en même temps, nous vîmes un grand mou-

vement de berges à l'Ile d'Orléans et à la Pointe de
Lévis.

A onze heures et demie, les deux frégates vinrent
s'échouer vis à vis le camp de la brigade de Montréal
et à la demie portée du fusil de la redoute qui est
située sur la grève, à la gauche de cette brigade. Le
vaisseau descendit plus bas et mouilla vis à vis la
dernière redoute de notre gauche, qui n'est éloignée
que de trois cents toises de la chute du Sault de Montmorency ; et la distance qu'il y a entre les deux
routes n'est pas de plus de deux cents toises. Ces trois
bâtiments étoient placés de manière à faire un feu
croisé de leur artillerie pour battre nos batteries et
les redoutes qui les soutiennent, de même que de tirer
sur le coteau où est situé notre camp et la ligne de
nos retranchements, dont la gauche est appuyée au
grand escarpement de la chute du Sault de Montmorency et la droite s'étend jusqu'à la Rivière Saint-
Charles. Cette distance est d'environ deux lieues et
est coupée par la Rivière de Beauport. Un bataillon et
cinq cents hommes du gouvernement de Montréal y
montent la garde et sont relevés toutes les vingt-quatre
heures, parce qu'ils sont exposés au feu de l'artillerie
des ennemis, qu'ils ont placée à la rive gauche du
grand escarpement de la chute du Sault de Montmorency et qui domine considérablement notre rive
droite.

Le vaisseau et les deux frégates étant placés de
cette manière, ils commencèrent, à midi, à faire un feu

des plus vifs sur nos batteries, sur nos bateaux armés
de canon, sur nos retranchements et sur nos redoutes.
Une batterie qu'ils avoient, de six mortiers et de
trente pièces de canon, située au dessus de l'escarpement du Sault de Montmorency, fit de même un feu
des plus vifs sur nos retranchements, qui, étant commandés par la hauteur où les ennemis sont postés,
sont enfilés dans plusieurs endroits malgré toutes les
traverses que nous avons pu faire.

A une heure, nous vîmes faire plusieurs mouvements aux berges qui étoient chargées de troupes, qui
nous donnèrent de l'inquiétude pour toutes les parties de la ligne de nos retranchements depuis le Sault
jusqu'à la Rivière Saint-Charles.

A une heure et demie, je fus informé par M. Duprat,
capitaine des volontaires, que les ennemis faisoient
marcher une colonne de deux mille hommes par leur
gauche vers les gués que garde M. de Repentigny.

Sur le champ, je fis partir cinq cents hommes du
gouvernement de Montréal, aux ordres de M. de la
Perrière, et tous les sauvages, pour se porter au
secours de M. de Repentigny ; et je donnai ordre à
M. Duprat de suivre avec ses volontaires le mouvement de la colonne des ennemis et de m'en rendre
compte. J'envoyai ordre au régiment de Royal-Roussillon de s'avancer ; je fis marcher la compagnie de
grenadiers de ce régiment pour se joindre aux volontaires ; et, comme, dans le moment que Royal-Roussillon me joignoit, je vis que les ennemis faisoient un

mouvement avec leurs berges pour s'approcher de
Lévis, qui est vis à vis la Pointe de l'Ile d'Orléans, et
comme cette partie étoit entièrement dégarnie, j'y fis
marcher tout de suite ce bataillon, et je donnai ordre
à M. de Poularies de faire communiquer ses postes
avec la droite du bataillon de la ville de Montréal et
par sa droite avec les troupes qui s'avançoient du
centre de l'armée.

A deux heures, M. le marquis de Montcalm me joignit. Je lui rendis compte de mes dispositions et des
mouvements des ennemis vers le poste de M. de
Repentigny ; car, pour ceux des berges, tout le monde
les voyoit. Il me dit qu'il avoit fait avancer le régiment de Guyenne pour s'approcher de Royal-Roussillon et nous convînmes qu'il m'envoyeroit deux
compagnies de grenadiers et cent hommes du gouvernement des Trois-Rivières, et que nous ferions la
guerre à l'œil, et que, si la gauche étoit attaquée, qu'il
feroit avancer les troupes du centre pour la soutenir,
et que j'en ferois de même, si la droite étoit attaquée.
Après cet arrangement, M. de Montcalm me quitta et
me dit qu'il alloit rejoindre M. le marquis de Vaudreuil et lui rendre compte de notre situation.

Les deux compagnies de grenadiers me joignirent à
trois heures ; j'envoyai celle de Béarn joindre son
bataillon, qui étoit de garde à la gauche des retranchements ; et j'envoyai celle de la Sarre se placer
entre les brigades de la ville de Montréal et celle des
troupes de la Marine, que j'avois fait descendre de son

camp pour border les retranchements entre les deux redoutes. Comme je destinois les cent hommes du gouvernement des Trois-Rivières pour marcher vers M. de Repentigny, je donnai ordre que l'on les fit rester sur le grand chemin, à la hauteur du camp du gouvernement de Montréal, pour pouvoir se porter où besoin seroit, et je laissai ordre aussi que l'on y arrêtât toutes les troupes qui viendroient du centre pour soutenir la gauche. Après que j'eus fini tous ces arrangements, je fus rejoindre les troupes qui bordoient les retranchements et je me plaçai entre les deux redoutes d'où j'étois à portée d'observer tous les mouvements des ennemis. Leurs berges continuèrent à faire différents mouvements pour nous donner de l'inquiétude dans différentes parties. A quatre heures et demie, je fus informé par M. Duprat que la colonne des ennemis rétrogradoit et qu'elle rentroit dans le camp. J'envoyai sur-le-champ M. de Johnstone, mon aide-de-camp, chez M. de Repentigny pour faire revenir les troupes que j'y avois envoyées et pour avertir en même temps la compagnie de grenadiers de Royal-Roussillon et les volontaires de Duprat de se rapprocher et de se mettre à portée de soutenir le bataillon de Béarn, qui étoit à la gauche des retranchements.

A cinq heures, les berges entrèrent dans le chenal du Sault et se mirent derrière les deux frégates qui étoient échouées.

A cinq heures et demie, je vis descendre la colonne des ennemis des hauteurs et qui vint se former sur le

bord de la grève au gué du bas du Sault de Montmorency, se disposant à le passer, la mer étant basse.
J'étois dans ce moment avec le bataillon de Béarn.
J'informai M. de Montcalm de ce mouvement et fis
descendre aux retranchements les troupes à qui j'avois
donné ordre de rester sur le chemin à la tête du camp
de la brigade de Montréal. Je plaçai la compagnie de
grenadiers de Languedoc avec cent hommes des
Trois-Rivières pour soutenir la redoute de notre gauche. Les volontaires, la compagnie de grenadiers de
Royal-Roussillon et le détachement de M. de la Perrière vinrent me joindre aussi dans le moment. Je
plaçai toutes ces différentes troupes à border les
retranchements et à se soutenir mutuellement.

A six heures, la colonne des ennemis s'ébranla et
commença à passer le gué du Sault. Dans le même
moment, les berges firent la descente derrière les deux
frégates qui étoient échouées. Le feu de l'artillerie
redoubla de toutes parts.

Les ennemis, s'étant formés derrière les frégates,
marchèrent de bonne grâce pour attaquer la redoute
de notre droite, que je fis abandonner n'étant pas possible de la soutenir, ni aux ennemis de s'y établir,
parce qu'elle est sous le feu de nos retranchements.
Après que les troupes qui étoient dans la redoute furent
retirées, le feu de notre mousqueterie commença de
toutes parts. La colonne des ennemis, qui avoit débarqué, dépassa la redoute et s'avança jusqu'au bas du

côteau de nos retranchements, d'où elle essuya un feu si vif qu'elle fut obligée de plier ; et il survint dans le moment un orage si violent, qu'il fit cesser le combat et favorisa la retraite des ennemis.

Le régiment de Royal-Roussillon, que j'avois fait avancer, me joignit dans ce moment. Il fut suivi de celui de Guyenne, que M. de Montcalm avoit fait approcher, que je plaçai en réserve derrière la brigade de Montréal ; et M. de Montcalm me joignit aussi de sa personne, un moment après que les ennemis eurent été repoussés. La colonne qui avoit passé le gué du Sault, s'avança jusqu'à la hauteur de la redoute de notre gauche, qu'elle n'osa pas attaquer, la voyant si bien gardée. La batterie de cette redoute ne discontinua pas à faire feu sur cette colonne.

Les ennemis se retirèrent, à l'entrée de la nuit, par la même route qu'ils étoient venus. J'estime leur perte à douze cents hommes, tant tués que blessés ; la nôtre est de cent ; il est étonnant qu'elle ne soit pas plus considérable ayant essuyé un si grand feu d'artillerie toute la journée. On ne peut assez faire l'éloge des troupes et des Canadiens, qui ont été inébranlables et qui ont continuellement témoigné la plus grande volonté.

Voilà au vrai le détail de cette journée.

XCIX

A M. LE MARQUIS DE MONTCALM

De Montréal, le 6 septembre 1759.

Je vous envoie, mon cher général, la copie de tout ce que j'écris à M. le marquis de Vaudreuil. Vous me ferez plaisir de me la conserver, car je n'en garde pas de minute. Elle vous mettra au fait de tout ce que j'ai fait et que je compte faire.

Je me suis bien aperçu que Bourlamaque a de l'humeur. Il m'écrit froidement. Je continue à lui écrire sur le même ton d'amitié que j'ai toujours fait. Il faut bien qu'il s'accoutume à trouver sur son chemin des maréchaux de camp, comme je trouverai sur le mien des lieutenants généraux. Au surplus, j'espère qu'il aura lieu d'être content de moi, et j'en agirai avec lui comme je désirerois qu'en pareilles circonstances on en usât avec moi.

Je crois que les ennemis qui sont vis à vis de vous, dans la partie de Québec, ne tarderont pas à partir ; et, dans ce cas, nous ne serons pas attaqués dans ces deux parties. C'est bien à désirer pour celle des Rapides ; car, pour cette année, ou du moins jusqu'au premier octobre, elle est bien en l'air.

Je crois, mon cher général, que vous ferez bien de vous tenir rassemblé le plus possible ; car les ennemis en partant doivent chercher à avoir une action qui donne de la réputation à leurs armes et qui justifie la conduite que Wolff a tenue toute la campagne. Je désire bien ardemment de pouvoir vous rejoindre. Conservez-moi votre amitié et soyez bien persuadé que personne ne la désire plus que moi et n'a l'honneur de vous être pour la vie plus sincèrement attaché que le chevalier de Lévis.

Je ne sais comme vous trouverez la proposition que je fais à M. de Vaudreuil de faire commander cet hiver Désandroins à la tête des Rapides. Je sais que c'est contre la règle ; mais c'est la seule façon pour que le Roi ait un bon fort au printemps, et qu'il ne lui coûte pas cher. Vous connoissez le mérite et la probité de Désandroins, et je pense que c'est tout ce que l'on peut faire de mieux pour le bien du service à tous égards.

Nota.—M. de Montcalm a dû recevoir cette lettre le 8 ou le 9 septembre et n'y a pas répondu, ayant été tué le 13 à la bataille devant Québec.

C

A Mme LA MARÉCHALE DE BELLE-ISLE

Le 22 septembre 1759.

M. de Joanne, aide-major du régiment de Languedoc, aura l'honneur de vous remettre cette lettre. Je le charge de vous instruire de vive voix de tout ce

qui s'est passé cette campagne et de notre situation
actuelle ; je l'ai mis en état de ne vous laisser rien
ignorer à ce sujet, et je vous supplie de donner cré-
ance à ce qu'il aura l'honneur de vous dire de ma part
et de de lui accorder votre protection.

(Semblable lettre au duc de Choiseul, ministre des affaires
étrangères, et au maréchal d'Estrées.)

CI

A M. LE MARQUIS DE VAUDREUIL

Le 10 octobre 1759.

Je reçois dans ce moment la lettre dont vous m'honorez du 5, au sujet des papiers et effets de M. le marquis de Montcalm. Quoique je n'y eusse pas fait
mettre le scellé, j'y avois mis un sergent pour les garder, les circonstances ne m'ayant pas permis d'y
envoyer plus tôt le major général pour y mettre le
sien. Je ne puis me prêter à ce que vous me demandez pour l'ouverture des papiers, attendu qu'ils doivent
m'être remis, selon les intentions du ministre et même
celles de M. le marquis de Montcalm, que je charge
le major général de vous faire voir.

Ainsi je suis responsable par état vis à vis de mon
ministre et envers les parents de M. le marquis de
Montcalm de ses papiers, qui ne doivent être vus que
de moi seul. Ils ne peuvent rien contenir qui puisse

intéresser la colonie, puisque M. le marquis de Montcalm n'étoit que commandant des troupes de terre, de
même que je le suis actuellement, par le *De par le Roi*
que j'en ai trouvé dans son portefeuille. Son inven-
taire et la vente de ses effets me regardent, ainsi que
l'état major général des troupes de terre. Ainsi je ne
puis m'écarter de cette règle sans être dans le cas
d'être vivement réprimandé de mon ministre.

Au surplus je suis si persuadé que les papiers de
M. le marquis de Montcalm ne contiennent rien qui
puisse intéresser dans ces circonstances la colonie, que
je n'en ferai l'ouverture qu'après que les passages
seront fermés. Et, en conséquence, j'envoie ordre à
M. le chevalier de Montreuil de mettre un second
scellé sur tout ce qui peut appartenir à feu M. le marquis de Montcalm, pour que, dans un temps plus
tranquille, je puisse en faire la vérification, pour
suivre les intentions du défunt.

Vous devez être persuadé que, dans toutes les occasions où il dépendra de moi, je concourrai avec plaisir à tout ce qui vous sera agréable.

CII

A M. LE MARQUIS DE VAUDREUIL

Le 15 octobre 1759.

J'ai reçu les lettres que vous m'avez fait l'honneur de m'écrire le 21, avec celles de M. de Bourlamaque que vous m'envoyez. En conséquence de votre demande, je fais partir sur-le-champ les deux bataillon de Royal-Roussillon et de Guyenne et trois cents miliciens ou soldats du gouvernement de Montréal, avec quatre officiers, aux ordres de M. de Charly, auquel j'ai donné le commandement, le croyant le plus capable des officiers de la colonie pour faire faire diligence à cette troupe et la mener en ordre. Je n'ai pu donner que onze bateaux pour conduire toutes ces troupes, n'en ayant pas davantage en état. Ces bateaux ne pourront partir que quand le vent contraire aura diminué. Toutes ces troupes vont se mettre en marche par terre, pour ne pas perdre un instant, et laisseront du monde pour conduire les bateaux.

J'ai donné ordre à M. de Poularies, à qui j'ai donné le commandement des deux bataillons, dont j'ai fait choix comme le lieutenant colonel le plus capable d'exécuter vos ordres, de se rendre avec la plus grande diligence vers Chambly ou Montréal, selon les ordres qu'il recevra de vous sur la route, ou les nouvelles qu'il apprendra. Vous aurez la bonté de lui faciliter

tous les moyens possibles pour se rendre à sa destination. Je leur ai fait prendre des vivres pour huit jours
de crainte que M. de Longueuil ne puisse pas leur
faire fournir du pain aux Trois-Rivières. Cette partie
va rester bien dégarnie. Il est bien à désirer que l'ennemi ne fasse pas de mouvement. D'ailleurs, pour ce
qui me regarde, je vous ai fait part des inconvénients
que mon départ pourroit procurer. J'attends vos
ordres positifs à ce sujet. Je viens de recevoir des nouvelles de M. de Bougainville, qui m'informe que les
ennemis font monter un bâtiment, qui étoit déjà à
hauteur de Saint-Augustin. Peut-être ont-ils eu déjà
des nouvelles de la marche du général Amherst. C'est
un moment où les habitants devroient avoir plus de
courage que jamais, puisque ce n'est plus l'affaire que
de dix ou douze jours par rapport à la mauvaise saison, et je ne doute pas que ce renfort de troupes ne
remette la confiance dans le gouvernement de Montréal.

CIII

A M. LE MARÉCHAL DE BELLE-ISLE

Le 1er novembre 1759.

J'ai l'honneur de vous envoyer la relation de la
campagne, par laquelle vous jugerez des différents

événements qui s'y sont passés. Je n'ai aucun reproche à me faire, dans les malheurs que nous avons eus. Le bonheur m'a suivi dans les différents endroits où j'ai été employé.

Le 15 septembre au matin je reçus, à Montréal, un courrier de M. le marquis de Vaudreuil qui m'apprenoit la perte du combat du 13, que M. le marquis de Montcalm avoit été blessé, et m'ordonnoit de le joindre derrière la rivière de Jacques Cartier, où il se retiroit avec l'armée.

Je partis deux heures après l'arrivée du courrier et après que j'eus donné des instructions relatives à la nouvelle que je venois d'apprendre à M. de Bourlamaque qui commandoit à l'Ile aux Noix et dans la partie du lac Champlain, à M. le chevalier de la Corne qui commandoit à la tête des Rapides du fleuve Saint Laurent, et à M. de Rigaud pour l'intérieur de son gouvernement de Montréal.

J'arrivai le 17 à Jacques Cartier à douze lieues de Québec, où je trouvai M. de Vaudreuil et l'armée, qui y étoient arrivés le 15 au soir, et où j'appris que M. le marquis de Montcalm étoit mort de ses blessures. Le grand nombre de fuyards que je commençai à trouver aux Trois-Rivières, me prépara sur le désordre où je trouverois l'armée.

Je ne connois point d'exemple pareil. On avoit généralement tout abandonné au camp de Beauport, tentes, marmites et tous les équipages.

La situation où je trouvai l'armée, manquant de

tout, ne me découragea pas. Sur ce que M. de Vaudreuil me dit que Québec n'étoit pas pris et qu'il y avoit laissé une assez nombreuse garnison, je pris la résolution pour réparer la faute qu'on y avoit faite, d'engager M. le marquis de Vaudreuil à faire remarcher l'armée au secours de cette place. Je lui représentai que c'étoit le seul moyen pour empêcher l'évasion entière des Canadiens et des sauvages, qui se retiroient chez eux, et de ranimer en même temps le courage de tout le monde ; qu'en marchant en avant, nous ramasserions beaucoup de traîneurs ; que les habitants des environs de Québec rejoindroient l'armée ; que par la connoissance que nous avions du pays, nous pourrions nous approcher fort près des ennemis, que nous savions se retrancher sur les hauteurs de Québec et travailler à des batteries pour battre cette place ; que, si nous trouvions leur armée mal postée, nous pourrions l'attaquer, ou qu'au moins, en nous approchant, nous prolongerions le siège par les secours que nous ferions passer en hommes et en vivres ; que nous pourrions aussi l'évacuer et la brûler, quand nous ne pourrions plus la soutenir, afin qu'il ne restât aucune ressource aux ennemis pour s'y établir l'hiver. Tels furent les différents objets que je proposai à M. de Vaudreuil pour le déterminer à faire remarcher l'armée. Monsieur l'intendant me seconda par les moyens qu'il trouva pour fournir des subsistances.

L'armée prit des vivres pour quatre jours et se mit en marche le lendemain 18, à la pointe du jour, pour

16

se porter à la Pointe aux Trembles, d'où je fis avancer l'avant garde jusqu'à la Rivière du cap Rouge sous les ordres de M. de Bougainville.

M. de Vaudreuil informa sur le champ M. de Ramezay, lieutenant de Roi de Québec, du mouvement que devoit faire l'armée, et que M. de la Rochebaucourt, commandant de la cavalerie, avoit ordre, avec cent cavaliers, de lui apporter du biscuit, et que M. de Bougainville le suivoit de près avec un convoi plus considérable, qu'il pouvoit compter que sa place alloit être secourue de toutes les façons. J'écrivis la même chose à M. de Bernets qui avoit resté dans Québec pour y seconder M. de Ramezay.

En arrivant à la Pointe aux Trembles, le 18, nous reçûmes un courrier de M. de la Rochebaucourt, qui nous informa qu'il s'étoit heureusement acquitté de sa commission, qu'il avoit remis cent quatorze sacs de biscuit, et qu'il l'avoit assuré de mon arrivée et de la marche de l'armée, de même que du convoi que conduisoit M. de Bougainville, qui n'étoit qu'à quatre lieues de la ville; que, malgré tout ce qu'il avoit pu dire du prochain secours, il lui avoit paru que M. de Ramezay n'étoit pas disposé à l'attendre, qu'il lui avoit dit qu'il arriveroit trop tard et qu'il étoit en pourparler avec les ennemis pour capituler.

Sur cette nouvelle, j'envoyai ordre à M. de Bougainville de partir sur-le-champ, de diligenter sa marche et de faire l'impossible, malgré la grande pluie qu'il faisoit depuis deux jours, pour entrer dans Québec et y conduire son convoi ; que l'armée alloit se mettre en mouvement pour soutenir son avant-garde, où j'allois me rendre de ma personne, pour juger de ce qu'il y avoit à faire.

Nous reçûmes pendant la nuit la réponse de nos lettres à MM. de Ramezay et de Bernets. Le premier mandoit à M. de Vaudreuil qu'il avoit reçu sa lettre trop tard, qu'il étoit en pourparlers avec le général anglois, dont il avoit reçu un otage à la place d'un officier qu'il avoit envoyé pour dresser les articles de la capitulation, qu'il désiroit que l'on refusât quelques demandes pour avoir occasion de rompre. M. le chevalier de Bernets me répondit la même chose, mais qu'il n'étoit pas le maître et que c'étoit M. de Ramezay qui commandoit.

L'armée continua à marcher, et je me rendis à l'avant-garde, que je trouvai rétrograder sur la nouvelle que M. de Bougainville avoit eue à une demi-lieue de Québec, que cette place avoit capitulé le 18 au soir. Cette nouvelle qui rendoit inutile tout ce que j'avois fait, m'affligea infiniment. Il est inouï que l'on rende une place, sans qu'elle soit ni attaquée ni investie.

L'armée campa sur les hauteurs de Saint-Augustin. Je fis rester l'avant-garde à la Rivière du cap Rouge. Nous avons occupé trois jours la même position, d'où nous avons envoyé des détachements pour retirer des munitions de guerre et de bouche qui avoient été abandonnées au camp de Beauport.

Le mouvement que l'armée a fait en avant à servi à donner de la confiance aux troupes et à contenir les ennemis dans les entreprises qu'ils auroient pu faire.

La perte de Québec nous ayant mis dans la nécessité de prendre une position en arrière et d'établir un poste pour assurer la tête des quartiers d'hiver, je déterminai M. de Vaudreuil à faire construire un fort à Jacques Cartier. L'armée s'y replia pour y travailler. M. de Bougainville est resté à la Pointe aux Trembles et ses postes avancées sont sur la Rivière du cap Rouge. Nos partis vont journellement à la portée du canon de Québec, pour harceler les ennemis. Leur armée est entièrement rentrée dans cette place, où elle travaille à rétablir les maisons pour y loger.

M. le marquis de Vaudreuil a été à Montréal pour être à portée de faire passer du secours à l'Ile aux Noix et aux Rapides ; car, si l'une de ces deux parties étoit forcée, la colonie seroit perdue sans ressource.

Il faut convenir que nous avons été bien malheureux. Au moment où nous devions espérer de voir finir la campagne avec gloire, tout a tourné contre nous. Une bataille perdue, une retraite aussi précipitée que honteuse, nous ont réduits au point où nous en sommes. On impute à M. de Montcalm d'avoir trop divisé l'armée, et d'avoir attaqué trop tôt les ennemis sans avoir rassemblé toutes les forces qu'il auroit pu avoir. Je dois à sa mémoire, pour assurer la droiture de ses intentions, de dire qu'il a cru ne pouvoir faire mieux; mais malheureusement les généraux ont toujours tort, quand ils sont battus.

Je ferai certainement tous mes efforts, conjointement avec M. de Vaudreuil, pour soutenir cet hiver le reste de cette malheureuse colonie et attendre les secours qu'il plaira à Sa Majesté de nous envoyer dans les premiers jours du mois de mai. Je compte que je serai bien secouru par M. de Bourlamaque, par les officiers principaux et particuliers des troupes, de même que par le courage des soldats.

Les ennemis ont fait un mouvement dans le lac Champlain, le 15 octobre, qui a fait craindre que le général Amherst ne voulût pénétrer par le poste de l'Ile aux Noix et en même temps par les Rapides pour s'emparer de Montréal.

L'entreprise du général Amherst paroît s'être bornée à se rendre maître du lac Champlain par une marine supérieure. La mauvaise saison me fait croire que la campagne est finie pour cette année, et nous allons prendre nos quartiers.

Faute de munitions de guerre et de bouche, il nous sera impossible de faire aucune expédition ni entreprise cet hiver; bien heureux si nous pouvons nous soutenir. Nous finirons de manger la plus grande partie du reste des bœufs et chevaux.

Nous aurons à nourrir dans les postes de trois à quatre mille personnes, y compris les sauvages, ce qui achevera de consommer le peu de ressources qui pourront rester dans la colonie. Je ne doute pas que Monsieur l'intendant n'emploie son zèle et ses talents pour ménager des subsistances et autres secours, pour pouvoir nous soutenir le plus longtemps qu'il sera possible.

Nous n'avons d'autres ressources pour faire subsister les troupes que de les faire nourrir par les habitants des gouvernements de Montréal et des Trois-Rivières, celui de Québec ayant été dévasté par les armées, et à peine pourra-t-il suffire pour nourrir ses habitants.

A l'égard de nos frontières, elles consisteront cet hiver, au poste de Jacques Cartier, où il y aura mille hommes dans le fort ou aux environs, pour observer la garnison de Québec, à l'Ile aux Noix, Saint-Jean ou Chambly le même nombre, et au fort qui est à la tête des Rapides cinq cents hommes.

Nous conserverons trois frégates, pour qu'au printemps nous puissions garder le courant du Richelieu, pour empêcher que les ennemis ne remontent le fleuve avec leurs berges ou d'autres bâtiments jusqu'aux Trois-Rivières et même jusqu'à Montréal.

Si le Roi veut soutenir cette colonie, elle n'est pas encore sans ressources, et s'il lui plaît d'envoyer au mois de mai une escadre qui devance celle d'Angleterre et qui nous rende maîtres du fleuve, avec six mille hommes de troupes de débarquement et quatre mille hommes de recrues pour les bataillons et les troupes de la Marine qui sont ici.

Les ennemis ont laissé leurs troupes à Québec, qui consistent en dix bataillons, qui peuvent faire six à sept mille hommes, ayant renvoyé seulement les malades et blessés et les compagnies de grenadiers qu'ils avoient tirés de Louisbourg. Quelque soit leur nombre, cette place ne tiendra pas huit jours de siège.

Il faudroit aussi un train de grosse artillerie avec des munitions de toutes espèces comme du fer, de l'acier, des outils de toutes sortes et dix mille fusils, la prise de Québec nous ayant dépourvus de toutes choses.

Les troupes de débarquement que le Roi envoyeroit pour prendre Québec pourroient s'en retourner en France avec l'escadre.

Nos forces seront peu considérables au printemps. Les huit bataillons ne feront pas plus de deux mille quatre cents combattants, et les troupes de la Marine onze à douze cents ; et, s'il ne nous arrive pas des secours, nous ne pouvons compter que sur les habitants des gouvernements des Trois-Rivières et de Montréal, et encore aurons-nous de la peine à les rassembler. A l'égard des sauvages, nous en aurons mille ou douze cents, supposé qu'il nous arrive une escadre ; car, sans cela, nous serons fort heureux s'ils ne sont pas contre nous.

Si le Roi ne juge pas devoir nous donner du secours, je dois vous prévenir qu'il ne faut plus compter sur nous à la fin du mois de mai. Nous serons obligés de nous rendre par misère ; manquant de tout, il nous restera du courage, sans aucune ressource pour le mettre en usage.

Permettez-moi aussi de vous représenter que, si Sa Majesté perd cette colonie, il sera bien difficile de la soutenir les autres guerres. Les sauvages n'auront plus de confiance aux François, et les Canadiens, par ce que nous voyons de ceux de Québec, ne seront pas longtemps à s'accoutumer au gouvernement anglois, à cause de la facilité qu'ils trouveront dans le commerce.

Si le Roi a pitié de la situation de cette colonie, il n'y a que la paix qui puisse la rétablir.

Le sieur Bernier ayant resté à Québec après l'affaire du 13 pour avoir soin de l'hôpital, je l'ai chargé de vous informer de tous les détails relatifs à ce sujet ; et comme les ennemis prétendent retenir comme prisonniers de guerre les officiers et soldats qu'ils ont trouvés audit hôpital, le lendemain de l'affaire, et qui y étoient entrés le 13, ce commissaire s'est acquitté avec tout le zèle, décence et intelligence possibles, des commissions dont il a été chargé vis à vis des ennemis, et des devoirs de sa charge.

Le Roi a accordé à M. le marquis de Montcalm six mille livres à distribuer à sa volonté dans les troupes de terre, qu'il avoit distribuées avant sa mort aux bataillons pour les lieutenants les plus indigents.

Je dois vous exposer que la misère des troupes est

extrême ; elles espèrent que vos bontés adouciront leurs maux.

(Semblable lettre à M. Berryer.)

CIV

A M. LE MARÉCHAL DE BELLE-ISLE

Le 10 novembre 1759.

J'ai l'honneur de vous envoyer l'état de la situation des troupes et celui des grâces que je vous supplie de leur accorder. Ce corps mérite votre protection ; il a servi avec distinction dans toutes les campagnes qu'il a faites en Amérique, et particulièrement dans celle-ci, où elles ont eu à combattre en différentes fois des forces supérieures. Elles ont eu à supporter les plus grandes fatigues, étant réduites à une ration à peine suffisante pour les nourrir. Elles ont perdu en deux différentes fois leurs équipages, de manière que les officiers et les soldats manquent entièrement de tout. Je dois ne pas vous laisser ignorer que, dans tous ces revers de fortune, personne ne s'est plaint de son sort, et que ce même corps de troupes conserve le même zèle et le même courage pour le service du Roi. Il regrette avec moi la perte que nous avons faite de notre général. L'ordre du Roi que j'ai trouvé dans ses papiers pour le remplacer dans ses fonctions m'ayant

mis à leur tête, je ne doute point que, sous mes ordres,
ils ne conservent la même réputation et qu'ils n'aient
la même ardeur pour maintenir la gloire des armes
du Roi, dans quelque situation critique que nous puissions être réduits ; en quoi je serai bien secondé par
Messieurs les officiers supérieurs et les commandants
des corps, de même que par Messieurs de l'état major.
A mon particulier, je ferai tous mes efforts pour mériter la confiance que Sa Majesté a bien voulu avoir en
moi, en me donnant le commandement de ce corps,
et je m'estimerai bien heureux si vous avez la bonté
de lui accorder votre protection et avoir égard à la
demande des grâces que j'ai l'honneur de vous faire
pour lui.

M. de Bourlamaque a exécuté ce dont on l'avoit
chargé pour la défense de la frontière qu'on lui avoit
confiée, avec la plus grande distinction. Je ne puis
que vous renouveler tout ce que M. le marquis de
Montcalm vous a mandé de son zèle et de ses talents.

M. de Bougainville s'est acquitté avec beaucoup de
zèle et d'intelligence des commissions dont M. le marquis de Montcalm et moi l'avons chargé en sa qualité
de colonel.

M. le chevalier de Montreuil, major général, a servi
depuis qu'il est en Canada avec tout le zèle possible
et s'est acquitté parfaitement de toutes les commissions dont il a été chargé. Vous lui avez fait espérer
par une lettre écrite à M. le marquis de Montcalm,
qu'étant susceptible d'un avancement plus considé-

rable que la commission de colonel qu'il demandoit, vous seriez charmé dans l'occasion de le lui procurer ; j'ai l'honneur de vous demander pour lui le grade de brigadier.

Je joins ici M. de la Pause, à qui M. le marquis de Montcalm avoit donné des lettres, au commencement de la campagne, pour faire les fonctions d'aide-maréchal-de-logis de l'armée à la place de M. de Bougainville, et que j'ai crû devoir confirmer dans ladite fonction, espérant que vous voudrez bien approuver son choix et le mien en le nommant du temps où il a fait le service. M. le marquis de Montcalm sollicitoit, depuis son arrivée en Canada, la commission de colonel et le flattoit de lui faire obtenir un bataillon de grenadiers royaux. Il a persévérer tous les ans dans sa demande ; à mon particulier, j'écrivis, après la prise du fort Georges, à M. de Paulmy, pour l'informer des talents de cet officier pour la guerre et pour tous les détails d'armée ; j'ose vous assurer qu'il est dommage de laisser vieillir cet officier dans un emploi subalterne ; il a mérité les éloges de tous ceux sous lesquels il a servi ; il est homme de condition et sera très bien placé dans les grades où on l'élévera, ayant de grands talents, du zèle et la fermeté convenable. Je vous supplie particulièrement de lui accorder les grâces demandées pour lui et nommément la commission de colonel. Cet officier m'est très utile dans les fonctions d'aide-maréchal-des-logis, et je vous serai très obligé de ce que vous voudrez bien faire pour lui.

Le sieur de la Rochebaucourt, capitaine de cavalerie et aide de camp de feu M. le marquis de Montcalm, a commandé cette campagne un corps de cavalerie qu'on avoit levé au commencement. Cet officier a formé, exercé et fait servir cette troupe avec la plus grande distinction ; il mérite les plus grands éloges, autant par ses talents que par son zèle, qui le rend infatigable et qui l'a rendu très utile pendant toute la campagne. Je demande pour lui une commission de lieutenant-colonel ; M. le marquis de Montcalm comptoit demander pour lui cette grâce.

Je vous supplie d'avoir égard à la demande que j'ai l'honneur de vous faire pour M. de Roquemaure. C'est un ancien officier qui a toujours servi avec distinction, qui a été mortifié de la préférence qu'on avoit donné à un lieutenant-colonel moins ancien et qui ne s'étoit pas trouvé comme lui dans le cas de commander les troupes en chef après que M. de Dieskau fut fait prisonnier de guerre ; les troupes s'attendent qu'il recevra cette grâce.

Je demande le grade de lieutenant-colonel pour les deux commandants de bataillon que je propose ; ils sont dans le cas de mériter tous les deux cette grâce ; celui de Guyenne le sollicitoit depuis longtemps par l'ancienneté de ses services et autres motifs expliqués ; celui de la Sarre est le premier à passer à la lieutenance-colonelle.

Je demande pareille grâce pour le sieur d'Hébecourt, capitaine au régiment de la Reine, officier de grand mérite. Cette grâce ne peut que donner de l'émulation aux troupes qui servent en Canada.

Je joins ici les représentations du sieur Trivio, lieutenant-colonel du régiment du Berry ; cet officier a toujours très bien servi, et j'espère que vous aurez égard à sa prière ; je demande une augmentation de pension pour les lieutenants-colonels.

Le sieur de Trécesson, étant le seul commandant de bataillon qui n'ait point de pension, mérite cette grâce, de même que le sieur de Villemontel, capitaine des grenadiers. Je propose aussi les autres capitaines de grenadiers qui n'en ont point, pour les mettre au pair, et les premiers factionnaires qui ont assez de service pour prétendre à cette grâce, s'il plaît au Roi de les étendre jusques là.

J'ai admis tous les officiers blessés, prisonniers ou non pour des gratifications.

Je propose plusieurs officiers pour la croix dans certains corps, attendu leur égalité de service.

Le sieur de Marillac, capitaine au régiment du Languedoc, est mort de ses blessures ; il laisse une femme et deux enfants à la mendicité. Permettez que j'ai l'honneur de vous solliciter pour faire obtenir une pension à cette veuve ; le Roi en accorde dans ce pays aux veuves des capitaines de la colonie.

Je demande deux commissions de capitaine pour les deux officiers partisans, nommément pour le sieur Wolf, homme de zèle et de courage et très utile pour la guerre des partis.

Je demande pour l'artillerie et le génie les grâces dont j'ai cru ce corps susceptible ; il a très bien servi.

Le sieur Désandroins, officier de grand mérite, a été choisi pour commander dans le fort qu'il a fait construire à la tête des Rapides ; son zèle mérile récompense.

Le sieur Massé, chirurgien aide-major, à qui le Roi a conservé la place qu'il avoit à l'hôpital de Landau, en sollicite les appointements depuis qu'il est en Canada, où il a toujours rempli ses fonctions avec application ; il mérite la grâce que j'ai l'honneur de vous demander pour lui.

Le sieur Bernier étant resté à Québec après l'affaire du 13 septembre pour avoir soin de l'hôpital, je l'ai chargé de vous informer de tous les détails relatifs à ce sujet ; et, comme les ennemis prétendent retenir comme prisonniers de guerre les officiers et soldats qu'ils ont trouvés audit hôpital le lendemain de l'affaire et qui étoient entrés le 13, ce commissaire s'est acquitté avec tout le zèle, décence et intelligence possible des commissions dont il a été chargé vis à vis les ennemis, et des devoirs de sa charge.

Le Roi avoit accordé à M. le marquis de Montcalm six mille livres à distribuer à sa volonté dans les troupes de terre ; il avoit distribué cette somme avant sa mort aux lieutenants les plus indigents des bataillons.

Je dois vous exposer que la misère des troupes est

extrême ; elles espèrent que vos bontés adouciront leurs maux.

Pour ce qui me regarde, je ne devrois rien vous demander, puisque c'est vous qui m'avez toujours protégé et fait mon avancement. Ayant l'honneur de vous appartenir, je dois tout attendre de vos bontés. Je ne puis cependant m'empêcher de vous supplier d'observer que, si je ne reçois quelque marque distinguée du Roi, je serois regardé vis à vis toute l'Europe comme ayant eu part aux fautes qu'on a faites cette campagne, et qu'au contraire j'ose dire que la conservation de ce qui nous reste de la colonie est due à mes soins et à mes dispositions. Il n'est personne ici qui n'en soit persuadé.

Je sers depuis assez longtemps pour pouvoir prétendre à être lieutenant général ; j'ai plus que l'âge pour être chevalier des ordres du Roi ; il y en a toujours eu dans ma famille. M. le maréchal de Mirepoix a été le dernier. Si mes services n'étoient pas suffisants, je pourrois réclamer les siens étant son élève. Quoique mal partagé de la fortune, je n'ambitionne aucune grâce qui l'augmenteroit ; celle qui me flatteroit le plus seroit d'être lieutenant général pour être plus à portée de donner des preuves de mon zèle pour le service du Roi. C'est à vous à juger si mes demandes sont justes ; je serai toujours content de ce que vous aurez fait pour moi.

(Semblable lettre à M. de Cremille.)

CV

Le 10 novembre 1759.

Je devrois avoir l'honneur de vous faire un long détail sur la misère des troupes de terre, qui est extrême, ayant perdu deux fois leurs équipages, et le peu de denrées qui restent dans le pays étant portées à des prix extrêmes. Mais j'espère que, sur cet exposé seul, vous ferez votre possible pour adoucir leur sort.

J'aurois eu à me plaindre de la disproportion du traitement qui m'avoit été accordé l'année dernière ; je vous prie de vouloir bien me faire comprendre pour le même traitement qu'avoit feu M. le marquis de Montcalm, du jour de sa mort, étant obligé de faire les mêmes dépenses et même plus considérables par l'enchérissement des denrées, ce qui m'obligera même en attendant à continuer de prendre des avances considérables.

M. le marquis de Montcalm avant sa mort avoit fait distribuer aux officiers les plus nécessiteux des troupes les six mille livres que le Roi avoit accordées à sa disposition.

J'ai l'honneur de vous solliciter pour quelques officiers de la Marine qui ont servi sous mes ordres et auxquels je ne puis refuser de vous informer particulièrement de leurs mérites et de vous prier de leur faire accorder quelques grâces.

Le sieur de Repentigny, capitaine, auquel on a donné cette campagne le commandement d'un corps détaché pour observer les ennemis dans les endroits les plus critiques, mérite par ses talents et par son zèle d'être distingué.

Le sieur Herbin, capitaine, a commandé le corps de troupes et milices du gouvernement de Montréal pendant toute la campagne, et nommément à l'affaire du 31 juillet et du 13 septembre, où il a été blessé ; il mérite la récompense d'une gratification.

Le sieur de Saint-Martin, capitaine, qui sert depuis longtemps, soit en France, ou dans la colonie, avec le plus grand zèle et application, a été employé continuellement comme un officier de distinction ; je vous prie de lui faire accorder la croix de Saint-Louis.

Le sieur Nigon, lieutenant des troupes de la Marine, qui est estropié par la blessure qu'il a reçue à l'affaire du 8 juillet de l'année dernière et hors d'état de servir, désireroit la réforme de capitaine avec les appointements de lieutenant, et d'en pouvoir jouir en France ; c'est un bon officier et qui mérite cette grâce.

Pour le sieur de Saint-Romme, lieutenant, qui a servi avec beaucoup de zèle dans la cavalerie, une commission de capitaine ou une gratification.

Je dois vous faire part aussi du zèle et application avec lequel le sieur Monin a servi, en qualité d'officier

17

major, pendant toute la campagne ; il a assez de service pour mériter la croix de Saint-Louis.

Les sieurs de Charly et Longueil, officiers majors,
ont servi dans leurs fonctions avec tout le zèle possible.

Le sieur de Villejouin le cadet, officier plein de zèle
et de bonne volonté, de la garnison de Louisbourg,
désireroit n'être pas oublié dans les promotions qui
pourront se faire dans ce corps.

Je dois de même vous demander vos bontés pour le
chevalier Le Mercier, dont le zèle, les talents et le mérite doivent vous être connus et pour M. Johnstone,
lieutenant du corps de troupes de la Marine de Louisbourg ; cet officier mérite quelque avancement ; je
vous serai très obligé de ce que vous voudrez bien
faire pour lui.

Le sieur de Marillac, capitaine au régiment de Languedoc, marié en Canada, est mort de ses blessures,
laissant sa femme avec deux enfants dans la misère.
S'il vous étoit possible de lui accorder la pension qu'il
est d'usage aux veuves des capitaines de la Marine, je
vous en aurois particulièrement une sincère obligation.

CVI

A M. LE TOURNEUR, PREMIER CHEF DU BUREAU DE LA GUERRE

Le 10 novembre 1759.

J'ai l'honneur de vous prier de vouloir bien vous intéresser pour le corps des troupes de terre qui servent en Canada et que j'ai l'honneur de commander. Leurs malheurs et leur zèle pour le service du Roi, joint aux pertes et souffrances qu'elles ont eues pendant cette campagne, qui a été très rude de toutes les façons, les rendent très susceptibles des grâces que je demande pour elles. Elles ont été victorieuses le 31 juillet dans la partie que je commandois à Beauport, et battues, le 13 septembre, dans l'affaire où M. de Montcalm a été tué.

J'espère que vous voudrez bien leur continuer vos bons offices, ainsi que vous l'avez fait par le passé. Parmi les grâces que je demande pour elles, je vous serai très obligé de vouloir vous intéresser particulièrement pour M. de la Pauze. Feu M. le marquis de Montcalm l'avoit flatté que vous vous intéresseriez pour lui ; il le mérite et je vous en aurai une sincère obligation.

Je vous fais la même prière pour M. de Roquemaure et M. de la Rochebaucourt.

Je serai très sensible et très reconnoissant de tout

ce que vous voudrez bien faire pour ce corps de troupes, et serai charmé dans toutes les occasions où je pourrai vous donner des preuves du sincère attachement avec lequel, etc.

CVII

AU ROI DE POLOGNE

Le 20 novembre 1759.

Sire,

J'envoie à Votre Majesté la relation des événements de cette campagne. Cette colonie a été attaquée avec des forces si considérables et si supérieures que malgré tous nos efforts, nous n'avons pu en conserver qu'une partie au Roi votre gendre. Je me trouve actuellement, depuis la mort de M. le marquis de Montcalm, qui a été tué à la bataille du 13 septembre devant Québec, à la tête du corps de troupes qui sert en Amérique. Tous nos malheurs n'ont pas diminué leur courage ni leur zèle, et nous sommes déterminés à nous défendre jusqu'à la dernière extrémité et d'attendre qu'il plaise au Roi votre gendre de faire la paix ou de nous envoyer au printemps des nouveaux secours pour recouvrer la totalité du Canada.

CVIII

A M. LE DUC DE CHOISEUL, MINISTRE DES AFFAIRES
ÉTRANGÈRES

Le 10 novembre 1759.

Je compte que vous aurez reçu par M. de Joanne,
aide-major au régiment de Languedoc, la lettre que
j'ai eu l'honneur de vous écrire, et qu'il vous aura
rendu compte de vive voix de la situation où il avoit
laissé cette colonie.

Depuis son départ je me suis maintenu sur la défensive dans la partie de Québec avec des forces bien
inférieures, et, avec les débris d'une armée battue,
j'ai arrêté les progrès des ennemis. Ils ont renfermé la
leur dans Québec où elle passera l'hiver. Elle consiste
en dix bataillons, qui font au moins six mille hommes
après le renvoi fait de leurs malades et blessés.

Nous avons été menacés par l'armée du général
Amherst dans la partie du lac Champlain et par les
Rapides du fleuve Saint-Laurent. S'il avoit percé par
un de ces deux endroits, la colonie étoit perdue sans
ressource, parce que toutes leurs forces se seroient
trouvées réunies. Mais nos bonnes dispositions et contenance ont empêché ce général d'y pénétrer. La mauvaise saison est venue à notre secours, et nous allons
prendre des quartiers d'hiver.

C'est beaucoup que d'avoir résisté aux grandes

forces qui nous ont attaqués et, après toutes nos in-
fortunes, de conserver encore le centre du Canada ; il
ne tiendra pas à moi que nous ne le défendions jusqu'à la dernière extrémité. Mais, si vous ne faites la
paix d'ici au printemps, il ne faut plus compter sur
nous. Il sera même très difficile de pouvoir rétablir ce
pays-ci, à moins qu'on ne nous envoie des secours
puissants pour en recouvrer la totalité.

(Semblable lettre au maréchal d'Estrées.)

CIX

A M. BERRYER

Le 10 novembre 1759.

Je ne puis me dispenser d'avoir l'honneur de vous
rendre les meilleurs témoignages du sieur Cadet, munitionnaire général de cette colonie. C'est un homme
des plus zélés pour le bien du service et il a eu les plus
grandes ressources pour faire subsister les armées ; ce
qu'il n'a pu faire qu'avec des dépenses énormes. De
plus, il avoit fait un armement considérable pour faire
passer des vivres dans ce pays. Les navires, qui étoient
armés en guerre, ont servi très utilement pour barrer
le haut du fleuve, ce qui a contribué à la conservation
du pays. Les équipages des autres navires ont très
bien servi pour la défense de Québec. Il avoit fait

choix du sieur Canon pour la commander, dont les talents et les mérites vous sont connus. Je puis vous assurer qu'il a recherché toutes les occasions à donner des preuves de son zèle.

Voilà les services que le sieur Cadet a rendus. Si vous n'avez la bonté d'avoir égard à ses dépenses, je suis persuadé que ses pertes seront très considérables. La façon désintéressée dont il a agi avec les troupes (ce qui leur a été d'un grand secours) m'engage à avoir l'honneur de vous demander votre protection pour lui ; je crois qu'il la mérite ; à mon particulier, je vous serai très obligé de ce que vous voudrez bien faire pour le dédommager et le récompenser de ses services.

CX

A Mme LA MARÉCHALE DE MIREPOIX

De Jacques Cartier, le 10 novembre 1759.

Nous venons, Madame, de terminer une campagne bien malheureuse pour cette colonie, que les Anglois ont attaquée par toutes les frontières, avec des forces infiniment supérieures aux nôtres. Nous avons fait les plus grands efforts pour nous soutenir partout, mais cela ne nous a pas été possible. Les Anglois ont livré bataille à M. le marquis de Montcalm le 13 du mois de septembre dans laquelle il a été tué, et d'où s'en est suivie la perte de Québec, notre capitale.]

J'avois quitté cette armée, quelques jours auparavant, pour me porter sur les frontières du lac Champlain et du lac Ontario, qui étoient vivement attaquées par les ennemis. M. le marquis de Vaudreuil me dépêcha aussitôt un courrier pour m'apprendre la malheureuse nouvelle de cette bataille, et me donna ordre de me rendre le plus tôt possible à l'armée pour y remplacer M. de Montcalm. J'y trouvai tout dans le plus grand désordre ; et j'ai cependant, avec les débris de cette armée, contenu les ennemis, de manière qu'ils n'ont pu faire de plus grands progrès dans la colonie et qu'ils ont été obligés de s'en tenir à la prise de Québec. Leur flotte est retournée en Angleterre, et ils ont laissé toutes leurs troupes, dont le fond est de dix à douze mille hommes dans Québec. Nous allons de notre côté prendre des quartiers d'hiver dans l'intérieur de la colonie, où nous serons très réserrés. Je charge M. Le Mercier, commandant de l'artillerie, officier intelligent que nous envoyons en France pour détailler nos besoins, de vous dire notre situation ; et, quelle qu'elle soit, j'ose néanmoins assurer le ministre que la colonie ne sera pas prise avant le mois de mai, ce qui donnera le temps de nous envoyer le secours qu'il plaira au Roi de nous faire parvenir. Quant à ce qui me regarde, malgré tous nos malheurs, M. Le Mercier vous dira combien j'ai été heureux dans tout ce que j'ai fait.

Je demande à M. le maréchal de Belle-Isle de me faire faire lieutenant général, grâce que je crois avoir méritée par ma dernière campagne, et je lui mande aussi que je me crois dans le cas de demander aussi le cordon bleu. J'insiste sur cette dernière grâce par la crainte que j'ai que l'on ne m'envoie le cordon rouge, vacant par la mort de M. de Montcalm, ce qui me feroit une espèce d'exclusion pour le cordon bleu; et, pour aller au devant, je demande le cordon rouge pour M. de Bourlamaque.

Je ne puis mieux faire que de remettre mes intérêts entre vos mains et de me recommander toujours à vos bontés.

CXI

A M. LE PRINCE DE BEAUVAU

Le 10 novembre 1759.

Je n'aurai pas l'honneur de vous faire le détail de tout ce qui s'est passé dans ce pays cette campagne; je charge M. Le Mercier que Monsieur de Vaudreuil envoie en France, de vous en faire part en vous remettant ma lettre; c'est un officier intelligent, à qui vous pouvez ajouter foi sur tout ce qu'il vous dira. Vous verrez que j'ai eu le bonheur d'être toujours heureux dans toutes les parties où je me suis trouvé. J'ai été très fâché de n'être pas avec M. de Montcalm à la dernière action où il a été tué, et où j'aurois peut-être été très utile.

Je vous demande la continuation de vos bontés ; je les mérite par tous les sentiments que je vous ai voués.

CXII

A M. LE MARÉCHAL DE BELLE-ISLE

Le 10 novembre 1759.

M. le marquis de Vaudreuil envoie M. Le Mercier en France pour porter ses dépêches ; c'est un des officiers les plus instruits de la situation de la colonie, où il a toujours été employé avec distinction dans tous les différents détails. Je l'ai demandé de préférence pour m'accompagner dans les endroits où j'ai été employé pendant la campagne. Je ne puis que vous en rendre des bons témoignages. Je le charge de vous rendre un compte particulier de notre situation, et vous pouvez vous en rapporter à ce qu'il aura l'honneur de vous dire. Je vous supplie de vouloir bien lui accorder vos bontés et votre protection.

(Semblable lettre à M. Berryer.)

CXIII

Lettre circulaire du 20 novembre 1759.

J'ai l'honneur de vous faire part des règlements pour la police ou discipline à faire observer dans les quartiers, et que je vous prie de faire exécuter exactement.

1° Je confirme toutes les ordonnances et règlements faits par M. le marquis de Montcalm, de même que tous les arrangements particuliers qu'il avoit faits dans chaque bataillon.

2° Messieurs les commandants des bataillons se feront rendre compte exactement par les officiers, et particulièrement par ceux de l'état major, de tout ce qui concernera le détail intérieur de leur corps, de même que pour tout ce qui pourroit arriver dans leurs quartiers concernant la discipline ou le service, et les préviendront qu'ils aient à s'adresser à eux directement, ne voulant être informé ni recevoir aucune représentation que par les commandants de bataillon, désirant que chacun fasse sa charge. Ainsi je vous rends responsable de tout ce qui sera en défaut dans votre corps, soit pour l'ordre, la discipline ou le service.

Les circonstances critiques où nous nous trouvons, les ennemis pouvant à chaque instant faire un mouvement sur nos frontières, m'obligent à vous recommander d'être très réservé pour ne donner de permissions que le moins qu'il sera possible à Messieurs les officiers, à moins qu'ils n'aient des affaires indispensables, et en leur limitant le temps qu'ils peuvent être absents.

Je vous prie de m'envoyer le plus tôt possible les états de tout ce qu'il manque à votre bataillon pour être en état de marcher, pour que j'y fasse travailler tout de suite, de même que celui de sa situation et de ses changements, suivant les modèles que vous trouverez ci-joint, et l'état des soldats à qui la pistole est due, pour que je la leur fasse payer sur le pied de l'ordonnance, pour le temps qu'ils sont obligés de faire de plus pendant la guerre.

Je vous prie de vous faire rendre compte si l'économie des vivres a été exactement payée aux habitants qui ont servi pendant la campagne dans votre bataillon, ainsi qu'aux soldats.

Vous vous conformerez pour tout ce qui concerne la police des troupes, vis à vis des habitants, au règlement donné l'année dernière par M. le marquis de Vaudreuil, dont vous devez avoir copie.

Je vais faire faire l'examen des effets arrivés de France pour Messieurs les officiers afin d'en ordonner une répartition égale à chaque bataillon.

M. les marquis de Vaudreuil est convenu avec moi qu'il enverroit ordre aux capitaines des côtes, pour que les habitants qui ont des soldats logés chez eux ussent à leur tenir toujours prêts six jours de vivres, en pain, biscuit, viande ou autre chose équivalant, pour qu'au cas qu'on fût obligé de faire marcher un détachement ou lever tous les quartiers, il n'y ait aucun empêchement pour pouvoir marcher tout de suite. Vous voudrez bien tenir la main à ce que cela soit exécuté, ainsi qu'il est convenu, et que les officiers visitent leurs compagnies pour voir si l'exécution s'en sera suivie, après que l'ordre aura été donné.

Je vous envoie ci-joint l'ordre pour faire recevoir les officiers proposés aux emplois vacants.

Vous verrez par la copie du mémoire que j'ai donné à Monsieur l'intendant, que je me suis occupé utilement de ce qui peut intéresser les troupes ; je crois n'y avoir rien omis. Je l'ai sollicité plus particulièrement pour les lieutenants, attendu la modicité de leurs appointements, et je crois qu'ils doivent être contents de ce qu'on a fait pour eux.

Je vous prie d'assurer tous les officiers de votre régiment, que, dans toutes les occasions, ils me trouveront disposé à faire valoir leur zèle et leurs services auprès du ministre, ce que j'ai déjà fait sur le mémoire que vous m'avez donné.

Si vous avez quelques lieutenants qui soient dans le cas de manquer de vêtements, mandez m'en l'état ; je verrai à leur procurer tout ce qui me sera possible ; ils pourront faire accommoder des habits de soldats que je leur ferai donner.

CXIV

A M. MURRAY, COMMANDANT LES TROUPES DU ROI DE LA GRANDE-BRETAGNE

Le 29 décembre 1759.

J'ai communiqué à M. de Vaudreuil la lettre que vous m'avez fait l'honneur de m'écrire au sujet de l'échange des prisonniers que vous proposez, conformément au cartel arrêté entre les deux couronnes. M. le marquis de Vaudreuil a conséquemment donné plein pouvoir pour en traiter à Monsieur de Bellecombe, aide-major du régiment de Royal-Roussillon. L'éloge que vous faites de cet officier auroit augmenté, s'il eut été possible, la bonne idée que j'avois de lui, et m'a déterminé à le choisir pour cette négociation. Il est muni d'une instruction qui l'autorise à lever toutes difficultés et à conclure relativement au cartel général et à l'échange déjà terminée avec M. le général Amherst. Je souhaite fort que les propositions qu'il est chargé de vous faire puissent vous être agréables. Je pense que l'endroit le plus convenable pour l'exécution seroit, si vous l'approuvez, sur la Rivière du cap Rouge, dans les premières maisons qui ne sont pas occupées par les postes avancés des deux armées.

Le sieur Arnoux, chirurgien major de l'armée, doit se rendre à l'hôpital général de Québec pour y visiter les officiers et soldats de nos troupes blessés. J'ai l'honneur de vous le recommander.

Nos prisonniers qui arrivent de la Nouvelle-Angleterre ont apporté des gazettes que j'ai l'honneur de vous envoyer, persuadé que, comme dans ce moment vous n'êtes pas à portée de recevoir des nouvelles d'Europe, vous serez bien aise d'apprendre les dernières que l'on ait reçues dans ce continent.

CXV

LETTRE DE M. MURRAY, COMMANDANT LES TROUPES

(ANGLOISES

A Québec, le 10 janvier 1760.

Par le troisième article des instructions de M. de Bellecombe, je trouve que le général Amherst n'a fait l'échange que d'homme pour homme. Comme je suis à ses ordres, sa conduite doit me servir de règle.

Conséquemment, Messieurs les officiers qui ont été faits prisonniers à l'hôpital général par le général Monckton, ne peuvent être relâchés que par échange d'égal à égal; et, comme je m'aperçois que vous n'en voulez qu'à condition qu'ils soient libérés, il faudra rompre cette négociation.

J'ai mille remerciements à vous faire des gazettes que vous avez eu la politesse de m'envoyer, et serai charmé de trouver les occasions de vous en témoigner ma reconnoissance.

CXVI

AUTRE LETTRE DE M. MURRAY

De Québec, le 14 janvier 1760.

Depuis ma lettre écrite, le signalement que j'ai l'honneur de vous envoyer m'a été remis entre les mains. Vos politesses et la bonté de votre cœur me sont trop connues pour pouvoir douter un seul moment, surtout comme la capitulation le porte, que le garçon dont il s'agit, ne soit rendu au corps auquel il appartient et à ses parents.

CXVII

A M. MURRAY

Le 26 janvier 1760.

Puisque l'échange des prisonniers projeté ne sauroit avoir lieu, M. le marquis de Vaudreuil se détermine à proposer à M. le général Amherst l'échange de M. Godar contre un de nos officiers de même grade, prisonnier dans les colonies angloises. Sur ce que cet officier a paru désirer retourner à Québec, on lui en a donné la permission sur sa parole de ne point servir qu'il ne soit échangé.

M. le marquis de Vaudreuil écrit à M. Amherst au sujet de la détention des officiers entrés à l'hôpital général le 13 septembre.

J'ai pris de M. de Bourlamaque toutes les informations au sujet du nommé Jean Surbert. J'ai l'honneur de vous envoyer la réponse qu'il m'a faite. Cet homme ne s'est trouvé dans aucun état des prisonniers, et personne n'a connoissance de l'avoir vu à Québec. J'aurai un vrai plaisir à faire encore à cet égard toutes les recherches qui dépendront de moi.

———

Réponse de M. de Bourlamaque aux informations ci-dessus mentionnées dans la lettre ci-dessus envoyée à M. Murray, du 26 janvier 1760.

Lorsque je fis transporter M. Amsby au fort Édouard, je fis faire la recherche des Anglois de la capitulation du fort William Henry qui pouvoient se trouver à Carillon ; il y en avoit cinq hommes ou femmes, qui furent remis avec M. Amsby au sieur Christophe Russel, capitaine du 17e régiment. Si le nommé Surbert eût été alors à Carillon, je l'aurois renvoyé comme les autres. Il est vrai que M. Amsby me laissa une note de quelques prisonniers qu'il réclamoit. Comme ils n'étoient point à Carillon, j'en rendis compte à M. le marquis de Vaudreuil ; j'ignore si le nommé Surbert, qui étoit auparavant sur cette liste, a été retenu.

18

CXVIII

A MESSIEURS LES COMMANDANTS DE BATAILLON

Lettre circulaire du 15 février 1760.

J'attendois que Monsieur l'intendant eut répondu à toutes mes demandes concernant les troupes de terre pour vous en faire part, et vous mettre à même de notifier à Messieurs les officiers et aux compagnies de votre bataillon que le défaut de moyen est cause qu'on ne pourra leur donner que ce qui est porté ci-après. Vous pouvez les assurer qu'occupé continuellement de ce qui les intéresse, je n'ai point négligé de prendre connoissance de ce qui est aux magasins et des moyens qu'on pourroit avoir d'ailleurs. Ainsi, il faut qu'ils s'intriguent et s'arrangent en conséquence. Nous sommes dans un temps où nous devons nous piquer de donner l'exemple sur tout.

Il faut être prêt à marcher au premier ordre que je vous enverrai.

Les fournitures ci-après seront faites ensuite, si on n'a pas le temps de les faire auparavant. L'article qui m'occupe le plus pour ce sujet sont les marmites des soldats; il doit nous rester celles que vous aviez à Jacques Cartier. Ainsi il faut les faire rassembler et voir si on pourroit en trouver quelqu'une à acheter chez les habitants; vous en feriez le marché et je les ferai payer. Je compte que trois ordinaires par compagnie seront suffisants.

OFFICIERS

Tentes.............. { On ne pourra donner que trois grandes tentes à murailles à chacun des bataillons qui ont fait campagne à Québec; on pourroit y placer quatre officiers dans chacune; il n'est point question de prélart. Il faut vous informer des officiers qui ont des tentes, et faire réparer les vieilles.

Marmites. .... { Il n'est pas possible de leur en donner; on en manque totalement.

Baudets............ { On vous fera donner ceux que vous avez demandés.

Bidons, gamelles, { On en fait faire en bois et on donnera la
cuillers à pot.......... { quantité demandée.

ÉQUIPEMENT

Capotes .... | On ne peut en donner.

Couvertes .... { On en donnera aux officiers et à leurs domestiques, à la place de la couverte une peau d'ours.

Mitasses............ { On en donnera ou à la place une paire de bas.

Bonnets............ | On les donnera en bonnets de drap.

Chemises.......... { On donnera les chemises, moitié de coton et moitié de toile.

Les aiguilles, alènes, batte-feux, tire-bourre, paires de souliers tannés, peignes et couteaux, on les donnera avec trois pierres à fusil, et non le fil; on en manque.

Quelques officiers m'avoient demandé des fusils et épées; il n'est pas possible de leur en procurer, n'y en ayant point.

SOLDATS

On donnera aux bataillons qui ont fait la dernière campagne à Québec, quatre tentes de huit hommes, et à ceux de l'Ile-aux-Noix deux de huit et deux de dix par compagnie.

Manteaux d'armes.	On les donnera.
Marmites............	On en manque.
Gamelles, bidons, cuillers à pot, outils.	On les donnera.
Fusils	On donnera la quantité demandée.
Bayonnettes	On les donnera.
Gibernes	On n'en a point; mais on donnera à la place une corne et un sac à plomb pour chaque giberne demandée.
Caisses..............	On ne pourra en donner que trois à chacun des bataillons qui ont fait la précédente campagne à Québec.
Baguettes..........	On en donnera quatre paires aux cinq bataillons qui en ont demandé.
Peaux..............	On donnera celles qu'on a demandées.
Cordages	Idem.
Ceinturons.........	On en manque totalement; il faut faire en sorte de réparer les vieux. Tâchez de savoir au juste ce qu'il vous en faudra absolument, pour qu'on voie d'en faire faire, s'il est possible, avec des peaux.
Cartouches	On donnera du papier à gargousses pour en faire.

Pierres à fusil .... } Comme on en donnera trois avec l'équipement, on n'en donnera pas davantage au dépôt. Il y en aura à l'artillerie.

Colliers de tambours. | On en donnera la quantité demandée.

ÉQUIPEMENT DES SOLDATS

Capotes. .... | Point.

Chemises.......... | Deux, une de coton et une de toile.

Couvertes.......... | On en donnera.

Mitasses............ }
Bonnets............. }
Souliers tannés... } On en donnera.
    do   françois. }

Culottes et caleçons | Point.

Les minuités, excepté le fil. On donnera aussi des mitaines.

De plus, on donnera en payant, demi-livre de savon par homme ; c'est tout ce qu'on peut faire.

———————

J'espère que vous mettrez l'ordre dans votre bataillon de façon que les effets qui lui seront donnés soient ménagés et conservés exactement. Ces attentions sont essentielles, et je vous prie d'y tenir la main et d'en charger les officiers. Je ne pourrois me dispenser de leur faire retenir le prix de ce qui manquera, qu'ils auront attention de faire payer à ceux de leurs compagnies qui les auront perdus, après qu'ils en auront été chargés.

Lorsque les décomptes auront été faits, je vous prie

de savoir positivement si tous les soldats ont été exactement payés de leur solde et autres choses qui peuvent leur revenir de la campagne.

Les soldats détachés sont à portée de pouvoir recevoir ce qui peut leur être dû et, au moment du départ, vous leur notifierez que ceux qui auront quelque chose à répéter aient à vous en faire part, et qu'ils ne seront plus reçus à faire des demandes, après ce jour, pour ce qui leur étoit dû précédemment, qu'ils pouvoient exiger. S'il y en a quelqu'un dans ce cas, vous le ferez payer sur le champ.

Vous vous ferez rendre compte, par l'officier chargé du détail, de la situation où sont Messieurs les officiers vis à vis de lui, et lui notifierez qu'il ne pourra réclamer vis à vis du corps les avances qu'il aura faites au-delà de quatre à cinq mois de paye en entrant en campagne.

Vous informerez les soldats de votre bataillon que je fais différer le payement des équipements qui leur restent dûs de la campagne dernière, jusqu'à ce qu'on voie par les envois qui nous seront faits de France si on pourra les leur faire délivrer en nature ; et, à ce défaut, je les ferai payer tout de suite.

CXIX

A MESSIEURS LES COMMANDANTS DE BATAILLON

Lettre circulaire du 20 mars 1760.

Monsieur de.............. est chargé de vous remettre les effets pour l'équipement de campagne conformément à la lettre que j'ai eu l'honneur de vous écrire à ce sujet. J'ai observé que tous les bataillons soient traités également, ainsi que les troupes de la Marine. C'est à vous actuellement à faire la répartition de tous ces effets, ne devant plus rien attendre pour votre régiment.

Je vous préviens qu'il faut tenir votre bataillon prêt à marcher aux premiers ordres, ce qui peut-être ne tardera point.

Mon intention est qu'il n'y ait que les soldats effectifs et qui servent qui reçoivent les parties de l'équipement données en nature. A l'égard des domestiques où soldats malades, qui ont été passés en revue, vous ferez mettre en magasin tout ce qui sera donné en nature pour eux, à l'endroit que vous jugerez le plus convenable, afin que vous puissiez avoir de quoi satisfaire aux pressants besoins des soldats qui serviront, qui se trouveront dans la nécessité. Je vous prie d'être très rigide à ce sujet, parce que nous ne pouvons plus espérer de pouvoir rien tirer des magasins, étant dépourvus de tout. Ainsi, c'est à vous à ménager, tant

en souliers qu'en autres effets, de quoi réserver par
devers vous quelques ressources pour les soldats qui
seront dans le cas de manquer pendant le cours de la
campagne.

Vous ferez retenir à ceux à qui vous ferez donner
quelques effets suivant la taxe que le magasin vous les
paye.

Le piquet de votre régiment détaché n'est point
compris pour recevoir des couvertes en nature, en
ayant reçu cet hiver et n'étant pas possible d'en trouver pour tout le monde ; mais elles seront données en
bons ainsi que les autres parties d'équipement qu'on
ne peut donner en nature, afin que, s'il en arrive de
France, on les fasse donner sur lesdits bons, et que,
dans le cas contraire, on puisse se les faire payer.

Vous retiendrez le nombre de couvertes qui ont été
données cet hiver, en n'en donnant point à ceux qui
les ont reçues, et ferez joindre cette quantité au dépôt
après avoir pris sur ce nombre celles dont votre
piquet détaché sera dans le cas d'avoir absolument
besoin, et observerez qu'en cas d'accidents ces couvertes doivent être à la charge de tous les soldats
et non à celle de ceux pour qui elles étoient desti-
nées.

Vous ordonnerez qu'il soit fait le plus promptement
possible des guêtres avec l'étoffe des mitasses, désirant que toutes les troupes soient uniformément à ce
sujet.

Je crois n'avoir pas besoin de vous observer combien

il est inutile que ces détails soient connus hors de votre corps et combien il est essentiel que le soldat connoisse ce qui lui sera dû des équipements de la campagne dernière, de celle-ci et des motifs qui me font différer à les leur faire donner en argent.

Vous défendrez aux soldats, sous peine d'être passés par les verges, de rien vendre des effets qui leur ont été donnés par le Roi, tels vieux qu'ils soient, attendu qu'ils peuvent leur être très nécessaires à l'avenir, ni de leur armement et munitions, à peine d'être mis au conseil de guerre, et que ceux qui perdront ou mettront les dits effets par leur faute en mauvais ordre ou hors d'état de service, les payeront, ainsi que les ustensiles, tentes et outils qui leur seront remis pour la campagne, ni de faire des capotes de leurs couvertes.

Vous ordonnerez à Messieurs les officiers de votre bataillon de joindre leurs quartiers et ne leur donnerez plus de permissions de s'en absenter.

Vous leur recommanderez de faire exactement la visite de leurs troupes et les rendrez responsables de tout ce qui pourra y manquer et de tout ce qui aura été ordonné. Je vous prie de m'informer de ceux qui pourroient se négliger à ce sujet.

Je suis bien persuadé que vous tiendrez la main pour l'exécution de ce que j'ai l'honneur de vous mander.

J'oubliois de vous mander que c'est à vous à arranger les officiers de votre bataillon pour camper, en obligeant ceux qui ont des tentes à donner place à ceux qui n'en ont point. Je suis persuadé que Messieurs les officiers de votre bataillon qui en ont se porteront avec plaisir à cet arrangement.

A l'égard des trois tentes qu'on vous a remis, vous en ferez la répartition que vous jugerez la plus convenable.

Je vous prie, lorsque vous aurez distribué vos équipements, de m'envoyer l'état de ce en quoi consistera votre dépôt du restant des équipements et d'avoir attention de m'informer de ce que vous en tirerez par la suite, pour que je connoisse en tout temps quelle en est la situation.

CXX

A MONSIEUR DE TRIVIO, LIEUTENANT-COLONEL, ET A DIFFÉRENTS OFFICIERS COMMANDANT LES QUARTIERS

Du 20 mars 1760.

Comme nous avons besoin de grand nombre de fascines, je vous prie, dès ma lettre reçue, de donner vos ordres aux soldats qui sont dans le bas de Berthier et dans les îles, d'en faire faire la plus grande quantité qu'il sera possible. On en règlera le prix ensuite, dont ils auront lieu d'être contents. Monsieur l'intendant écrit pour le même objet au capitaine de milices et lui

mande que l'officier que je nommerai pour se charger
de ce détail, leur donnera les proportions; et, comme
je me flatte que M. de Fouillac voudra bien s'en charger, je lui écris à ce sujet, lui envoie les lettres des
capitaines et les proportions dans lesquelles lesdites
fascines doivent être faites. Il désignera les endroits
les plus favorables pour les embarquer, après s'être
concerté avec le capitaine de milice à ce sujet; il
pourra prendre les sergents qui lui seront nécessaires.
Je vous prie de lui faire parvenir ma lettre tout de
suite et, supposé qu'il ne puisse remplir cette commission, vous suppléerez à son défaut en chargeant un ou
plusieurs officiers, s'il le faut, de façon que la besogne
se fasse avec le plus de diligence qu'il sera possible.
Je vous envoie à cachet volant la lettre que j'écris à
M. de Fouillac, afin que vous ayez connoissance des
attentions, précautions et dimensions qu'il doit donner à cet ouvrage.

CXXI

A MESSIEURS LES COMMANDANTS DE BATAILLON

Lettre circulaire du 25 mars 1760.

Je vous envoie copie de la lettre circulaire que
M. de Vaudreuil écrit aux capitaines des côtes, avec
le rôle des miliciens destinés à marcher avec votre

bataillon et à y servir pendant la campagne. Je vous
prie d'en faire faire un relevé particulier pour chaque
quartier et de l'envoyer à l'officier qui y commande,
pour qu'il s'assure par lui-même si lesdits miliciens
sont en état de marcher au premier ordre, et si leurs
armes sont en état. Les capitaines leur feront fournir
ce qui est porté par la lettre circulaire de M. le marquis de Vaudreuil ; et il faut qu'ils se précautionnent
pour pouvoir emporter à leur départ les vêtements et
effets nécessaires pour faire campagne, n'étant pas
possible de leur fournir des magasins aucune espèce
d'équipement.

Il faut mander à Messieurs les commandants des
quartiers de se concilier et d'agir de concert avec les
capitaines de milices, de traiter avec douceur les habitants. Vous savez qu'on nous accuse d'agir avec trop
de sévérité envers eux ; il est d'ailleurs essentiel de
les bien traiter, et qu'ils vivent en bonne intelligence
avec nos troupes. Vous devez juger de l'importance
qu'il est au bien du service que vous teniez la main
pour que les officiers de votre bataillon soient exacts
à voir et à examiner par eux-mêmes tout ce que vous
leur prescrirez, et prennent les arrangements que vous
croirez les plus convenables pour rassembler et faire
marcher les habitants, pour qu'il n'en reste point en
arrière, lorsque votre bataillon marchera.

Après que vous aurez pris connoissance de toutes
choses à cet égard, vous m'en rendrez compte, et de

la situation desdits miliciens, pour que je sache s'ils sont tous en état de marcher. Vous voudrez bien suppléer à tout ce que je puis vous omettre, m'en rapportant entièrement à vous à cet égard.

Lorsque vous aurez donné vos ordres à ce sujet dans tous les quartiers, il faudra aller voir par vous-même ou y envoyer votre officier major pour voir s'ils ont été exactement exécutés, et, s'il y a quelques difficultés, vous verrez à les lever avec les capitaines de milices.

Il faut faire en sorte d'engager les habitants à porter avec eux la poudre et les balles qu'ils auront et dont on leur donnera un bon à leur arrivée à l'armée pour que cette munition leur soit exactement rendue, lorsqu'ils seront renvoyés chez eux.

Il faut, de façon ou d'autre, faire fournir la quantité de marmites qui sont demandées.

CXXII

A MESSIEURS LES COMMANDANTS DE BATAILLON

Lettre circulaire du 29 mars 1760.

Nous touchons au moment où l'armée va s'assembler et marcher. Je ne doute pas que vous n'ayez pris tous les arrangements nécessaires pour que votre bataillon soit en état de tout point, ainsi que les miliciens qui sont commandés pour y servir, pour partir au premier ordre que je puis vous envoyer d'un moment à l'autre.

Notre départ dépend de la fonte des glaces, pour profiter de l'instant où la navigation sera libre ; car il est très important que l'armée soit rendue devant Québec, avant que les ennemis aient pu travailler à des ouvrages extérieurs.

Il est inutile que je renouvelle aux troupes le zèle avec lequel elles doivent se porter à cette expédition, dont dépendent : le salut de la colonie, la gloire des armes du Roi et même celle de chacun en particulier.

Nous devons aussi par une entreprise audacieuse marquer la reconnoissance que nous devons à la colonie qui nous nourrit depuis le temps que nous y sommes. Les habitants ont reçu nos soldats comme leurs enfants, et nous ne pouvons que nous louer de l'amitié et de l'attachement que nous avons reçu, tant en général qu'en particulier, de tous les Canadiens.

Tous ces motifs sont assez pressants pour une nation généreuse et qui a l'honneur pour principe, pour nous déterminer à nous sacrifier tous, s'il le faut, pour éviter la perte de la religion dans cette colonie, les cruautés et l'esclavage que les Anglois ne manqueroient pas de faire subir aux Canadiens.

J'ai l'honneur de vous prévenir que M. le marquis de Vaudreuil envoie des ordres aux capitaines des côtes pour faire fournir huit jours de vivres, à compter du jour du départ, à tous les soldats et miliciens qui composent votre bataillon. Je vous prie de les prévenir qu'ils doivent s'attendre à faire une campagne dure. Je ne vois la subsistance bien assurée qu'en pain et, lorsque nous serons devant Québec, nous ne mangerons, soit en cheval ou en bœuf, que la viande que nous pourrons avoir. Ceux qui pourront emporter quelques douceurs feront bien de les prendre.

Vous préviendrez aussi Messieurs les officiers qu'ils se pourvoient autant qu'ils le pourront des douceurs les plus utiles pour la vie, ne devant espérer que la même ration du soldat, et leur eau-de-vie qu'ils recevront en nature.

Je pense que toutes les troupes me rendent la justice de croire que je serai très attentif à leur procurer tout le bien-être qui pourra dépendre de moi et que les circonstances me permettront.

Je vous prie de tenir la main et d'inspirer d'avance la plus exacte discipline dans votre bataillon.

Nous avons à combattre des troupes qui l'observent et, pour les vaincre, il ne faut pas s'écarter de ce principe.

Je vous prie de vouloir bien faire examiner si les capitaines des côtes exécutent l'ordre qu'ils ont de faire déglacer les bateaux, et leur faire donner des soldats, s'ils en ont besoin, pour les tirer à terre.

Je vous prie de communiquer ma. lettre à Messieurs les officiers et même aux soldats de votre bataillon.

CXXIII

A MESSIEURS LES COMMANDANTS DE BATAILLON

Lettre circulaire du 16 avril 1760.

Je vous envoie ci-joint l'ordre pour le départ de votre bataillon, et celui de M. le marquis de Vaudreuil pour les Canadiens destinés à vous suivre. Je vous prie de tenir la main à ce que lesdits habitants emportent des fusils en état, les munitions qu'ils auront, des marmites et ustensiles, ainsi qu'il leur est ordonné, et des vêtements, ne devant rien espérer des magasins, qui sont dépourvus de tout.

Il faut faire rassembler exactement par chaque bateau les huit jours de vivres qui doivent y être emportés de la côte, par les hommes qui doivent y être embarqués, et il faut avoir attention qu'on mette quelques planches ou écorces sous les vivres pour empêcher que les bateaux qui feroient eau ne les gâtent, et ordonner aussi qu'ils soient couverts avec les tentes ; car il n'est point de cas qui puissent leur procurer d'autres vivres avant l'expiration des huit jours.

Il faut qu'on ait la même attention pour les munitions.

Il sera donné aux Canadiens à l'armée des prélarts et des manteaux d'armes pour camper, ainsi que des couteaux propres à mettre au bout du canon du fusil.

Je vous envoie ci-joint une instruction pour les dispositions et ordre de bataille que doit suivre votre bataillon, de même qu'une instruction particulière pour la formation et l'ordre dans lequel vous devez disposer et faire servir vos miliciens. Je m'en rapporte à vous pour le choix du capitaine pour commander la milice, de même que des lieutenants, sergents et autres qui seront nécessaires pour cet objet. Vous marquerez d'avance les miliciens que vous destinez à faire les fonctions de bas officiers. Je leur donnerai une commission pour remplir cet emploi à l'armée.

Je vous prie de donner toute votre attention à faire exécuter tout ce qui est porté dans ces deux instructions et d'en donner connoissance à Messieurs les officiers et même aux soldats et miliciens pour tout ce qui les concerne.

Le corps de la Marine a formé deux compagnies de grenadiers; je vous prie de prévenir la vôtre que je serois très fâché qu'ils ne vécussent pas bien ensemble.

J'espère que vous ne négligerez rien pour accélérer votre départ et lever tous les obstacles à ce sujet, prendre toutes les précautions pour que les habitants

19

et soldats n'oublient rien de ce qu'il leur est nécessaire, qu'on ne fasse aucun tort aux habitants dans
votre route, et pour ne laisser personne derrière.

M. de la Pause, maréchal de logis de l'armée, doit
se rendre à la Pointe aux Trembles, où il désignera
plus particulièrement qu'il n'est dit dans votre ordre,
l'endroit où chaque bataillon sera placé.

Tous les bataillons doivent se mettre en mouvement pour partir dimanche prochain 20 du courant.
Ainsi disposez-vous pour pouvoir en faire de même.

CXXIV

MANIFESTE ENVOYÉ A QUÉBEC

Le 16 avril 1760.

Ayant appris qu'il se trouve dans la garnison
angloise à Québec, nombre de François et des Allemands, sujets des rois ou des princes nos alliés, qui
ne peuvent porter les armes contre les alliés de leurs
souverains sans être criminels de lèse-majesté, ainsi
que les François, en conséquence les sommons de
joindre au plus tôt nos armées où ils recevront l'am-
nistie de leurs crimes et même celui de désertion ou
autre, à peine d'être punis de mort dans quelques circonstances qu'ils tombent entre nos mains, ne devant

plus espérer à l'avenir aucune grâce, s'ils ne se mettent à même de profiter de celle-ci.

***

CXXV

A M. LE MARQUIS DE VAUDREUIL

A la Pointe aux Trembles, le 25 avril 1760.

J'ai l'honneur de vous informer que notre navigation jusqu'ici s'est faite un peu avec peine, dans cette partie où la rivière n'est pas totalement débarrassée, ce qui a empêché l'armée d'aller plus loin. Il a fallu traîner les bateaux de fort loin pour les mettre en sûreté. Je compte partir demain pour avancer jusqu'au moulin de Saint-Augustin, d'où, après avoir mis les bateaux en sûreté, j'irai passer la Rivière du cap Rouge, à l'entrée de la Vieille-Lorette, d'où je tâcherai de gagner les hauteurs de Sainte-Foye.

J'ai donné ordre aux bâtiments de n'avancer que lorsque j'aurai gagné les hauteurs, afin de n'être pas découvert. Je ne crois pas que les ennemis soient instruits de ma marche.

CXXVI

A MONSIEUR LE MARQUIS DE VAUDREUIL

Sous Québec, le 28 avril 1760.

Conformément à ce que j'ai eu l'honneur de vous mander dans ma dernière, après avoir débarqué à Saint-Augustin, j'envoyai M. de Bourlamaque avec une avant-garde pour établir un passage au pont de la Vieille-Lorette que les Anglois ont rompu, et je me mis en marche peu après avec le reste de l'armée. Comme il falloit passer cette rivière à la file, l'armée ne finit de passer que bien avant dans la nuit, et trois petites pièces de canon que je faisois suivre le matin, n'ont pu me joindre pour l'action. Nous avons essuyé pendant ce passage un orage affreux; les troupes étoient dans un état pitoyable; je les laissai cantonner dans les habitations et fus joindre M. de Bourlamaque qui étoit passé la Suète Senanne. Un de nos bateaux d'artillerie descendant à Saint-Augustin ayant été écrasé par les glaces, un canonier, étant sauté sur un banc, fut entraîné jusques à Québec, où les Anglois le retirèrent et furent informés alors de notre marche, ce qui leur donna le temps d'envoyer retirer leurs postes avancés.

Ils parurent au point du jour sur les hauteurs et paroissoient vouloir les défendre. Je fis avancer l'armée, et, dans le temps que je me disposois à les attaquer, ils se retirèrent dans Québec. Je les suivis jusqu'aux postes des environs de la place.

Les troupes étant accablées de fatigues, je les laissai cantonner depuis l'église de Sainte-Foy jusques à demi-lieue de Québec. J'expédiai pendant la nuit les ordres aux capitaines de milices de ce gouvernement pour venir me joindre. Au point du jour, je fis reconnoître les postes avancés des ennemis, et m'apperçus qu'ils étoient resortis de la place et marchoient à nous. J'envoyai ordre aux troupes d'avancer et commençai de former la droite sur les hauteurs. L'ennemi avançant toujours, je me repliai à mesure jusques à l'entrée du bois pour donner le temps au reste de l'armée de se former et qu'il nous arrivât des sauvages. J'avois fait mes dispositions pour porter le fort de l'action sur les hauteurs, comme le lieu qui devoit décider la victoire; mais un ordre mal rendu me priva dans cette partie de la brigade de la Reine, qui a resté dans l'inaction.

Lorsque je vis les troupes formées, je parcourus la ligne pour animer l'armée. Je plaçai M. de Bourlamaque à la gauche; je fus me placer à la droite, donnai le signal pour marcher aux ennemis, et, dans ce temps, à la faveur d'un fonds, je me portai avec la brigade de Royal-Roussillon sur le flanc gauche des ennemis, où, après avoir gagné la hauteur, je les chargeai et culbutai, de façon qu'ils se retirèrent avec précipitation dans la place. Nos troupes, étant excédées de fatigues, ne purent les suivre. Ils ont laissé sur le champ de bataille vingt pièces de canon, deux obusiers, tous leurs outils et munitions, leurs morts, dont je vous enverrai l'état avec ceux des prisonniers, ainsi que de notre perte qui n'est pas si considérable que la leur, malgré l'avantage du terrain, leur nombreuse artillerie dont nous avons longtemps essuyé le feu, ainsi que de leur mousqueterie, sans répondre.

Les troupes ont donné des preuves de la plus grande valeur. S'étant formées sous le feu de l'ennemi et étant restées longtemps dans l'inaction, elles ont marché à eux avec toute l'intrépidité possible.

Nous allons nous disposer à ouvrir la tranchée et faire les approches pour mettre en usage nos foibles moyens, en attendant qu'il nous en vienne d'autres.

CXXVII

A M. LE MARQUIS DE VAUDREUIL

Du camp sous Québec, le 30 avril 1760.

J'ai l'honneur de vous rendre compte que nous avons ouvert la tranchée la nuit dernière. Le travail n'a pas été considérable, le terrain étant des plus mauvais et presque point de terre. Nous avons employé toute la journée d'hier à former notre parc d'artillerie et à préparer les matériaux pour le siège. Les ennemis démasquent beaucoup d'embrasures, ce qui nous annonce un feu considérable de leur part. Tout cela ne seroit rien, si nous avions l'artillerie et les munitions nécessaires pour leur répondre ; mais il faut espérer qu'il nous viendra quelque chose de France. Si notre foible artillerie pouvoit ouvrir le mur je vous assure que j'y grimperois le premier et que le succès ne dépendra ni de moi ni des troupes, qui sont très bien disposées.

Les ennemis avoient à la bataille du 28, quatre mille hommes, dont ils ont eu environ mille à douze cents tués ou blessés fortement. Vous verrez par l'état ci-joint que notre perte n'est pas si considérable.

CXXVIII

LETTRE DE M. MURRAY, GOUVERNEUR DE QUÉBEC

Du 29 avril 1760.

Dans le moment, je suis informé par le colonel Young qu'on avoit tiré sur le transport qu'on faisoit des blessés. Je puis vous assurer que je n'en ai aucune connoissance et que cela doit avoir été fait par mégarde. Je suis très reconnoissant de la politesse dont vous en avez usé envers les prisonniers. Je vais envoyer les vivres de nos malades et le bagage des officiers, dans un bateau, jusques à l'hôpital général, si vous ne vous y opposez. Je vous prie de me donner un mot de réponse sur cet article.

CXXIX

A M. MURRAY

Le 30 avril 1760.

Je n'ai pas douté que ce ne fût contre vos ordres qu'on tirât sur le transport qu'on faisoit des blessés. Nous n'y avons perdu qu'un seul homme de ceux qui transportoient les vôtres à l'hôpital. Ce petit accident a failli en occasionner un plus grand, ayant renouvelé parmi nos troupes le ressentiment qu'elles ont du mauvais traitement qu'on prétend avoir été fait cet hiver à de nos prisonniers, qui ont eté enfermés dans une maison où il y avoit de la poudre, qui a sauté. Je vous rends trop de justice, et à votre nation, pour avoir ajouté foi un instant à un procédé si inhumain, dont j'ai déjà détruit l'opinion qu'en avoit mon armée. L'exacte discipline que je fais observer et l'attention que je porte à contenir les sauvages ne me laissent pas douter que tous les prisonniers qui tomberont dans nos mains ne reçoivent tous les traitements et égards usités parmi les nations policées. J'aurois souhaité d'être à même de pouvoir procurer à M. Young, Messieurs les officiers et aux soldats de vos troupes, de plus grands secours qu'ils n'ont; mais ils ont été traités de même que les nôtres.

Vous serez le maître, lorsqu'il vous plaira, de faire passer à l'hôpital par eau les vivres que vous jugerez devoir envoyer à vos malades, de même que les équipages des officiers.

Je vous prie de donner vos ordres pour qu'il y ait un tambour, pour rappeler, afin que ma garde puisse les recevoir et les remettre à la vôtre.

CXXX

RÉPONSE DE M. MURRAY

Du 30 avril 1760.

J'ai l'honneur de vous assurer que ce qui est arrivé cet hiver aux prisonniers françois, a été l'effet d'un pur accident. Je suis bien persuadé que vous avez une trop bonne manière de penser, pour pouvoir croire que ce fût de dessein prémédité.

Je vous suis très obligé de toutes vos attentions pour les prisonniers qui ont tombé entre vos mains Un tambour accompagnera le canot qui doit transporter les vivres à l'hôpital général.

CXXXI

LETTRE DE M. DE CRAMAHÉ, CAPITAINE D'INFANTERIE
ET SECRÉTAIRE DE M. MURRAY, A M. DE BELLE-
COMBE

Du 1er mai 1760.

En réponse du billet que M. le chevalier de Lévis
vous a écrit, j'ai ordre de la part du général de vous
faire savoir que de tout son cœur il laissera sortir trois
ou quatre barriques de vin, pour l'usage de l'hôpital.
Son Excellence croit que M. de Lévis ne lui refusera
pas de la pruche en échange. Il vous prie de l'assurer
de ses remerciements pour toutes les attentions qu'il
a eues pour les prisonniers.

Je vous serai très obligé, si vous nous pouviez procurer une liste des officiers qui ont été faits prisonniers.

Monsieur le colonel Burton vous fait bien ses compliments et, si le lieutenant Davers, du 48e régiment,
avoit besoin d'argent, il vous prie de l'assurer qu'il
peut tirer sur lui pour quarante ou cinquante guinées.

CXXXII

A M. DE BELLECOMBE, CAPITAINE AIDE-MAJOR AU RÉGI-
MENT DE ROYAL-ROUSSILLON, DÉTENU A L'HÔPITAL
GÉNÉRAL PAR LES ANGLOIS DEPUIS LE 13 SEPTEMBRE
1759

Du 1er mai 1760.

Vous pouvez, mon cher Bellecombe, envoyer l'état des officiers prisonniers anglois qu'on vous demande.

Le vin que j'avois souhaité avoir de Québec n'est qu'une douceur pour les malades et pour les officiers anglois prisonniers, attendu que je suis hors d'état de leur en fournir. La pruche que l'on demande est un remède pour les scorbutiques ; je n'ignore point que la moitié de la garnison en est attaquée. Cette place étant assiégée, je ne dois point envoyer ce soulagement ; mais je n'en laisserai pas manquer aux malades qui sont à l'hôpital général, dont je désire fort la guérison, puisqu'ils sont en lieu à ne pouvoir me nuire.

Je vous souhaite le bonjour, mon cher Bellecombe. Si vous voulez écrire à Montréal, je fais partir un courrier ce soir.

CXXXII *(bis)*

LETTRE DE M. MURRAY A M. DE BELLECOMBE

Du 4 mai 1760.

Je vous prie de faire bien mes remerciements à M. le chevalier de Lévis de la pruche qu'il m'a fait le plaisir de m'envoyer. Ayez la bonté de lui présenter un fromage de Chester de ma part ; c'est tout ce que j'ai de mieux à lui offrir dans les circonstances présentes. On envoiera trois barriques de vin de M. Martin par la première occasion à l'hôpital général.

Je ne crois pas qu'il y ait du café en ville. Si on en peut trouver, on envoiera à Mme Sainte-Claude la provision qu'elle demande.

CXXXIII

A M. DE BELLECOMBE

Le 4 mai 1760.

Je suis fort aise, mon cher Bellecombe, que les deux paquets de pruche que j'ai envoyés pour la personne de M. Murray lui aient fait plaisir. Remerciez-le du fromage de Chester qu'il m'a envoyé. Faites lui passer, en lui faisant mes compliments, les perdrix et les bécassines que je vous envoie. Dites bien des choses pour moi à tous nos blessés ; recommandez bien de ma part à Arnoux et à tous nos chirurgiens de porter toutes leurs attentions au pansement, tant des officiers que des soldats.

CXXXIV

LETTRE DE M. MURRAY

Du 10 mai 1760.

Le lieutenant Bronse de mon régiment va à l'hôpital général pour y apprendre le nombre de nos soldats rétablis, et les faire rejoindre leurs corps, ainsi qu'il est porté par le cartel. Comme l'occasion se présente de vous rendre le compte que vous avez eu la politesse de me faire l'hiver passé, j'ai l'honneur de vous envoyer les gazettes qui me sont arrivées en dernier lieu ; ayez la bonté de me les rendre quand vous en aurez fait la lecture.

CXXXV

A M. MURRAY

Du 10 mai 1760.

Je ne puis consentir que les soldats de votre garnison qui sont a l'hôpital général rejoignent leurs corps à mesure qu'ils seront rétablis, le cartel n'ayant point stipulé que des malades ou blessés seront libres de rentrer dans une place assiégée, mais seulement de rejoindre une armée en campagne. Vous pouvez ainsi que moi faire attention qu'on ne peut donner un autre sens à ce cartel qui ne peut avoir eu pour but de laisser introduire aucune espèce de secours dans une ville dont on fait le siège. Je ne puis absolument m'écarter à cet égard des lois ordinaires de la guerre. Ce n'est pas que je prétende en aucune manière regarder ces malades comme prisonniers de guerre.

J'ai l'honneur de vous remercier des gazettes que vous avez bien voulu me faire passer et que je vous renvoie. Je crois que vous aurez été aussi surpris que moi qu'on n'y fasse aucune mention de ce continent ; j'espère dans peu être à même de vous en envoyer de plus intéressantes.

CXXXVI

LETTRE DE M. MURRAY

Du 11 mai 1760.

J'ai fondé la réquisition que j'ai eu l'honneur de vous faire à l'égard de nos convalescents sur le 27ᵉ article du cartel, qui porte expressément que lès malades ne seront point faits prisonniers, qu'ils pourront rester en sûreté dans les hôpitaux, où il sera libre à chacune des parties belligérantes et auxiliaires de leur laisser une garde, laquelle ainsi que les malades, sera renvoyée, sur des passeports respectifs des généraux, par le plus court chemin et sans pouvoir être troublés ni arrêtés.

Ces expressions me paroissent bien générales et semblent, à mon sens, embrasser tous les cas de la guerre ; du moins n'y en a-t-il aucun d'excepté.

Vous pouvez croire que c'étoit mon idée, puisque j'aurois eu le temps nécessaire de les faire rentrer, comme j'ai eu celui de replier tous les postes avancés.

Je suis aussi surpris que vous du peu d'attention que le public paroit avoir pour ce continent. Il est vrai pourtant que vous avez vu toutes les gazettes qui me sont parvenues en dernier lieu.

CXXXII

A M. MURRAY

Du 11 mai 1760.

Sur la nouvelle instance que vous me faites par la lettre dont vous m'avez honoré aujourd'hui pour rappeler à leurs corps les malades anglois qui sont à l'hôpital général, je dépêche à l'instant un courrier à M. le marquis de Vaudreuil pour l'en instruire et recevoir ses ordres à cet égard, ne pouvant en aucune manière prendre sur moi de les laisser rentrer dans Québec. Je souhaite pour votre satisfaction qu'il ne pense pas comme moi sur l'article du cartel que vous me citez, lequel, comme j'ai déjà eu l'honneur de vous le mander, n'a, je pense, aucun rapport au cas d'une place assiégée.

<hr>

CXXXVIII

A M. LE MARQUIS DE VAUDREUIL

Au camp près de Québec, le 13 mai 1760.

Nos batteries sont en mauvais état ; nous avons eu hier au soir deux pièces de 18, qui ont crevé, et la pièce de 24 qui a été mise hors de service par une bombe ; elle étoit déjà fendue. Avec le peu de grosses pièces qui nous restent et la qualité n'en étant pas bonne, nous sommes hors d'état de faire brèche. Les officiers d'artillerie se plaignent aussi que la poudre est éventée, et n'a pas la force qu'elle devroit avoir. Sans tous ces accidents, nous aurions fait brèche, n'étant qu'à deux cents toises de la place, en attaquant le bastion qui est entre celui de la poudrerie et celui de la porte Saint-Louis, où est une fausse braie.

Dans ces circonstances fâcheuses, je suis obligé de temporiser et chercher à gagner du temps, en me tenant en mesure de pouvoir recevoir les secours qui pourront nous arriver de France. Et, si nous en recevons en canons et poudre, la place sera bientôt prise ; car, sans avoir fait brèche, il n'est pas possible de tenter une escalade, la garnison étant encore d'environ deux mille cinq cents hommes combattants, les remparts étant bordés d'artillerie, et occupant encore les blockhaus, et nos troupes étant trop harassées et affoiblies pour pouvoir tenter une attaque désespérée.

Je compte soutenir toujours les batteries en état avec du canon de 12 et quelques bombes, afin de ménager la poudre, pour maintenir plus longtemps le siège et être en mesure de profiter des secours, ne faisant brûler qu'environ deux milliers de poudre par jour. C'est le seul parti à prendre dans les circonstances où nous nous trouvons et je me flatte que vous l'approuvez.

J'ai reçu la lettre que vous m'avez fait l'honneur de m'écrire, pour faire passer M. Vauquelin au-dessous de Québec. Les circonstances ont changé par l'arrivée de la frégate angloise, qui est de la même force que celle de M. Vauquelin ; elle est mouillée dans le cul-de-sac avec une autre frégate de 12 canons. Si M. Vauquelin descendoit, il seroit à craindre que les deux frégates ne vinssent attaquer celle de M. Sauvage et détruire notre dépôt. Par les nouvelles que j'ai de la Pointe de Lévis, ces deux frégates se disposent à partir ; si cela arrive, je les ferai suivre par M. Vauquelin, qui sera par là à même de donner du secours à nos bâtiments qui sont en rivière.

20

M. Cadet a fait passer sa goëlette pour informer tous nos bâtiments, qui pourront monter, de la position des deux frégates qui sont devant Québec pour qu'ils s'arrangent de façon à pouvoir passer pendant la nuit.

Je vous envoie une lettre que M. Murray m'a écrit avec ma réponse, par laquelle je ne cherche qu'à éluder la question et gagner du temps. Voyez ce que vous devez me répondre à cet égard. Si vous l'approuvez ainsi, vous pourriez me mander que vous vous en rapportez à tout ce que je ferai à cet égard.

Je vous prie de vouloir bien communiquer à Monsieur l'intendant ce que j'ai l'honneur de vous mander, n'ayant pas le temps de lui écrire.

Je crois que vous ferez bien de mettre tout en usage pour faire ramasser dans le gouvernement de Montréal, le plus tôt possible, le plus de vivres qu'il se pourra, attendu que, si cette expédition tourne mal, vous auriez de la peine à en retirer, et qu'il est essentiel d'en avoir pour défendre l'intérieur de la colonie, que nous soutiendrons tant que nous aurons des vivres.

Vous devez être persuadé combien je suis pénétré de tous les accidents et malheurs qui nous arrivent, pour peu que nous eussions eu du bonheur, nous aurions certainement réussi ; mais il faut se soumettre aux décrets de la Providence.

M. Barod a été blessé hier légèrement d'un éclat de bombe ; M. Forcet, de la Sarre, est mort ; nous avons perdu hier trois à quatre hommes et cinq à six blessés ; tous les jours c'est de même.

Mes respects à Mme la marquise de Vaudreuil, je vous prie.

CXXXIX

A M. LF MARQUIS DE VAUDREUIL

Du 15 mai 1760.

Il ne s'est rien passé d'intéressant depuis la dernière lettre que j'ai eu l'honneur de vous écrire. Nous sommes dans la situation que je vous ai mandé. Comme nous avons diminué notre feu, les ennemis ont diminué le leur ; mais ils conservent toujours la supériorité. J'ai fait établir une batterie de l'autre côté de la rivière Saint-Charles, qui les incommodera beaucoup, à ce que j'espère, en les prenant de revers.

Nous faisons moralement tout ce qu'il est possible de faire ; nous ne sommes point heureux, car, si nos pièces de canon n'eussent pas crevé, nous aurions pu faire brèche. Il est temps que ceci finisse d'une façon ou d'autre ; je crois que cela ne tardera pas, attendu qu'il vente gros nord-est et que nous sommes aux grandes mers. Je suis peiné de voir que nous perdions tous les jours quelqu'un à la tranchée ; mais cela ne peut être autrement ; si nous sommes assez heureux pour qu'il nous arrive du secours, nous prendrons bientôt Québec.

M. de Mélouèze a été blessé à la cuisse d'un éclat de bombe ; sa blessure n'est point dangereuse ; il est chez M. la Gorgandière. Je ne puis vous dire assez de bien des soins qu'il se donne pour nos blessés qui sont chez lui.

M. Barod va assez bien de sa blessure ; il n'y a point d'accident.

Je suis bien persuadé que vous avez autant de peine que moi de voir que nos opérations ne vont pas aussi bien qu'il seroit à souhaiter.

CXL

A M. BIGOT, INTENDANT

Du 15 mai 1760.

Vous aurez vu, par ce que j'ai mandé à M. le marquis de Vaudreuil, notre situation. Elle est des plus inquiétantes. Je crains bien que la France ne nous ait abandonnés ; car il vente nord-est depuis longtemps, nous sommes dans les grandes mers, et rien n'arrive. Nous avons fait et faisons ce que nous pouvons. Je juge la colonie perdue sans ressource, s'il ne vient du secours.

Il ne s'agira que de prolonger le temps dans l'espérance que la paix pourra se faire dans cet intervalle.

Pour cet effet, je crois que vous devriez mettre en

usage toutes sortes de moyens pour rassembler le plus
de blé qu'il se pourra ; car, si nous sommes obligés de
lever le siège de Québec, nous devons nous attendre à
être entièrement abandonnés des habitants et à beaucoup de mauvaise volonté pour ne rien fournir que
par la force supérieure. Ainsi il faudroit profiter de
cet intervalle pour en tirer ce qu'on pourra. Je suis
persuadé que vous aurez fait ainsi que moi les mêmes
observations, personne n'étant plus prévoyant et ingé-
nieux que vous pour trouver des ressources.

Je suis persuadé que vous vous représentez combien
je suis peiné de voir que nos opérations ne tournent
point à bien, et je pense que vous en êtes aussi fâché
que moi ; il n'y a point de notre faute, et il semble
que Dieu ait abandonné cette misérable colonie.

CXLI

A M. MURRAY

Du 16 mai 1760.

Je laisse des malades et blessés à l'hôpital général
et dans les maisons de Sainte-Foy, sous la bonne foi
du cartel. J'ai l'honneur de vous les recommander et
suis persuadé que vous voudrez bien leur faire donner les secours qui pourront dépendre de vous, ainsi
que j'en ai usé envers les vôtres. Je donne ordre à

M. de Malartic, capitaine aide-major, de rester pour commander la garde et veiller à la police.

CXLII

LETTRE DE M. DE MALARTIC, CAPITAINE AIDE-MAJOR AU RÉGIMENT DE BÉARN

De l'hôpital général de Québec, le 17 mai 1760.

J'ai envoyé ce matin par un tambour votre lettre à M. Murray et lui ai demandé la permission de lui parler conformément à vos instructions. J'aurai l'honneur de vous rendre compte de ce qu'il m'aura dit. Tous les officiers anglois conviennent bien que nous avons pris, le 28, la revanche du 13 septembre. Ils rendent justice à la valeur des troupes et à l'habileté de vos dispositions et de votre retraite, qui a été forcée par l'arrivée de la flotte. Ainsi vous devez être bien tranquille sur les relations qui parviendront en Europe ; les Anglois disent qu'il n'y a point de grâce en France à laquelle vous ne puissiez prétendre.

CXLIII

A M. LE MARQUIS DE VAUDREUIL

Au cap Rouge, le 18 mai 1760.

J'ai l'honneur de vous informer des événements qui nous ont obligés à lever le siège. Je fus averti le 15, à l'entrée de la nuit, qu'il venoit de mouiller deux gros navires à la Pointe de Lévis. On supposa qu'ils étoient anglois, n'ayant mis personne à terre. En conséquence j'envoyai ordre pour que tous nos bâtiments où étoient les vivres et l'artillerie, eussent à se retirer et aux frégates d'être prêtes à appareiller. Je fus informé dans la nuit par un prisonnier que les deux navires étoient anglois. Je donnai de nouveaux ordres pour le déblaiement de la tranchée, et pour que toute notre marine se retirât. Mais le temps étoit si mauvais que l'officier chargé de mes ordres ne put passer. A cinq heures et demie du matin, le 16, on m'avertit que les bâtiments appareilloient et que ceux des Anglois étoient près d'eux. Deux frégates parurent, soutenues d'un vaisseau de soixante canons. Les navires mirent à la voile. La Pomone en appareillant s'échoua sur la côte du nord ; l'Atalante, se voyant serrée de près, fit signal aux transports de s'échouer au-delà de la Rivière du cap Rouge, et, se voyant serrée de trop près à la Pointe aux Trembles, elle s'échoua. Je passai toute la journée du 16 à faire déblayer l'artillerie de la tranchée et tout ce que nous pouvions emmener : je fis détruire le reste ; et, dans la nuit, je me mis en marche et passai la Rivière du cap Rouge au point du jour le 17, où j'ai fait enlever de dessus les transports qui étoient échoués les vivres et munitions et relever la Marie qui a passé cette nuit à travers les frégates angloises. J'ai séjourné ici toute cette journée, et je me mets en marche dans le moment, pour aller passer la rivière de Jacques Cartier.

CXLIV

LETTRE DE M. DE MALARTIC

De l'hôpital général, le 18 mai 1760.

J'ai l'honneur de vous rendre compte que j'ai eu l'honneur de voir ce matin M. le général Murray, qui m'a reçu très poliment.

Il m'a dit que, dès que nos officiers et soldats blessés ou malades seroient en état, il leur permettroit de vous aller joindre ; qu'il avoit fait ruiner les vivres que vous aviez laissés à Sillery, qui n'y étoient restés que parce que vous n'aviez pu les faire emporter ; que nous ne devons pas compter sur ceux qu'on a achetés à la côte du sud, qui leur appartient, puisqu'ils sont maîtres du pays ; qu'il ne peut nous en faire fournir malgré le cartel ; que c'est à vous à nous en faire passer ; que vous pourrez en envoyer en bateau, et qu'il faudra lui rendre en nature ceux qu'il aura la bonté de nous faire fournir pour quatre jours. Nous lui demandons, pour ce temps là, trois mille livres de farine, et mille de lard. Je joins ici l'état du monde que nous avons, afin que vous puissiez régler ce que vous voudrez envoyer en outre de ce qu'il faudra rendre.

Ce général m'a beaucoup remercié des politesses et des soins que vous avez fait prendre de ses prisonniers. Il m'a chargé d'avoir l'honneur de vous mander qu'il se feroit un plaisir de vous procurer et à vos bons amis toutes les douceurs qui dépendroient de lui, comme sucre, café, liqueurs et vins ; il m'a fait les mêmes offres pour nos blessés.

Lorsque j'ai traité l'affaire du renvoi des blessés, il m'a dit qu'il auroit bien lieu de faire quelque difficulté, qu'il n'en feroit cependant aucune, et, à l'égard des vivres, que nous lui avions refusé de la pruche.

J'ai eu l'honneur de faire à M. Murray toutes les représentations que j'ai cru nécessaires, auxquelles il m'a répondu très poliment et de la façon que je vous explique ci-dessus ; il m'a répété qu'il vous procureroit toutes les douceurs qui dépendroient de lui, excepté les vivres, que nous étions bloqués de toutes parts et qu'il auroit des reproches à se faire s'il nous

en faisoit passer. Nos malades restés à Sainte-Foye
vont être transportés ici.

CXLV

A M. DE MALARTIC

De Saint-Augustin, le 19 mai 1760.

J'ai reçu, mon cher Malartic, votre lettre. Je m'attendois bien à toutes les politesses que vous. avez
reçues du général Murray ; je vous prie de lui en
témoigner ma reconnoissance et de le remercier de ce
qu'il nous a prêté, j'avois pourvu à cet objet ne m'attendant point qu'il y auroit des difficultés, attendu
que, par le cartel, les deux couronnes se sont engagées
à la fourniture des vivres pour les malades qui resteroient dans les hôpitaux, en les payant suivant les
prix des lieux où l'on se trouve. D'ailleurs cet objet
est de si peu de conséquence qu'il ne peut influer en
aucune façon pour la défense du pays ; et, si c'étoit
autrement, attendu l'embarras du transport, j'aimerois mieux retirer mes malades, quoique je fusse très
peiné du mal que ce transport leur procureroit, et je
ne puis penser que M. Murray ne se rende aux nouvelles représentations que je vous charge de lui
faire.

Pour ce qui concerne le blé acheté dans la côte du

sud, il a été acheté pour le compte des religieuses, sur les représentations qu'elles m'avoient faites qu'elles n'en pouvoient trouver elles-mêmes et fournir les vivres aux malades, ainsi qu'il est d'usage dans tous les hôpitaux de cette colonie.

Vous remercierez M. Murray des offres qu'il vous a faites de me procurer des douceurs, tant pour moi que pour les officiers de mon armée. Je n'en mésuserai point. Quant aux vivres, j'espère n'être jamais dans le cas de lui en demander.

CXLVI

A M. MURRAY

De Jacques Cartier, le 21 mai 1760.

Sur le compte que me rend M. de Malartic, il me paroît que votre intention n'est point de fournir des vivres à nos malades laissés aux hôpitaux près de Québec, sur la foi du cartel, qui dit très positivement que l'on en fournira aux hôpitaux restés en possession de l'une des deux parties belligérantes, en les payant aux prix des lieux où l'on se trouve. Si votre intention est de le suivre, vous ne pouvez vous dispenser de fournir des vivres ; et, si au contraire vous ne voulez pas le suivre, nos hôpitaux sont dans le cas d'être faits prisonniers de guerre, et, dans ces circonstances, vous vous trouvez toujours obligé de fournir à leur subsistance, et vous resterez alors responsable vis à vis des deux couronnes de l'inexécution du cartel. Quel parti que vous preniez, je suis très tranquille sur le sort de nos hôpitaux, étant bien sûr que vous ne les laisserez pas manquer. Votre humanité et votre générosité m'en sont un sûr garant. Si vous prenez le parti de ne pas suivre le cartel, je donne ordre à M. de Malartic de vous demander un passeport et de se retirer avec sa garde.

CXLVII

A M. LE MARQUIS DE VAUDREUIL

De Jacques Cartier, le 21 mai 1760.

L'armée a repassé avant hier au soir la Rivière de Jacques Cartier avec beaucoup de peine; il n'a pas été possible d'y construire ni ponts ni pontons, et nos bateaux mêmes n'ont pu servir, attendu la rapidité du courant. Tout le passage s'est fait par une chaloupe et quelques bateaux, dans le large sur le fleuve. Cet inconvénient fait qu'il est très dangereux et presque impraticable d'occuper la Pointe aux Trembles.

Cependant, voici le parti que j'ai pris relativement

à notre situation et position et à l'état de nos vivres,
n'ayant d'autre subsistance à donner à l'armée que du
pain, joint aux nouvelles que nous avons de Québec :
je laisserai à Dechambeau aux ordres de M. Dumas
et de M. de Fouillac un corps d'environ quinze cents
hommes de troupes de terre et de la Marine et d'environ quatre à cinq cents Canadiens, dont M. Dumas
tirera un détachement d'environ deux cents hommes
pour occuper la Pointe aux Trembles et autant à
Jacques Cartier. Il ne m'a pas été possible de prendre
davantage de troupes, attendu leur foiblesse et qu'il
faut les ménager pour faire respecter la colonie et
pour les derniers coups à frapper. Je vais faire filer
l'amée pour retourner dans leurs quartiers, le premier
bataillon de la Marine partira demain, et successive-
ment les autres. J'espère que vous approuverez cet
arrangement, n'en voyant point d'autres relativement
aux vivres.

Si j'eusse été à portée de vous, j'aurois attendu vos
ordres à ce sujet ; mais le temps presse.

M. Cadet m'a promis de faire donner le quarteron
de viande au détachement qui restera dans cette
partie.

Les nouvelles de Québec sont qu'il est beaucoup
question de la paix, que les ennemis n'ont pas reçu de
secours en hommes, qu'ils sont fort tristes et
paroissent mécontents (on n'en sait point le sujet),
qu'ils font démolir les fortifications de Louisbourg et
qu'ils attendent cette garnison. Ils ont reçu quatre

vaisseaux de guerre, trois frégates et un bâtiment de transport. Ils ont perdu une des deux frégates qui étoient vis à vis la Pointe aux Trembles. L'autre, on la dit incommodée. La première a été remplacée depuis. Ils n'ont aucun poste hors de la ville; ils font sortir tous les habitants qui y restoient; on n'en connoit point le sujet. Ils font l'éloge de notre armée. On assure qu'ils ont perdu de mille à douze cents hommes à Québec pendant le siège. Les nouvelles que l'on débite d'Europe sont que le roi de Prusse a battu l'armée du général Daun, qui a été tué; on confirme aussi le combat de M. le maréchal de Conflans.

M. de Bellecombe, aide-major du régiment de Royal-Roussillon, a eu permission de venir ici; M. Murray l'a menacé de l'envoyer en Europe.

Je vous envoie copie de la lettre que j'écris à M. Murray au sujet des blessés laissés à l'hôpital de Québec, auxquels il ne veut pas fournir de vivres, ni moi non plus, n'étant pas en état de le faire.

CXLVIII

A M. LE MARÉCHAL DE BELLE-ISLE

Du 21 mai 1760.

M. de Bellecombe, aide-major au régiment de Royal-Roussillon, aura l'honneur de vous remettre ma lettre. Il est envoyé en Europe par le général Murray, commandant les troupes angloises à Québec. Cet officier est un de ceux que les Anglois ont retenu comme prisonnier après l'affaire du 13 septembre, quoique resté dans l'hôpital sur la foi du cartel. J'ai été très content de la conduitequ'il a tenue pendant sa détention et il s'est aussi attiré l'estime des Anglois. J'ai l'honneur de vous le recommander ; c'est un officier de mérite et de distinction ; il a servi avec le plus grand courage à l'affaire du 31 juillet et du 13 septembre où il a été blessé. Quelque grâce qu'il vous plaise lui accorder, je puis vous assurer qu'elle sera bien placée, et je vous en serai particulièrement obligé.

(Semblable lettre à M. de Cremille et à M. Berryer.)

CXLIX

A Mme LA MARÉCHALE DE MIREPOIX

Du 21 mai 1760.

Je profite avec grand plaisir de l'occasion que me fournit M. de Bellecombe, capitaine aide-major au régiment de Royal-Roussillon, qui passe en Europe, pour me rappeler à l'honneur de votre souvenir. Je n'ai point reçu de vos nouvelles depuis dix-huit mois

Je suis dans la plus vive inquiétude pour votre santé, personne au monde ne s'y intéressant plus que moi. Je me flatte que vous me rendrez bien cette justice.

Le corps de troupes que j'ai l'honneur de commander a fait tout ce qu'il est possible de faire pour mériter les grâces du Roi. Je vous demande votre protection pour elles. Je ne vous demande rien pour moi ; vous savez mieux que personne ce qu'il me convient, et l'occasion est favorable.

Je vous recommande particulièrement M. de Bellecombe ; il mérite votre protection, tant par sa bravoure que par ses talents dans l'art militaire ; c'est un officier que j'aime d'ailleurs particulièrement, et je vous serai très obligé de ce que vous ferez pour lui.

Vous trouverez ci-joint, une lettre pour Mme la marquise de Pompadour ; vous la lui remettrez, la lui ferez remettre, ou point du tout, comme vous le jugerez à propos.

CL

A Mme LA MARQUISE DE POMPADOUR

Du 21 mai 1760.

Permettez que je profite de l'occasion de M. de Bellecombe, capitaine aide-major au régiment de

Royal-Roussillon, qui passe en Europe, pour me rap-
ler à l'honneur de votre souvenir et vous demander
la continuation de vos bontés pour moi, et votre protection pour le corps de troupes que j'ai l'honneur de
commander, qui a fait tout ce qu'il est possible de
faire pour mériter les grâces du Roi.

CLI

A M. LE PRINCE DE BEAUVAU

Du 21 mai 1760.

C'est avec un grand plaisir que je saisis toutes les
occasions où je puis me rappeler à votre souvenir, et
je profite de celle que me procure M. de Bellecombe,
aide-major au régiment de Royal-Roussillon, qui
passe en Europe. Il vous donnera de mes nouvelles.
Je souhaite que votre santé soit aussi bonne que la
mienne. Vous connoissez l'intérêt que je prends à tout
ce qui regarde Mme la maréchale de Mirepoix, sur le
compte de laquelle je suis on ne peut pas plus inquiet;
il y a dix-huit mois que je n'ai pas reçu de ses nouvelles.

M. de Bellecombe est un officier de mérite, etc......
(comme dans les lettres précédentes).

CLII

A M. LE MARÉCHAL PRINCE DE SOUBISE

Du 21 mai 1760.

M. de Bellecombe, aide-major au régiment de Royal-Roussillon, aura l'honneur de vous remettre ma lettre. Je saisis avec empressement toutes les occasions où je puis me rappeler à l'honneur de votre souvenir. Permettez que je vous demande votre protection pour cet officier ; il la mérite tant par ses talents que par son courage ; je prends un vif intérêt à ce qui le regarde.

CLIII

A M. LE DUC DE CHOISEUL, MINISTRE DES AFFAIRES ÉTRANGÈRES

Du 21 mai 1760.

Les troupes que j'ai l'honneur de commander ont fait tout ce qu'il est possible de faire pour mériter les grâces du Roi. Je vous supplie de vouloir bien vous employer pour elles et pour moi ; l'occasion est des plus favorables. Vous connoissez mieux que personne ce qui peut me convenir et je m'en rapporte entièrement à ce que vous ferez. Les bontés dont vous m'avez toujours honoré me font espérer que vous voudrez bien vous y employer; je vous prie de me les continuer.

CLIV

A M. LE MARQUIS DE VAUDREUIL

Du 25 mai 1760.

J'ai reçu la lettre dont vous m'avez honoré du 19, qui m'a fort satisfait en voyant que vous approuvez les manœuvres et les dispositions que j'ai faites; et je vois aussi avec bien du plaisir tout ce que vous faites avec Monsieur l'intendant pour recouvrer des vivres. Cela est bien essentiel; car il faut tenir le plus longtemps que nous pourrons, premièrement pour faire diversion aux forces des ennemis, secondement c'est que je crois que la paix est faite ou qu'on est en pourparlers, et troisièmement parce que, si elle ne l'est pas encore, la bataille de Québec déterminera les Anglois à la conclure, attendu qu'ils croiront Québec pris et qu'ils sauront cette nouvelle sans que la France la sache, ils croiront faire une bonne affaire, vu qu'il n'est parti depuis aucun bâtiment pour leur apprendre le contraire.

Tous les bataillons finiront demain de se mettre en marche pour se rendre à leurs quartiers. Je n'ai rien changé aux dispositions que j'ai faites pour cette frontière et que j'ai eu l'honneur de vous mander par ma dernière lettre.

Tous les miliciens sont partis sans congés, même les officiers de la milice de Montréal, à la réserve de M. Dufay, à qui j'en ai donné la permission. Cette contagion s'est étendue sur nos soldats mariés. J'ai donné des ordres pour qu'on les arrêtât ; et il faut les faire décimer, si le nombre en est trop grand.

De toutes les milices, je n'ai pu en rassembler qu'environ trois cents, dont la plus grande partie est de la Rivière de Chambly. Je ne puis assez vous dire du bien des milices de cette côte; mais, en revanche, ceux des autres paroisses se sont très mal conduits. J'ai promis à ceux qui restent ici que vous les feriez relever incessamment. Je pense que c'est absolument nécessaire, et vous pourriez prendre de préférence ce détachement dans la ville de Montréal, attendu qu'ils ne sont point occupés à faire des semences et qu'ils sont partis les premiers sans permission. Vous pourriez en envoyer une partie dans la galère et faire conduire le reste par des bateaux avec des officiers capables de les maintenir. Cette galère servira ici pour toutes les opérations qu'il faudra faire. Il faudroit envoyer trois cents bons miliciens ; car d'en envoyer de médiocres ce n'est rien faire.

Il est très nécessaire de faire occuper la Pointe aux

Trembles et qu'il y ait beaucoup plus de miliciens que de soldats par rapport à la désertion, et que c'est une troupe beaucoup plus légère pour se retirer.

C'est à vous à décider de la punition qu'il y a à faire aux miliciens qui ont déserté ; il faudroit de préférence punir les officiers, tant des côtes que de la ville, qui, au lieu d'arrêter le désordre, en ont donné l'exemple.

Je crois que, pour épargner les vivres, il faudroit tenir le moins de troupes que vous pourrez en garnison à Montréal, et je pense que la compagnie de grenadiers du premier bataillon de la Marine suffira.

Nos bateaux sont fort en désordre. Il faudroit que Monsieur l'intendant en fit faire le plus tôt qu'il sera possible, ou des galères, ce qui vaudroit beaucoup mieux, en voyant à proportion des hommes qu'on peut y embarquer, s'il ne faut pas plus de temps que pour faire les bateaux.

Les nouvelles de Québec sont toujours les mêmes. Les Anglois paroissent fort consternés ; ils continuent à faire évacuer la ville aux habitants ; j'attends aujourd'hui une réponse de M. Murray au sujet de la dernière lettre que je lui ai écrite concernant les hôpitaux. M. de Bellecombe est reparti ; si on le fait passer en Europe, je lui ai fait la leçon pour tout ce qu'il aura à dire.

M. de Bourlamaque est parti aujourd'hui pour Montréal ; je compte que, dans deux ou trois jours, j'aurai fini tous les arrangements à faire sur cette frontière, et j'en laisserai le commandement à M. Dumas, auquel j'ai donné, à sa demande, M. de Fouillac pour second. La besogne sera en très bonne main. Après quoi, je me mettrais en chemin pour aller prendre vos ordres.

Permettez que Mme de Vaudreuil trouve ici des assurances de mon respectueux attachement.

J'ai donné ordre à Messieurs les commandants de ne permettre à aucun officier de coucher à Montréal; s'il y en avoit quelqu'un qui y fût avant mon arrivée, je vous prie de le faire mettre en prison.

CLV

LETTRE DE M. MURRAY

Du 23 mai 1760.

J'ai l'honneur de vous mander que j'ai reçu votre lettre de Jacques Cartier du 21 de ce mois.

Je ne suis point responsable de l'inexécution du cartel; il a été rompu, quand on n'a pas renvoyé le volontaire fait prisonnier à Lorette au mois de novembre dernier, ainsi qu'il est porté par l'article 21°. Il a été rompu aussi, quand vous avez refusé de rendre nos convalescents qui étoient à l'hôpital général. Vous n'avez jugé à propos de leur permettre de rentrer dans une ville assiégée ; la ville de Québec ne mérite pas ce nom ; c'est tout au plus un poste.

Je regarde ce pays bloqué de tous côtés, et ne suis pas obligé de fournir des subsistances aux hôpitaux, excepté que vous ne preniez le parti de les abandonner ; en ce cas, j'en prendrai soin et les traiterai sur le pied de prisonniers de guerre.

Je serois très blâmable certainement de les laisser rentrer dans un pays dont les vivres sont coupés, après leur en avoir fourni jusqu'à ce qu'ils soient en état de me nuire.

CLVI

RÉPONSE A M. MURRAY

Du 25 mai 1760.

J'enverrai demain une goëlette, sous vavillon parlementaire, à Québec pour prendre, si vous l'approuvez, à l'hôpital général les malades qui sont en état de souffrir le transport. Je n'ai jamais entendu violer le cartel ; mais, au contraire, j'ai été attentif à son exécution.

La première difficulté qu'il y a eue a été occasionnée par l'entrée des blessés à l'hôpital, du jour de l'affaire du 13 septembre 1759.

A l'égard de l'échange qui n'a pas été fait des prisonniers, c'est que M. Amherst n'a voulu faire l'échange que d'homme pour homme.

Vous me permettrez d'avoir l'honneur de vous dire que l'Amérique est si grande et les pays que possède le Roi mon maître si vastes que ces troupes ne sauroient y être bloquées. Il n'en étoit pas de même de la garnison de Québec, lorsque je faisois le siège de cette place. Malgré qu'elle ne soit pas du premier ordre, elle est la plus forte qui soit dans ce continent; et une place qui est entourée d'un rempart bastionné et hérissé de canons, ne peut être regardée comme un poste.

Au surplus, je m'en rapporte entièrement à votre façon de penser pour le soulagement de nos malades; je suis très tranquille à ce sujet, et, quelle qu'elle puisse être, elle ne changera rien à la parfaite estime avec laquelle, etc.

<hr />

CLVII

LETTRE DE M. DE MALARTIC

Du 23 mai 1760.

Vous verrez les intentions de M. Murray dans la lettre qu'il vous a écrite. Il m'a dit que, si vous laissiez les blessés à sa générosité, il en prendroit le soin possible, et qu'en attendant votre décision, je n'en manquerai pas. Ainsi je compte que vos premières nouvelles seront les bateaux que vous nous enverrez pour chercher tout ce qui est en état de partir. Si vous le voulez, je m'en irai avec. Si vous me jugez nécessaire, j'y resterai avec le même plaisir. Vous savez que j'exécute quelque ordre que vous me donniez avec le même zèle.

CLVIII

LETTRE DE M. DE MALARTIC

Du 25 mai 1760.

Rien ne peut me flatter davantage que l'assurance que vous me faites l'honneur de me donner, que vous approuvez les arrangements que je fais ici pour l'exécution de vos ordres. Nos Messieurs, ainsi que moi, ont été enchantés d'apprendre que vous leur envoyez une goëlette pour les chercher.

Je n'aurai pas de complaisance pour ceux qui ne seront pas en état, et M. Dalquier, à qui j'ai communiqué votre lettre, leur a dit hautement qu'il ordonneroit sur le compte que lui rendront les chirurgiens. Je crois que M. Murray se prêtera à tout ce que vous désirez ; quoique notre ennemi, je ne puis en dire trop de bien.

Il suffit que vous désiriez que je reste ici, pour que je m'en fasse un plaisir; je n'ai pas grand mérite à en faire le sacrifice, dès que vous le souhaitez et que ce sera une consolation pour nos officiers et soldats qui restent ici et qui me paroissent contents que je ne les abandonne pas. Je leur procurerai tout ce qui dépendra de moi; je n'épargnerai ni soins ni peines. M. Murray me comble toujours de politesses, me paroît content de la façon dont je me conduis vis à vis de lui, et il eut la bonté de dire avant-hier au soir à Bellecombe qu'il étoit fort aise que vous m'eussiez chargé de cette commission.

M. de Bellecombe ne partira pas encore.

J'ai trouvé le moyen de faire passer de nos nouvelles à M. le maréchal de Belle-Isle.

CLIX

LETTRE DE M. DE MALARTIC

Du 26 mai 1760.

J'arrive de chez M. Murray, qui m'a remis la lettre que j'ai l'honneur de vous adresser ci-jointe. Il m'a assuré que, quant à lui, il avoit toujours été dans l'intention de tenir le cartel, que ce qui s'étoit fait l'automne dernier n'étoit pas de son bail et qu'il n'auroit

pas fait ces difficultés, mais que M. le marquis de
Vaudreuil lui retenoit un volontaire, des domestiques,
des vivandiers et des bouchers, qui, suivant le cartel,
ne sont pas prisonniers, que, dès qu'il nourrit les soldats restés ici, il sera forcé par sa nation de les regarder comme prisonniers. Il m'a promis qu'il fermeroit
les yeux sur les officiers et qu'il leur accorderoit des
passeports. Il en partira quatorze par la goëlette, et le
reste quand ils pourront, à moins que vous n'en
ordonniez autrement. Ainsi vous saurez à présent sur
quoi compter. Il m'a aussi dit qu'il commande dans
cette partie et M. Amherst dans la sienne, qu'il n'est
pas tracassier, n'aime pas les difficultés et qu'il n'en
auroit jamais vis à vis de vous, parce qu'il vous aime,
vous estime, ayant vu que vous aimez à vous battre.
Il réclame le nommé Marthe Moore, déserteur qui a
volé des François, qui est à ce qu'il assure dans le
régiment de Béarn, et il vous fera rendre le domes-
tique de M. Saint-Félix et un autre soldat de ma
garde, qu'il retient mal à propos en prison.

J'ai eu l'honneur de vous mander hier que je reste
ici avec plaisir, puisque vous le désirez; mais je me
flatte que, s'il y a de la besogne à faire par en haut,
vous aurez la bonté de m'en faire part, ayant grand
envie de m'y trouver.

M. Murray m'a assuré que vous n'aviez rien à craindre de sa part, que son monde est trop malade. Il a
voulu je crois me tirer le ver du nez ce matin, en me

demandant ce que vous vouliez faire, qu'il vous étoit impossible de conserver la colonie, que vous ne feriez que la ruiner en tenant des troupes assemblées et qu'à la paix, au lieu d'avoir un pays en état de subsister, nous aurons une colonie qu'il faudra abandonner. Il parie qu'elle nous restera par raison de politique pour eux et pour nous.

Je lui ai répondu que je ne connois pas vos desseins ni vos moyens et que vous n'étiez pas homme à faire votre paix comme cela. Il m'a ajouté que vous aviez fait ce que vous pouviez et que vous deviez vous regarder comme un général qui défend une place où on a fait brèche et qui ne doit la défendre qu'autant qu'il est sûr d'un secours. Il voudroit fort qu'on capitulât avec lui, à ce qu'il a dit à M. de Bellecombe qu'il feroit aux troupes les meilleures conditions qu'on pourroit exiger. M. de Bellecombe l'a assuré qu'il faudroit qu'il bataillât encore, s'il vouloit prendre le Canada. Il dit qu'il étoit bien assuré que vous saisiriez avec empressement toutes les occasions de combattre; mais que l'armée ne peut pas subsister de l'air et qu'on sera obligé de se rendre faute de pain.

CLX

LETTRE DE M. MURRAY

Du 26 mai 1760.

Je suis très mortifié de ce que les circonstances ne me permettent pas de faire tout ce que vous pouvez désirer de moi.

Il m'est impossible de vous rendre vos malades si je suis obligé de leur fournir des vivres.

Je ne puis ignorer que vous n'avez pas toutes les facilités de faire subsister vos troupes sans en ôter les moyens aux habitants, et que ce seroit vous rendre un service très essentiel de nourrir ceux que vous avez laissés à l'hôpital général jusqu'à ce qu'ils fussent en état de nous nuire.

Mon devoir, je crois, m'oblige à ce que je fais. En tout ce qui ne sera pas incompatible avec ce devoir, je serai charmé de vous donner des preuves authentiques de la parfaite estime avec laquelle, etc.

CLXI

LETTRE DE M. DE MALARTIC

Du 30 mai 1760.

J'ai l'honneur de vous rendre compte que je suis le plus malheureux ambassadeur du monde ; j'ai fait ce que j'ai pu et su, et je n'ai pas plus réussi pour cela. M. Murray envoya chercher avant-hier ma garde, la regardant comme prisonnière. J'allai lui en demander la raison, lui dis que je suivrois son sort ; il me répondit qu'il n'y avoit plus de cartel, qu'il étoit inutile que nous entrassions en contestation, qu'il vous l'avoit mandé et qu'il avoit rendu compte au Roi son maître de ce qu'il faisoit. Il m'offrit de ne pas me regarder comme prisonnier. Je lui répondis que, s'il me rendoit ma garde, je m'en irois, que, s'il la gardoit, je restois pour suivre son sort sans me regarder comme prisonnier.

J'ai consulté M. Dalquier, je me suis consulté et j'ai pensé avec juste raison que vous trouveriez fort mauvais que j'abandonnasse ma garde.

Il retient tous nos Messieurs, envoie chercher les soldats à mesure qu'ils sont en état pour les mettre dans la ville en prison.

Il m'accorda, il y a deux jours, un passeport pour M. Dalquier, m'en a accordé ce matin un pour MM. Duparc, Pinsure et Savournin, sur ce que je lui ai représenté que leur avancement en souffriroit. Dans quelques jours je lui demanderai permission de m'absenter pour une douzaine, sans donner aucune parole et j'engagerai tous nos Messieurs à ne s'engager à rien, parce que nous ne devons en aucune façon nous regarder comme prisonniers.

M. Murray, comme je vous l'ai déjà mandé, désireroit fort que vous capitulassiez avec lui. Je l'ai assuré que vous n'étiez pas dans le cas. Il m'a repris que les vivres vous manquoient, ainsi que les munitions, qu'il l'a appris par ses espions, que, capitulant avec lui, on diroit que le défaut de tout vous y a obligé, au lieu qu'avec M. Amherst on dira que c'est la force. J'en ai ri avec lui, ce matin, pendant qu'il m'en parloit, et lui ai dit que je vous manderois son avis.

Je me flatte, mon général, que mon malheur ne me fera pas perdre vos bontés. J'espère que vous approuverez ma conduite. Je me suis réglé dans tout ce que j'ai fait sur ce qui m'a été dicté par mon attachement pour vous et le service du Roi, et je suis persuadé que nos Messieurs me rendront cette justice.

CLXII

'A MESSIEURS LES COMMANDANTS DE BATAILLON

Lettre circulaire du 31 mai 1760.

Il faut que vous ayez la bonté de faire arrêter tous les soldats de votre régiment qui ont quitté l'armée sans permission, et de les faire mettre aux fers en lieu de sûreté, mon intention étant de leur faire casser la tête à tous, et, s'ils sont en grand nombre, de les faire décimer. Si dans vos quartiers vous n'avez pas un endroit commode pour les tenir en sûreté, vous les enverrez dans les prisons à Montréal sous une bonne escorte et les ferez munir de vivres, n'en ayant pas à leur faire fournir ici.

Il est essentiel que vous fassiez rassembler le plus de bateaux que vous pourrez dans tous vos quartiers, et que vous fassiez votre possible pour les faire raccommoder. Je vous prie de m'envoyer un état de ceux que vous aurez. Si vous ne pouvez trouver des calfats, donnez m'en avis, parce que je parlerai à Monsieur l'intendant pour qu'il fasse en sorte de vous en envoyer. Faites faire une rame à chacun de vos soldats et chargez un officier par chaque quartier pour la conservation des bateaux.

Je vous prie de m'envoyer un état des tentes, marmites et outils qui vous restent, des armes qui pourroient manquer à votre bataillon, et d'envoyer ici celles qui sont à réparer. Je ne puis trop vous recommander de veiller à la conservation des bateaux.

CLXIII

A M. MURRAY

Du 1er juin 1760, de Montréal.

Sur ce que m'ont mandé MM. de Malartic et de Bellecombe, que vous désiriez que le capitaine Maitland et le lieutenant Campbell fussent à Québec sur leur parole d'honneur de ne point servir jusqu'à ce qu'ils soient échangés, j'en ai fait la proposition à M. le marquis de Vaudreuil, qui, ainsi que moi, a été charmé de pouvoir satisfaire à votre demande.

M. le marquis de Vaudreuil et moi vous proposons l'échange de MM. de Fontenay et Lenoir, que je regarde comme prisonniers de guerre, étant entrés à l'hôpital le lendemain de l'affaire du 13 septembre, avec deux de vos officiers de même grade restés à l'hôpital général de Québec, à votre choix. Ce qui me fait plus particulièrement désirer l'échange de M. Lenoir, c'est qu'il est dans le cas d'être avancé. Il aura l'honneur de vous remettre ma lettre et se flatte, par les bontés que vous avez eues pour lui, que vous y consentirez.

22

CLXIV

LETTRE DE M. DE MALARTIC

Du 1er juin 1760.

Je n'aurai pas l'honneur de vous apprendre rien de fort intéressant aujourd'hui. Vous aurez vu dans ma lettre du 30 mai notre situation, le parti que j'ai pris et la conduite que je tiens, que je désire fort que vous approuviez. J'espère avoir la satisfaction de vous en rendre compte à la fin de la semaine. J'ai des raisons, qui, je pense, seront de votre goût, que je ne mettrai cependant pas en usage qu'autant que M. Murray me promettra que ma garde ne sortira pas de la ville pendant mon absence.

L'évasion de M. Léonard, lieutenant au régiment de Royal-Roussillon, fit resserrer hier nos Messieurs. Sur les représentations qu'ils firent faire par l'officier de garde, on leur envoya une parole d'honneur à signer, par laquelle ils promettent à M. Murray de ne pas chercher à s'évader, et ils la signèrent, pensant qu'elle ne les engage à rien ; après quoi, on leur donna les mêmes libertés qu'ils avoient ci-devant.

Je pris hier médecine pour tâcher de faire cicatriser ma poitrine. M. Murray me fit l'honneur de venir me voir hier au soir ; il se fâcha un peu contre les religieuses, me combla à son ordinaire de politesses et d'offres de services, me disant qu'il n'oublieroit pas les

politesses que vous m'aviez chargé de faire à ses blessés pendant le siège, que, quant à moi, je pouvois
compter sur ce qui dépendroit de lui, mais qu'il n'y a
plus de cartel.

CLXV

A MESSIEURS LES COMMANDANTS DE BATAILLON

Lettre circulaire du 2 juin 1760.

Sur ce qui m'est revenu que presque tous les soldats
étoient nu-pieds, vous pouvez envoyer un bateau ou
autre voiture pour recevoir une paire de souliers tannés pour chaçun des soldats effectifs, et, par cette
même occasion, il faudra envoyer les armes à réparer.

Il faut vous servir des effets que vous avez en dépôt
pour les soldats qui sont dans l'absolue nécessité, et,
si cela ne suffit point, vous m'enverrez l'état de ce qui
manquera pour que je voie si je puis leur faire avoir
le nécessaire. Je vous observe qu'il faut être très
réservé dans cette demande. On ne peut espérer quelque chose, qu'en demandant peu. Vous connoissez
combien on est dépourvu de tout. Ainsi tenez-y la
main. Comme il n'est pas possible de donner des
vivres à la ville, si vous êtes dans le cas d'envoyer
quelques soldats en prison, il faudra les en pourvoir;

il faudroit faire en sorte de trouver des moyens pour les punir dans la côte pour tous les cas où ils ne seront point criminels.

Il n'est point question de bois et chandelles pour les corps de garde, qu'on accordoit l'hiver ; on donnera aux officiers et domestiques la ration, sur laquelle il sera donné en nature une livre de farine par ration, leur eau-de-vie et le surplus sera payé en rachat suivant les prix réglés. Monsieur l'intendant envoie l'ordre aux capitaines des côtes pour la fourniture de la farine, qui sera payée par le munitionnaire.

Je vous prie de m'envoyer l'état des variations de votre bataillon depuis le 20 avril jusques à ce jour, suivant le modèle ci-joint.

Comme, d'un moment à l'autre, je puis vous envoyer des ordres pour le départ de votre bataillon, disposez-vous pour être prêt à les exécuter sur le champ.

CLXVI

A M. MURRAY

De Montréal, le 4 juin 1760.

J'ai été bien surpris d'apprendre que, contre la foi du cartel, vous reteniez prisonniers les malades et blessés restés à l'hôpital général, et ce qui m'étonne encore davantage c'est que, contre le droit des gens et de toutes les nations policées, vous reteniez aussi la garde de police que j'avois laissé au dit hôpital en égalité de celle que vous y aviez pendant le siège. Je vous avouerai qu'après ce que vous m'avez fait l'honneur de me mander et ce qu'on m'avoit dit de votre façon de penser, je ne m'attendois point à un pareil procédé. Pour mettre le comble à tout, il ne vous reste qu'à faire servir les officiers faits prisonniers le 18 avril que j'ai laissés par humanité à l'hôpital général sur leur parole d'honneur, parce qu'ils étoient blessés.

Comme je ne suis point positivement informé de tout ce que j'ai l'honneur de vous mander, je douterai que vous vous soyez porté à ces extrémités jusqu'à ce que j'en aie une certitude de votre part. Je serois fâché que la chose fût ainsi qu'on me le mande, par les suites qu'elle peut avoir dans ce continent et en Europe.

Ce ne sera point une garde de quinze ou vingt hommes et des malheureux blessés restés à un hôpital, où les vôtres étoient sur la foi du cartel, qui pourront influer sur le sort de cette colonie, et de pareils prisonniers ne sauroient servir de trophées pour les armes de Sa Majesté Britannique.

CLXVII

RÉPONSE DE M. MURRAY

Du 7 juin 1760, reçue le 18.

Je ne puis qu'être supris de l'étonnement que vous marquez au sujet des prisonniers que j'ai faits à l'hôpital général. Les lettres que j'ai eu l'honneur de vous écrire du 23 et 26 du dernier mois vous ont dû avertir de ce que je pensois à cet égard.

Le cartel n'a jamais été observé de votre part ; nos convalescents, que vous n'avez pas voulu rendre, le volontaire, les valets et vivandiers qui ont été détenus tout l'hiver, contre ce qui est expressément stipulé dans le cartel, en font foi.

Les François ont toujours insisté sur ce même cartel, quand il pouvoit leur être de quelque utilité ; mais ils ont toujours équivoqué, quand cela pouvoit tourner à leur désavantage.

Pour ce que vous dites au sujet des nations policées et du droit des gens, je vous remets à M. le marquis de Vaudreuil, qui, en dépit de ce même droit et de toutes les règles de la justice, a pris sur lui d'absoudre toute la partie inférieure du Canada d'un serment sacré et solennel, sous la foi duquel ils avoient été conservés et protégés.

Il les a même obligés de faire un pas si glissant sous

peine de la vie, dans un temps qu'il ne pouvoit espérer de secours ; et, par un effet de son seul caprice, il les a exposés aux fureurs d'un ennemi à la vérité trop généreux pour punir les petits de la faute des grands.

Je n'aurois jamais pu obliger nos officiers prisonniers de guerre, et vous connoissez trop bien la nation angloise pour croire que j'aurois été le maître de leur faire prendre les armes, quand même j'aurois été assez scélérat pour tâcher de les y forcer.

Quant aux conséquences qui peuvent arriver de l'inobservation du cartel, dans ce continent ou celui de l'Europe, ceux qui en ont été les premières causes doivent en répondre.

J'ai toujours eu à cœur de l'observer et si j'avois seulement affaire au chevalier de Lévis, je suis très certain qu'il auroit été très ponctuellement exécuté par les deux partis.

Quelles que soient ces conséquences, soyez assuré que je suis préparé à tout événement et que je ne serai jamais surpassé des François ni en actions de générosité ou de ressentiment. Je me réglerai en tout sur la conduite du marquis de Vaudreuil, bien persuadé que vous ne pouvez rien faire qui puisse en rien changer à la parfaite estime et considération avec lesquelles j'ai l'honneur d'être, etc.

P. S. — J'ai reçu la lettre que vous m'avez fait l'honneur de m'écrire par M. Lenoir. Je suis déterminé à ne faire aucune échange de prisonniers, dès que le cartel est rompu et vu les demandes importunes qui me sont faites par différents particuliers. Je vous prie de ne pas m'envoyer si souvent de parlementaires.

CLXVIII

A M. AMHERST, MAJOR GÉNÉRAL COMMANDANT LES TROUPES DE SA MAJESTÉ BRITANNIQUE DANS L'AMÉRIQUE SEPTENTRIONALE.

De Montréal, le 14 juin 1760.

J'ai détaché le sieur Bonneau, capitaine au régiment de Guyenne, pour mettre sous les yeux de Votre Excellence l'état des officiers et soldats anglois de la garnison de Québec qui ont été faits prisonniers par les troupes dè Sa Majesté Très Chrétienne, au combat du 28 avril dernier.

Les bontés dont vous avez honoré cet officier pendant son séjour à New-Yorck me font espérer que le choix que j'ai fait de lui pour remplir cette commission vous sera agréable.

M. le marquis de Vaudreuil l'a autorisé pour traiter l'échange du sieur de Bonnefonds, lieutenant du corps royal d'artillerie ; sa détention retarde son avancement, et je suis dans la confiance que Votre Excellence seroit fâchée, ainsi que moi, de faire ce tort à la fortune d'un officier particulier. J'espère qu'Elle voudra bien en user de même à l'égard du sieur de la

Miletière, lieutenant au régiment de Languedoc. Je supplie d'ailleurs Votre Excellence de s'en rapporter à tout ce que lui demandera le sieur Bonneau, que j'ai autorisé à traiter avec Elle ce qui concerne les officiers et soldats prisonniers des troupes que je commande.

Comme je ne doute pas que M. Murray, qui commande la garnison angloise de Québec, ne soit sous vos ordres, je crois devoir faire passer à Votre Excellence les justes sujets de plaintes que me donne, ainsi qu'à la nation, la conduite extraordinaire de ce brigadier général.

Lorsque j'arrivai devant Québec, le 28 avril dernier, mon premier soin fut d'envoyer à l'hôpital général, qui est près de cette ville, un sergent et vingt soldats, sous le titre de sauvegarde pour empêcher les sauvages qui m'accompagnoient d'insulter les malades anglois qui étoient dans cet hôpital. J'y joignis un officier pour faire les fonctions de commissaire. M. Murray y a tenu une pareille garde et j'ose m'assurer qu'aucun des malades anglois ne s'est aperçu que cet hôpital étoit en mon pouvoir.

En me retirant de devant Québec, le 16 mai, j'y ai laissé conformément aux termes du cartel la même garde avec plusieurs chirurgiens pour avoir soin des blessés françois que j'avois fait transporter audit hôpital, et pour lesquels j'ai réclamé auprès de M. Murray la convention du 6 février 1759. J'ai eu lieu de croire par les différentes lettres que j'ai reçues de lui à cette occasion qu'il étoit disposé à suivre cette convention.

J'apprends néanmoins, depuis quelques jours, par plusieurs voies sûres que, non seulement M. Murray a fait enlever de l'hôpital général les soldats françois dont la guérison paroissoit la plus prochaine pour les faire mettre en prison à Québec, mais aussi qu'il s'est porté à cette extrémité de faire arrêter le sergent et les vingt hommes qui étoient de sauvegarde, et de la constituer prisonnière de guerre.

Ce procédé, que, jusqu'à présent, aucun chef de guerre n'auroit osé avouer, n'a pas été motivé de la part de M. Murray par aucun prétexte possible ; il s'est contenté de dire à l'officier commissaire qu'il n'y avoit plus de cartel, n'ayant pas réfléchi sans doute que la détention d'une sauvegarde est non seulement une rupture du cartel, mais une infraction solennel au droit des gens.

J'aurois pu faire ressentir aux officiers et soldats anglois que j'ai faits prisonniers le 28 avril les suites du peu d'égards que leur commandant a eu pour les usages les plus sacrés ; mais j'ai préféré de vous donner connoissance de cette affaire persuadé que vous êtes trop jaloux de la gloire de la nation britannique pour laisser subsister un grief de cette nature.

M. Monckton vous aura sans doute rendu compte de l'ordre qu'il avoit laissé, au mois d'octobre dernier, en quittant la ville de Québec, pour constituer prisonniers de guerre quelques officiers et soldats françois qui avoient été transportés à l'hôpital général après le combat du 13 septembre de l'année dernière, cet hôpital étant tombé quelques jours après au pouvoir des troupes angloises. Autre infraction qui n'est fondée sur aucun motif. Les articles 26 et 27 sont formellement opposés à la prétention de M. Monckton, et nul blessé ne peut être regardé comme prisonnier de guerre, s'il n'est pris sur le champ de bataille.

Cette affaire a resté indécise jusqu'à ce moment, et la connoissance que j'ai de vos lumières et de votre droiture me fait espérer que vous donnerez ordre que ces officiers et soldats soient renvoyés libres, et que pareille difficulté ne sera point faite à l'avenir, dans les parties qui sont sous votre commandement, comme, de mon côté, je tiendrai la main à l'observation la plus exacte du cartel.

Je prie donc Votre Excellence de m'adresser le plus tôt possible un ordre pour M. Murray, que j'aurai soin de lui faire passer, par lequel il soit obligé de relâcher la garde que j'avois laissée à l'hôpital général, ainsi que les blessés françois qu'il a fait arrêter, et de déclarer libres tous ceux qui restent audit hôpital, et à rendre la même liberté aux officiers et soldats qui ont été trouvés dans ce même hôpital, lors de la retraite de l'armée françoise, qui a suivi le combat du 13 septembre 1759.

Je me félicite d'avoir à traiter avec Votre Excellence une affaire de cette nature, convaincu, par la réputation dont elle jouit dans ce continent, qu'Elle est très éloignée d'approuver de pareils procédés. Je ne me félicite pas moins d'avoir eu cette occasion de lui faire connoître la considération et la haute estime avec laquelle, etc.

CLXIX

AUX COMMANDANTS DE BATAILLON

Lettre circulaire du 14 juin 1760.

M. le marquis de Vaudreuil envoie les ordres aux capitaines des compagnies de milices de vos quartiers pour commander le nombre d'hommes dont l'état est ci-joint, lesquels doivent marcher avec votre bataillon.

Il leur est ordonné de vous en remettre le rôle, dès qu'ils en auront fait le commandement, afin que vous puissiez en faire la revue pour voir la qualité des hommes et si les armes sont en état.

Vous vous conformerez en tout, soit pour la formation, l'ordre et discipline concernant les milices, au règlement que j'ai eu l'honneur de vous envoyer au mois d'avril dernier, excepté que vous ne destinerez qu'un capitaine et un lieutenant au lieu de trois, attendu le peu d'officiers qui vous restent, et ferez choix des officiers de milice, s'il y en a de capables, ou de sergents pour les remplacer, et préviendrez les miliciens, de même qu'on avoit fait ce printemps, pour se pourvoir de marmites et vêtements nécessaires pour faire la campagne, n'ayant rien à leur faire donner des magasins du Roi.

Je vous prie de donner vos soins pour presser ce commandement, faire votre revue le plus tôt possible et remplacer les miliciens qui seront hors d'état de servir ou qui manqueront, voir les armes, et m'informer de ce que vous aurez fait à cet égard.

Les ordres ont été envoyés aux habitants pour tenir huit jours de vivres prêts pour eux et les soldats qui sont logés chez eux et à qui ils fournissent la subsistance. Il faudra tenir la main à ce qu'ils s'exécutent suivant leurs facultés, et prescrire à vos soldats qu'il faudra qu'ils se contentent, au pain près, de ce que l'habitant pourra leur donner ; les officiers doivent se pourvoir pour la route.

Il sera à propos que vous donniez vos ordres au capitaine à qui vous destinez le commandement de la milice, soit pour former les ordinaires, nommer les chefs, veiller à ce qu'ils aient des marmites, former les compagnies et instruire ceux qui seront pourvus des emplois sur ce qu'ils auront à faire.

Il faudra charger le commandant de chaque quartier de mener avec lui, lors du départ, lesdits miliciens de son quartier pour les remettre au commandant de la milice, quand vous l'ordonnerez.

Je vous préviens que votre bataillon et vos miliciens sont destinés pour la défense de la partie de l'Ile aux Noix et que, vu le peu de bateaux, il faudra que vous

vous rendiez à Saint-Jean par terre en passant par la Savane.

En conséquence, vous en préviendrez vos soldats et miliciens pour n'emporter que ce qu'ils peuvent porter ; à l'égard des équipages de Messieurs les officiers et des tentes des soldats, on pourvoira à ce transport soit par terre ou par eau.

CLXX

A MESSIEURS LES COMMANDANTS DE BATAILLON

Lettre circulaire du 15 juin 1760.

L'épuisement des finances ayant obligé le Roi à surseoir le payement des lettres de change de 1759, pendant dix-huit mois, après lequel temps il ordonnera sur le payement, tant du capital que des intérêts, ce qu'il croira juste, et, m'étant toujours occupé des intérêts des troupes que j'ai l'honneur de commander, j'ai cru que, dans pareille circonstance, ce que je pouvois faire de mieux pour elles étoit de prendre un état exact des lettres de change qu'elles ont de ladite année et des sommes qui restent dans chaque corps provenants des successions des officiers tués ou morts, tant en lettres de change qu'en ordonnances, pour être à même d'en solliciter le payement particulier par préférence à tous ceux qui pourroient se trouver dans pareil cas. Et je puis vous assurer que je suivrai cette affaire le plus vivement qu'il sera possible.

Je n'ai pas besoin de vous observer combien il est essentiel d'éviter les abus à ce sujet, qui ne pourroient manquer de porter préjudice aux particuliers et, en général, à tout le corps de terre. Il faut aussi que vous teniez cette lettre secrète et que les choses qu'elle contient ne soient connues que de votre corps. Il faudra m'envoyer cet état le plus tôt possible dans les formes prescrites que vous trouverez ci-joint.

CLXXI

RÉPONSE DE M. AMHERST

Du 21 juin 1760.

Le choix que Votre Excellence a fait de M. Bonneau pour traiter l'échange des prisonniers m'est fort agréable, cet officier étant de ma connoissance. Aussitôt que le commandant du fort de Crown-Point pourra recevoir mes ordres, il sera permis à M. Bonneau de se rendre à la Nouvelle-Yorck, où M. le capitaine Wheelock, commissaire de Sa Majesté, étant autorisé de ma part, traitera avec lui l'échange des prisonniers. Cette ville m'a paru la plus propre pour une telle négociation, comme la plupart des officiers François sont dans les environs, où je les ai fait placer pour leur avantage, le pays étant riche et abondant.

Le Roi mon maître ne fait point la guerre à la fortune des particuliers. Ainsi je vous accorde avec plaisir l'échange de MM. de Bonnefonds et de la Miletière, et Votre Excellence peut être assurée que je tiendrai la main à l'exécution la plus scrupuleuse du cartel du 6 février 1759.

Je suis surpris que nos brigadiers, MM. Monckton et Murray, vous aient donné des sujets de plaintes ; je leur témoignerai ma surprise par le premier courrier ; et, quoique leurs procédés vous semblent des plus injustes, je suis persuadé qu'ils feront paroître des motifs qui justifieront leur conduite à toute satisfaction.

Plusieurs articles renfermés dans la lettre de M. de Vaudreuil pourront, comme je marque à Son Excellence, être réglés par les commissaires à la Nouvelle-Yorck.

CLXXII

LETTRE DE M. AMHERST

Du 21 juin 1760.

J'aurai soin que les lettres que Votre Excellence m'a confiées pour Mme de Mirepoix et M. de Castres, soient rendues en France par les moyens les plus sûrs aussitôt qu'il sera possible.

CLXXIII

A M. LE MARÉCHAL DE BELLE-ISLE

Du 28 juin 1760.

J'ai reçu la lettre que vous m'avez fait l'honneur de m'écrire, le 9 février de cette année, où étoit joint l'état des grâces qu'il a plu à Sa Majesté d'accorder au corps de troupes dont elle m'a confié le commandement.

J'aurois bien désiré qu'elle eût bien voulu les étendre à remplir les demandes que j'avois faites par le dernier mémoire que j'eus l'honneur de vous envoyer le 11 novembre de l'année dernière. Plusieurs officiers qui ont été tués à la bataille du 28 avril et au siège de Québec, n'ont pu jouir des grâces que le Roi leur avoit accordées. En distribuant à ceux qui restent, celles qui les regardoient, je n'ai rien négligé pour leur en faire connoître le prix. Elles produiront l'effet que Sa Majesté doit en attendre, quoiqu'il ne fut pas possible de rien ajouter au zèle, à la constance et à la fermeté des troupes pour son service ; et j'ose vous assurer qu'elles le conserveront jusqu'au dernier moment, dans quelque extrémité que nous soyons réduits ; et nous n'oublierons pas ce que nous devons à l'honneur des armes du Roi.

Les troupes, ainsi que moi, sommes persuadés de

vos bontés pour faire valoir nos services auprès de Sa Majesté.

J'ai l'honneur de vous envoyer un état des grâces dont je crois susceptibles les officiers des troupes que je commande à l'occasion de la victoire qu'elles ont remportée, le 28 avril.

Jaloux comme vous êtes de la gloire des armes du Roi, je ne doute pas que vous n'accordiez vos bontés à un corps de troupes qui s'est distingué autant par les peines que par l'intrépidité et le grand courage avec lequel elles ont combattu. J'ose vous assurer qu'il est peu d'actions qui fassent autant d'honneur à la nation, les circonstances et le terrain ayant obligé les troupes à se former sous le feu de la mousqueterie et d'une artillerie nombreuse.

Vous trouverez sur cet état M. de Bourlamaque pour le grade de maréchal de camp, ou le cordon rouge ; il a été blessé considérablement à cette affaire d'un coup de canon, son cheval tué sous lui. C'est la troisième blessure qu'il reçoit en Canada.

Il a d'ailleurs vingt-deux ans de service, de la naissance et de grands talents pour la guerre. La circonstance d'être toujours employé comme homme principal, une campagne heureuse l'année dernière, le rendent susceptible d'un avancement auquel j'ose vous assurer que le service du Roi ne pourra que gagner.

Par une de vos lettres à M. de Montcalm, il paroissoit que vous étiez dans l'intention de traiter favorablement M. le chevalier de Montreuil, aide-major général ; il est susceptible du grade de brigadier par six campagnes en Canada en qualité de major général et lieutenant-colonel, s'étant toujours acquitté de son emploi avec distinction et le plus grand courage.

M. de la Pause, à qui le Roi a accordé la charge d'aide-maréchal-général-des-logis de cette armée, l'avoit déjà remplie avec distinction la campagne dernière et dans celle-ci. C'est un homme de naissance, qui a de grands talents pour la guerre. Il seroit utile au bien du service de le mettre dans la route des premiers emplois. Il a seize ans de services, des blessures, les suffrages unanimes de tous les généraux sous lesquels il a servi et qui l'ont toujours employé avec distinction, ce qui, tout réuni, le rend susceptible du grade de colonel. Cette grâce a été demandée pour lui par M. le marquis de Montcalm sans interruption depuis 1756.

J'avois demandé, l'année dernière, avec instance pour M. de la Rochebaucourt, capitaine réformé depuis cinq ans au régiment de Montcalm, la commission de lieutenant-colonel, attendu qu'il avoit commandé avec distinction un corps de volontaires, l'année dernière, et il commande actuellement aux postes avancés de la Pointe aux Trembles, sur la frontière de Québec. On ne peut dire assez de bien de cet officier, qui est passé dans ce pays comme aide-de-camp de M. le marquis de Montcalm, qui en faisoit grand cas.

Je le crois, ainsi qu'il le pensoit, susceptible d'être avancé. Ainsi je vous renouvelle avec instance de vouloir bien lui accorder le grade de lieutenant-colonel.

Les sieurs Wolf et Carpentier, officiers partisans, à qui le Roi vient d'accorder une gratification en place de la commission de capitaine que j'avois eu l'honneur de vous demander pour eux, sont de plus en plus susceptibles de cette grâce et je renouvelle pour eux la même demande. Leur situation actuelle est un obstacle aux services qu'ils pourroient rendre et à la confiance qu'ils méritent, se trouvant commandés par tous les officiers subalternes de l'armée.

Je propose M. de Malartic, capitaine aide-major au régiment de Béarn, pour aide-major général. Cet officier a tous les talents propres pour bien remplir cet emploi; il a été blessé deux fois dans ce pays et s'est distingué particulièrement à la bataille de Québec.

Je demande une augmentation de pension pour MM. Trivio, Dalquier et de Poularies (ces deux derniers s'étant particulièrement distingués à la tête de leurs brigades, je crois qu'il seroit du bien du service de leur en marquer votre satisfaction par une lettre particulière), et la commission de lieutenant-colonel pour MM. de Fouilhac, Duparquet, commandants, et d'Aiguebelle, capitaine de grenadiers.

Le sieur Delaas, capitaine au régiment de la Reine, officier de zèle et de courage, qui s'est distingué commandant un corps de Canadiens le 28 avril, et employé en outre comme major au dépôt de la tranchée, est susceptible par son ancienneté et ses services d'avoir la croix de Saint-Louis et une pension.

J'ai vu avec douleur que les officiers du corps d'artillerie et du génie qui servent en Canada n'ont reçu aucune grâce ni marque de satisfaction, d'autant que ceux qui sont attachés à l'artillerie du Canada, moins anciens de service et qui ont été pris l'année dernière dans Québec, dont la capitulation ne peut être approuvée, ont obtenu toutes les grâces qu'ils demandoient. J'ose vous assurer que ceux du corps de l'artillerie et du génie attachés au corps de troupes de terre méritent celles que j'ai demandées pour eux l'année dernière, et dont je renouvelle la demande avec instance.

La nécessité et le bien du service m'ont obligé, quoique Sa Majesté ne m'en eût pas donné le pouvoir, de nommer aux commandements de bataillon.

J'ai eu lieu de me louer depuis d'avoir pris ce parti par le ton et le bon ordre qu'ont pris ces commandants vis à vis de leur corps. J'ai l'honneur de vous les proposer du jour que je les ai établis, j'espère que vous voudrez bien faire approuver au Roi ce que j'ai fait à ce sujet.

Le corps des officiers est réduit à presque rien, tant par les morts, prisonniers, estropiés ou qui ne sont pas encore guéris. J'ai remplacé autant que j'ai trouvé de sujets; mais il reste encore plusieurs emplois vacants, ce qui est cause que je n'ai point nommé aux exploitations des compagnies, pour ne pas multiplier le grade de capitaine sans sujet.

Je joins ici l'état des nominations que j'ai faites depuis le mois de novembre dernier.

Je dois vous exposer la triste situation des troupes. Plusieurs officiers ont été obligés de troquer ou vendre leurs vêtements pour vivre et de tirer sur leurs parents des billets à ordre, les lettres de change et la monnoie courante n'ayant point de crédit. Ils sont nantis d'un certain nombre de ces lettres qui leur ont été données au mois d'octobre pour leur solde de 1759. Comme le paiement en est suspendu, j'espère que vous voudrez bien vous employer pour qu'elles leur soient payées ; sans quoi ces troupes seront fort à plaindre, et par la façon dont elles ont servi, elles méritent bien des égards. Je vous en envoie l'état, afin que vous puissiez en connaître l'objet.

Je joins aussi pareil état des sommes en monnoie du pays qui sont en dépôt chez les officiers de détail, appartenant aux héritiers des officiers qui ont été tués dans les campagnes dernières, provenant de leurs appointements ou vente de leurs effets. J'avois proposé à Monsieur l'intendant de faire remettre ces sommes au trésor, pour que le Roi en fût le comptable, ce qu'il n'a pas voulu accepter.

Les troupes, excepté la Sarre et Royal-Roussillon, sont toutes nues. L'habillement est dû à Berry, dès l'hiver dernier, et sera dû aux autres au mois de février.

M. de Bougainville est détaché à l'Ile aux Noix depuis le commencement d'avril pour garder la frontière du lac Champlain.

Un commandant de confiance y étoit nécessaire pendant l'expédition de Québec, pour n'être pas détourné par les inquiétudes qu'auroit pu donner cette partie. J'espère que de ne s'être pas trouvé à l'affaire de Québec, où il auroit été fort utile, ne nuira pas aux grâces dont il est susceptible par ses talents et la manière dont il sert.

Le sieur Baraute, premier capitaine au régiment de Béarn, mort de ses blessures reçues à Québec cette année, laisse une femme et une fille, laquelle avoit épousé en première noce M. de Jumonville, officier de la colonie, tué au commencement de la guerre, dont elle a aussi une fille. Cette dame reste sans biens avec ses deux enfants. J'espère que vous voudrez bien lui accorder votre protection et deux places à Saint-Cyr pour ses deux filles. Elle est petite-fille à M. le marquis de Vaudreuil.

Pour ce qui me concerne, une bataille gagnée, la circonstance favorable où je me trouve et vos bontés pour moi me font espérer que vous ne m'oublierez point et que vous voudrez bien assurer Sa Majesté que, dans telle situation où je sois réduit, je soutiendrai jusques au bout la gloire de ses armes et lui donnerai des preuves de mon dévouement pour son service.

Permettez que je joigne ici une prière en faveur de la veuve du sieur Vassal, capitaine au régiment de Béarn, homme de condition et sans fortune, marié en Canada avec la fille d'un capitaine de la colonie. Elle reste sans père, sans mari et sans biens, le premier étant mort des blessures reçues le 13 septembre dernier, et le second du 28 avril. Elle reste chargée d'un fils, pour lequel j'ai l'honneur de vous prier de lui accorder une perspective à l'École militaire, dès qu'il aura l'âge, et une pension à la mère.

La veuve du sieur de Marillac, capitaine au régiment de Languedoc, tué le 13 septembre dernier, et à laquelle vous avez bien voulu faire accorder une pension, a aussi un fils pour lequel j'ai l'honneur de vous faire la même demande.

CLXXIV

A M. BERRYER

Le 28 juin 1760.

J'ai reçu la lettre que vous m'avez fait l'honneur de m'écrire le 22 février, et j'ai celui de vous remercier du compte que vous avez bien voulu rendre au Roi de mes services.

La confiance que vous me témoignez et la promesse que vous me faites de vous occuper de mon traite-

ment, dont j'ai grand besoin et sans lequel je serois
hors d'état de payer mes dettes, me tranquillisent sur
tous les événements.

Je dois vous remercier aussi du paiement particulier que vous avez réglé pour les troupes, et vous
représenter en même temps la triste situation où elles
se trouvent.

Plusieurs officiers ont été obligés de troquer ou
vendre pour vivre tous leurs effets et de tirer sur leurs
parents des billets à ordre pour certains achats,
attendu le peu de crédit de la monnoie du pays et
des lettres de change qui leur ont été données l'année dernière pour leur solde, dont la plus grande partie s'en trouvent nantis et n'ont d'autres ressources
pour payer leurs dettes et s'équiper.

Je crois que tant de braves gens ne méritent pas
d'être confondus avec le public et d'être réduits dans
la triste situation où ils se trouveroient, si on ne leur
payoit pas leurs lettres de change qui sont le produit
de leurs appointements. J'ai l'honneur de vous en
envoyer l'état à peu près, attendu qu'il y a des officiers prisonniers, et je vous supplie d'avoir égard à
ma demande.

Je joins aussi l'état des sommes en monnoie du
pays qui sont en dépôt à l'état major de chaque corps
provenant des appointements et de la vente des effets
des officiers qui ont été tués, appartenant à leurs
parents. J'ai proposé de faire déposer ces sommes au

trésor; le Roi se seroit chargé du remboursement, ce qui n'a pas été accepté par Monsieur l'intendant.

Je n'ai pas l'honneur de vous envoyer une relation de ce qui s'est passé depuis la campagne dernière, celle que vous envoie M. le marquis de Vaudreuil étant conforme à celle que j'aurois pu vous envoyer. J'espère que le Roi sera satisfait des efforts qui ont été faits pour la conservation de la colonie.

Une seule frégate, arrivée avant la flotte angloise, eut décidé la reddition de Québec et assuré le Canada pour cette année. L'escadre angloise est arrivée le 9, le 15 et autres jours suivants. Si nos secours fussent arrivés avant, ils sauvoient la colonie et combloient de gloire les armes du Roi, après la bataille gagnée. La nouvelle de non-paiement des lettres de change fait que le papier reste sans crédit; les habitants sont désespérés, s'étant sacrifiés pour la conservation du pays et se trouvent ruinés sans ressources. Nous ne négligeons rien pour rétablir la confiance, en assurant que le papier sera payé, mais il est à craindre que nous ne trouvions plus la même volonté parmi les mêmes habitants, lorsque nous serons obligés de les rassembler pour nous défendre.

Le siège de Québec levé, nous avons été obligés de renvoyer les troupes dans leurs derniers quartiers pour les faire subsister, après avoir laissé quinze à seize cents hommes aux ordres du sieur Dumas pour occuper la Pointe aux Trembles, Jacques Cartier et Dechambeau, pour observer la garnison de Québec, qui est consternée et diminuée par la défaite du 28. Cinq cents hommes, aux ordres de M. de Bougainville, sont à l'Ile aux Noix, trois cent cinquante au fort Lévis, au haut des Rapides, aux ordres du sieur Pouchot. Voilà notre position actuelle.

On nous menace de deux armées considérables, qui doivent nous attaquer par les lacs Ontario et Champlain et pénétrer jusques à Montréal, tandis que la flotte avec la garnison de Québec remontera le fleuve. On dit que la garnison de Louisbourg doit s'y réunir et que cette place doit être rasée. Si cela est ainsi et qu'ils agissent en même temps, nous sommes perdus sans ressources, n'étant pas en état de faire face partout. La partie la plus à craindre est celle du fleuve. Nous n'y avons point de point d'appui et rien qui puisse empêcher les frégates et berges de monter jusques à Montréal. Dans cette fâcheuse position, nos plus grandes forces étant dans ce gouvernement, nous tâcherons alors de les rassembler, et, si les ennemis ne mesurent pas bien leurs mouvements, nous combattrons le corps de leurs troupes qui débouchera le premier. C'est l'unique ressource qui nous reste. Nous sommes hors d'état de tenir la campagne, manquant de vivres, munitions, et généralement de tout; et il est surprenant que nous existions encore.

Il reste aux troupes de la bonne volonté et du courage, quoique les bataillons soient épuisés d'officiers et de vieux soldats et extrêmement affoiblis.

Je dois vous exposer que les troupes de terre, de

même que celles de la colonie et les Canadiens en
général, ont donné des preuves au commencement de
cette campagne de leur bonne volonté, en supportant
sans la moindre plainte les plus grandes fatigues, le
manque de vivres, et ayant combattu avec le plus
grand courage; elles méritent des grâces et je me
flatte que vous voudrez bien vous intéresser pour
elles.

Parmi les officiers de la Marine, je crois devoir
avoir l'honneur de vous informer particulièrement de
ceux qui se sont distingués le plus et méritent de préférence les grâces du Roi.

Le sieur Dumas, commandant le corps de la
Marine, et le chevalier de la Corne, premier commandant d'un bataillon de ce corps, ont été blessés; ce
sont deux officiers de distinction et très en état d'être
chargés de commissions importantes. Ils méritent
depuis longtemps un grade distingué ou une pension.

Le sieur Vassan, commandant le second bataillon
de la Marine, a été blessé; c'est un bon officier.

Le sieur Mélouèze, premier capitaine aide-major, a
été blessé dangereusement; c'est un officier de distinction et qui a des talents. Je crois qu'il mérite la
croix de Saint-Louis; cette grâce donnera de l'émulation aux officiers de l'état major.

Je dois vous recommander aussi le sieur Dubuisson
capitaine, ancien serviteur, qui s'est comporté avec
distinction à l'affaire du 28, où il a été blessé très

dangereusement. Il est pauvre, a une nombreuse famille; si vous pouviez lui accorder une pension, elle seroit bien placée, ou, à ce défaut, la croix de Saint-Louis.

Je joins mes sollicitations à celles de M. le marquis de Vaudreuil en faveur de Mme Baraute, veuve anciennement de M. de Jumonville, officier de la colonie, tué au commencement de la guerre, dont elle a une fille; elle avoit épousé en seconde noce le sieur Baraute, premier capitaine au régiment de Béarn, homme de condition, dont elle a une fille. Il vient de mourir de ses blessures.

Cette veuve est sans bien, chargée de ses deux filles. Je vous serai particulièremrnt obligé de ce que vous voudrez bien faire pour elle, et de lui procurer une pension et places à Saint-Cyr pour ses filles.

Permettez que je joigne encore ici une prière en faveur de la veuve du sieur de Vassal, aussi capitaine au régiment de Béarn, homme de condition sans fortune, mort des blessures reçues à l'affaire du 28 avril, fille du sieur de la Perrière, capitaine des troupes de la colonie, tué à l'affaire du 13 septembre dernier. Elle est sans bien et chargée d'un fils. J'ai l'honneur de vous prier de lui faire accorder une pension, et la perspective d'une place à l'École militaire pour son fils dès qu'il aura l'âge.

Je demande la même grâce pour le fils de M. de Marillac, capitaine au régiment de Languedoc, tué le 13 septembre dernier.

CLXXV

A M. LE MARÉCHAL DE BELLE-ISLE

Le 28 juin 1760.

J'ai l'honneur de vous envoyer la relation de ce qui s'est passé depuis la fin de la campagne dernière. J'espère que le Roi sera satisfait de tous les efforts qui ont été faits pour la conservation de la colonie. Une seule frégate, arrivée avant la flotte angloise, eut décidé la reddition de Québec et assuroit le Canada pour cette année. L'escadre angloise est arrivée le 9 et le 15 mai et les jours suivants ; la partie qui venoit d'Europe en étoit partie le 3 avril. Nos secours ne sont partis de Bordeaux que le 10 avril ; s'ils étoient partis en mars, ils sauvoient la colonie et combloient de gloire les armes du Roi. Ils consistoient en trois bâtiments et quelques prises qu'ils ont faites au bas du fleuve. Arrivés trop tard, ils sont entrés dans la baie des Chaleurs à la Rivière de Ristigouche, où nous avons un poste avec quelque reste d'Acadiens. M. le marquis de Vaudreuil envoie ordre de les faire décharger et de mettre en sûreté leur cargaison, qui sera gardée par deux cents hommes de troupes de la Marine qui étoient à bord de ces bâtiments, lesquels ont ordre de leurs armateurs d'aller croiser sur les côtes de la Nouvelle-Angleterre. Il est impossible qu'il nous parvienne la moindre partie de ces secours que dans le cas d'une paix très prompte ; maintenant, ils ne nous sont que nuisibles.

Par les dépêches que ces bâtiments ont apportées du non-paiement en France des lettres de change, etc. (Comme dans la lettre précédente.)

CLXXVI

A M. DE CREMILLE

Du 28 juin 1760.

J'ai reçu la lettre que vous m'avez fait l'honneur de m'écrire le 9 février.

Le courrier qui porte nos dépêches allant au travers des bois, et sa charge étant considérable, je ne vous fais point un nouveau détail de tout ce que je mande à M. le maréchal de Belle-Isle, attendu que je suis persuadé que vous en aurez connoissance et que c'est de même que si je vous en rendois compte.

J'aurois bien désiré qu'on eût rempli le mémoire des grâces que j'ai demandées l'année dernière. J'en envoie un nouveau au sujet de la bataille que nous avons gagnée sur les ennemis.

J'espère que vous voudrez bien vous employer auprès du Roi pour procurer à ces troupes les récompenses qu'elles méritent si justement par toutes sortes de motifs. Je leur dois les plus grands éloges. Vous trouverez M. de Malartic, auquel vous vous intéressez et qui mérite vos bontés.

Quant à moi, je n'ai rien à ajouter à ce que j'ai eu l'honneur de vous mander l'année dernière. Une bataille gagnée qui fait grand honneur aux armes du Roi, les circonstances où je me trouve et les bontés que vous me témoignez, doivent me faire espérer que je ne serai pas oublié.

J'ose vous assurer que, dans telle situation où je me trouve, je soutiendrai la gloire des armes du Roi, personne n'étant plus dévoué que je le suis à son service.

CLXXVII

A M. LE MARÉCHAL DE BELLE-ISLE

Du 28 juin 1760.

J'ai l'honneur de vous envoyer les lettres que j'ai reçues et écrites au gouverneur anglois de Québec au sujet d'une nouvelle infraction sur le cartel...

En arrivant à Québec, je trouvai deux cents malades avec une garde à l'hôpital général, que je traitai conformément à ce qui est prescrit par le cartel, excepté que je ne leur donnai point de vivres attendu qu'ils ne m'en demandèrent point. En me retirant, je laissai environ quatre cents malades ou blessés au dit hôpital avec pareille garde, et j'écrivis à ce sujet à M. Murray, n'ayant pas lieu de croire qu'il n'en agiroit pas de même. J'avois pourvu à la subsistance de ces malades. Mais ce gouverneur, ayant distrait ces vivres et forcé par là cet hôpital à lui en demander, déclara les malades prisonniers et, peu de jours après, s'est emparé de la garde. J'ai réclamé envers M. le général Amherst de cette infraction si contraire au cartel et au droit des gens.

Vous verrez par sa réponse que cela n'a rien produit. Il n'a voulu, l'année dernière, faire d'échange que d'homme pour homme. Je ne sais comment il agira pour celui que nous lui proposons de faire actuellement. J'ai cru devoir vous informer en détail de tout ce qui s'est passé à cet égard.

CLXXVIII

A M. BERRYER

Du 28 juin 1760.

Je dois avoir l'honneur de vous solliciter en faveur du sieur Cadet, munitionnaire général, auquel je ne puis refuser la justice de dire qu'il a trouvé jusques à présent des ressources au-delà de nos espérances pour fournir des vivres, soit pendant l'hiver et à notre

24

expédition de Québec, qu'il a fourni aux malades tous les rafraîchissements possibles et qu'il a fait généralement tout ce qu'on pouvoit attendre d'un homme à talents dans sa partie. Zélé et entièrement dévoué au service, il s'est donné tous les soins et toutes les peines possibles, dans un pays où il n'en falloit pas moins pour s'y être soutenu jusqu'à présent.

Il a fait de grandes dépenses en Europe, principalement l'année dernière, pour faire passer dans cette colonie des vivres qu'il dit devoir et n'avoir pu payer par le non-payement des lettres de change de 1759. Le dérangement de ses affaires auroit demandé son passage en France pour vous exposer son état ; mais ne pouvant nous passer de lui dans la circonstance où nous sommes, M. le marquis de Vaudreuil, M. Bigot et moi l'ayant retenu, il espère que vous aurez égard à ses pertes et à la triste situation où il se trouve. En mon particulier je vous serai très obligé de ce que vous voudrez bien faire pour lui, ne pouvant que m'en louer.

CLXXIX

A M. LE MARÉCHAL DE BELLE-ISLE

Du 14 juillet 1760.

J'ai l'honneur de vous envoyer le duplicata de mes lettres par un petit bâtiment qui doit partir de l'Acadie. Depuis ce temps je me suis porté sur la frontière du lac Champlain, à l'Ile aux Noix, pour rassurer les habitants de cette partie, qu'un détachement ennemi avoit alarmés, ayant brûlé l'entrepôt que nous avions à Sainte-Thérèse, à deux lieues de Chambly, où il a brûlé aussi plusieurs maisons, et d'où il a emmené vingt-quatre habitants.

J'ai donné des ordres conformes au genre de guerre que nous faisons dans ce pays, pour pourvoir à la défense de cette frontière et à celle de l'Ile aux Noix, où j'ai fait marcher un bataillon pour se joindre au corps que M. de Bougainville commande. Je n'ai point négligé dans cette tournée et dans toutes celles que j'ai faites de profiter de toutes les occasions que j'ai pu avoir d'examiner le zèle et le courage des habitants et de calmer leurs alarmes sur les lettres de change et ordonnances, qu'ils ont appris n'avoir point été payées en France.

Nous avons été obligés d'exiger d'eux presque tous les animaux qui leur restoient, ne leur ayant laissé que quelques vaches pour vivre, nous trouvant à l'extrémité à ce sujet. La récolte paroît belle, savoir si nous y arriverons et si nous pourrons la couper.

Nous n'avons de munitions que pour un combat et point de nouvelles des mouvements des ennemis du côté du lac Ontario. Jugez de notre situation et de celle de la colonie.

Je ne négligerai rien de tout ce qui dépendra de moi pour différer le plus qu'il sera possible la perte de la colonie, et, dans toutes les occasions, j'aurai grand plaisir de faire tout pour le mieux et pour le soutien de la gloire des armes du Roi.

(Semblable lettre à M. Berryer.)

CLXXX

A MESSIEURS LES COMMANDANTS DE BATAILLON

Du 24 juillet 1760.

La nécessité où nous pouvons nous trouver d'un moment à l'autre, de rassembler les forces de la colonie pour nous opposer aux efforts que les ennemis feront pour l'attaquer, fait que j'ai l'honneur de vous prier de vous donner tous les soins possibles pour engager tous les habitants des quartiers qu'occupe votre bataillon, à fournir pour le besoin du service les blés et les pois qu'ils peuvent avoir. Dans la dernière recherche que le munitionnaire a fait faire il n'en a pas trouvé la quantité nécessaire pour tenir les troupes en campagne. Comme cela paroît venir du peu de confiance que le public a (mal à propos) tant dans les ordonnances que dans les lettres de change du munitionnaire, vous ferez offrir pour cette levée de grains que nous demandons des lettres de change sur les appointements de M. le marquis de Vaudreuil, de Monsieur l'intendant et les miens, ce qui vaut encore mieux que l'argent blanc ; et je pense que tous les obstacles doivent être levés par là. Mais je compte encore bien plus sur le zèle des habitants pour qu'ils fournissent des moyens pour conserver leurs familles et leurs biens. Vous prierez de ma part tel officier de votre régiment que vous jugerez à propos, de se charger de faire cette levée et de leur parler pour les engager à fournir. Il aura un commis de munitionnaire, qui sera avec lui et qui prendra le nom des habitants qui fournissent, pour qu'on puisse leur faire délivrer lesdites lettres de change mentionnées, à raison de quarante-cinq livres le cent de farine et dix-huit livres le cent de pois. Je ne doute pas que l'officier que vous voudrez choisir ne se charge avec plaisir de cette commission, puisque c'est une nouvelle occasion à donner des preuves de son zèle pour le service, et je vous serai bien obligé de tenir la main à ce que cette besogne se fasse avec le plus d'exactitude et le plus diligemment qu'il sera possible et qu'elle ait tout le succès qu'on peut en attendre.

CLXXXI

A M. LE MARÉCHAL DE BELLE-ISLE

Du 7 août 1760.

Depuis ma dernière lettre du 14 juillet le courrier n'ayant pu partir, j'ai l'honneur de vous rendre compte par celle-ci que les ennemis sont partis de Québec depuis le 14 juillet avec quarante voiles et deux mille cinq cents hommes de débarquement. Ils ont reçu, depuis le départ de ces troupes, à Québec un renfort d'environ mille hommes. Les premiers partis sont dans ce moment à hauteur des Trois-Rivières. Notre détachement, qui étoit à Dechambeau, les suit le long de la côte du nord. Il paroît que leur projet est de venir à Montréal ou à Sorrel, pour faciliter leur jonction avec M. Amherst. Nous n'avons nuls moyens pour les arrêter. Nous retranchons les îles de la sortie du lac Saint-Pierre; mais, comme il y a plusieurs passages et que nous manquons d'artillerie et de poudre, c'est seulement une démonstration de défense que nous faisons pour retarder leur marche. Nous nous ferons un point capital de défendre Montréal et la côte du nord tant que nous pourrons. Les habitants sont épouvantés de la flotte; ils craignent que leurs habitations ne soient brûlées.

Nous sommes dans le moment de la crise. M. Amherst a rassemblé quatorze à quinze mille hommes à Saint-Frédéric. Il y a un autre corps considérable qui s'est rassemblé à Choagen, pour pénétrer par les Rapides. Il n'y a pas à douter qu'ils vont se mettre en mouvement pour agir tous en même temps.

S'ils ont différé jusqu'à ce moment, il est vraisemblable que c'est pour attendre le temps de la récolte, pour nous priver des habitants, comptant que nous aurions de la peine à les rassembler dans ce temps.

Nous agirons comme j'ai eu l'honneur de vous le mander dans ma lettre précédente. Nous tenterons toutes sortes de voies pour sauver la colonie ; mais notre situation est si fâcheuse qu'il faut des miracles.

Nos armées n'auront que du pain pour subsister, et encore médiocrement.

Le manque de farine et le discrédit du papier et des lettres de change du munitionnaire, qui l'empêche d'en trouver, m'ont engagé à représenter vivement à M. le marquis de Vaudreuil et à Monsieur l'intendant que nous pouvions nous en procurer en offrant de nous engager personnellement, et que je me chargeois de porter les troupes à donner le peu d'argent qu'elles pouvoient encore avoir et d'employer à cette levée des officiers capables de s'acquitter de cette commission ; ce que, ayant accepté MM. de Vaudreuil et Bigot, a produit l'effet que j'en attendois et nous a fourni des moyens pour avoir du pain pour ce mois-ci. M. le marquis de Vaudreuil et Monsieur l'intendant se sont engagés ainsi que moi pour cet achat.

Je ne cesse d'être en mouvement pour me porter dans toutes les parties menacées pour y mettre l'ordre et y préparer tous les moyens possibles de défense ; je pars dans ce moment pour celle du lac Saint-Pierre

P. S. — Je suis de retour des îles du lac Saint-Pierre, où est la flotte angloise, qui a été augmentée de vingt-huit voiles. Nuls moyens pour les arrêter aux îles, ni même jusques à Montréal. Il y a lieu de croire qu'ils vont tenter de s'établir à l'embouchure de la Rivière de Sorrel, ou qu'ils viendront en droiture à Montréal. Nous venons d'apprendre qu'il est arrivé trois bataillons de renfort à Québec (on y en attend un quatrième de la garnison de Louisbourg) et qu'ils ont fait sauter cette place. Leurs armées des lacs Ontario et Champlain sont aussi en mouvement et ne tarderont pas à déboucher sur nous.

La flotte de Québec montant jusques à Montréal, nous forcera d'abandonner toutes les frontières. La jonction de leurs trois armées se fera alors sans obstacles et, quand tout sera réuni, ils auront au moins quarante mille hommes dans le centre de la colonie. Vous connoissez nos forces et pouvez juger de ce qu'on peut en attendre. Si nous ne conservons pas le pays, nous sauverons du moins l'honneur des armes du Roi.

(Semblable lettre à M. Berryer.)

CLXXXII

A M. DE BOURLAMAQUE

Du 12 août 1760, à onze heures du soir.

J'ai reçu, mon cher Bourlamaque, votre lettre de ce jour à cinq heures du soir. Il ne paroit pas décidé encore que les ennemis aient envie de faire une descente à Sorrel ou continuer leur marche. Il faut observer avec attention leurs mouvements et les suivre à mesure ; je connois le critique de notre position ; mais nous ne pouvons agir autrement. Il est essentiel de les empêcher d'entrer dans la Rivière de Chambly et de n'abandonner le poste de Sorrel qu'à la dernière extrémité.

CLXXXIII

A M. DE BOURLAMAQUE

De Bertier, le 13 août 1760.

Je reçois, mon cher Bourlamaque, votre lettre de ce jour à dix heures. Vous sentez combien il est essentiel pour nous d'empêcher l'ennemi de gagner la Rivière de Chambly et de se réunir avec le corps du lac Champlain, et j'espère qu'avant que ma lettre vous parvienne, vous aurez regagné le poste de Sorrel. Ne négligez rien pour remplir cet objet, si vous ne l'aviez déjà fait. Je vous ferai passer du secours, et, si l'ennemi veut tenter de vous y forcer, vous recevrez les troupes de la Rivière de Chambly aujourd'hui et demain, et les habitants. Ce poste est essentiel pour ce moment. Ainsi ne négligez rien pour vous y bien établir. A l'égard des événements, je me charge de tout.

CLXXXIV

A M. DE BOURLAMAQUE

Du 17 août 1760.

J'ai reçu, mon cher Bourlamaque, votre lettre de ce jour. Je savois que les Anglois paroissoient à l'Ile aux Noix. Vous avez bien fait d'y envoyer le reste du régiment de la Reine. Je n'approuve pas votre projet d'abandonner cette partie. Nous ne serions pas à même de pouvoir gagner à temps Montréal par la côte du sud. Je viendrai vous voir demain et nous conférerons ensemble sur tout cela.

CLXXXV

A M. DE BOUGAINVILLE

De Montréal, le 19 août 1760.

J'envoie, mon cher Bougainville, la Pause, qui vous remettra cette lettre. Il a ordre de vous procurer tout ce qui vous sera nécessaire, de Saint-Jean ou Chambly.

Ainsi voyez avec lui pour tous les arrangements et mandez ce que vous faites à M. de Vaudreuil. Il vous informera de votre position ainsi que de celle des Rapides. Je compte beaucoup sur votre poste pour prolonger notre défense et faire honneur à nos armes. Il ne peut être en meilleures mains.

CLXX

A M. DE BOURLAMAQUE

De Montréal, le 25 août 1760.

Il paroit que M. Murray a totalement abandonné le projet d'entrer dans la rivière de Chambly et qu'il veut aller à Montréal. Ainsi laissez un petit détachement à Saint-Ours, qui se repliera à mesure que les ennemis auront dépassé, et, supposé qu'ils cherchassent à le couper, qu'il fasse sa retraite par les bois. Faites partir votre petite artillerie, et ensuite mettez-vous en marche pour gagner Longueil avant la flotte. On en fera de même dans cette partie pour pouvoir faire le passage dans l'île de Montréal à temps.

CLXXXVII

A M. DE BOURLAMAQUE

De Montréal, le 27 août 1760.

J'approuve fort toutes vos dispositions. Continuez à observer les mouvements des ennemis dans votre partie. Soyez tranquille sur les événements qui peuvent vous intéresser. Je prends tout sur moi. Il faut enterrer la synagogue avec honneur et retarder la perte de cette colonie, tant que nous pourrons. Vous savez l'événement arrivé avant-hier à la marine de l'Ile aux Noix. J'ai envoyé la Pause à Saint-Jean pour tâcher de faire passer à Bougainville des nouvelles et disposer le tout dans cette partie. Le fort Lévis est peut-être pris à présent, à ce que l'on dit. Ainsi, nous sommes pris par tous les bouts.

CLXXXVIII

A MESSIEURS LES COMMANDANTS DE BATAILLON

Lettre circulaire du 29 août 1760.

Comme il a été réglé que les troupes seroient payées en lettres de change du premier terme, depuis le 1er janvier, en conséquence, Monsieur l'intendant a donné ordre au trésorier d'expédier des lettres de change pour le décompte des quatre premiers mois de l'année ainsi que pour le supplément, en rapportant le montant des décomptes tels qu'ils ont été reçus, soit en ordonnances ou certificats de non-paiement. Comme les soldats y sont compris, il faudra les prévenir qu'ils auront à rembourser les sommes qu'ils ont reçues en ordonnances pour ces quatre mois, afin qu'ils puissent les recevoir en lettres de change.

A l'égard des équipements qui sont dûs de cette campagne, il faudra envoyer les billets qui vous ont été faits par le garde-magasin, pour qu'on prenne un arrangement à cet égard et qu'on en sache la totalité.

Voyez à donner vos ordres pour mettre ces parties en règle tout de suite.

Comme les revues de mai, juin, juillet et août sont faites, vous pourrez aussi faire retirer le montant de ces décomptes en lettres de change.

Je compte toujours beaucoup sur le zèle, courage et bonne volonté de votre bataillon ; j'espère que vous ferez connoître à Messieurs les officiers combien il est essentiel qu'ils encouragent leurs soldats, et même les miliciens par leurs bons propos. Plus les circonstances sont critiques, plus il est nécessaire de donner le bon exemple en tout.

CLXXXIX

AU COMMANDANT DE LA FLOTTE, LE VICE-AMIRAL SUNDERS

Du 14 septembre 1760.

J'envoie à Québec M. de Bougainville, colonel d'infanterie, pour disposer l'embarquement des troupes. J'ai l'honneur de vous l'adresser, et je vous prie de vouloir lui procurer et aux troupes, conformément à la capitulation, les facilités qui pourront rendre cet embarquement commode et sûr.

Je suis charmé que nous dépendions de vous pour cet article, et j'ose me flatter de vous trouver disposé à accorder aux troupes, et à moi personnellement, tous les services qui dépendront de vous. Je suivrai les arrangements qu'il vous plaira de prendre avec M. de Bougainville.

CXC

A M. LE MARÉCHAL DE BELLE-ISLE

De la Rochelle, le 25 novembre 1760.

Je débarque dans le moment ; j'aurois désiré de pouvoir partir aussitôt pour Versailles ; mais les fatigues et les périls même que j'ai essuyés dans la traversée que je viens de faire, me forcent à prendre cinq ou six jours pour le rétablissement de ma santé.

Je n'ai eu cette année pour vous écrire d'autre occasion que celle des vaisseaux partis dans le mois d'avril dernier de Bordeaux, qui ont relâché à la baie des Chaleurs, d'où l'on nous a rapporté les paquets de la cour. J'eus l'honneur de répondre par ces mêmes vaisseaux à vos lettres du mois d'avril dernier et de vous envoyer une relation de nos opérations de l'hiver, de mon ouverture de campagne et de mes sentiments sur la situation de la colonie alors (c'étoit à la fin du mois de juin) ; mais ces vaisseaux, ayant été devancés dans la rivière du Canada par une escadre angloise, et ensuite défaits par une division de cette même escadre, j'ai lieu de craindre que mes lettres ne vous soient pas parvenues.

Je joins ici un duplicata de cette relation ; je n'ai d'autre réflexion à faire à cet égard que celle de vous assurer qu'il n'a point dépendu du courage des troupes, de l'union et du concert dans les partis les meilleurs à prendre pour le service du Roi, du zèle et de la fidélité des habitants, de la prudence des chefs, si la colonie n'a point éprouvé un sort plus heureux.

Les troupes de terre et de la colonie méritent cet éloge qu'elles ont fait des prodiges de valeur, le 28 avril, pour reprendre un avantage qu'elles auroient eu certainement si la bravoure tenoit lieu de moyens. Elles ont soutenu le même caractère avec des peines incroyables jusqu'au 8 septembre, qu'il a enfin fallu céder au nombre et à l'appareil formidable de trois armées réunies dans leurs opérations combinées. En-

core n'est-ce qu'après s'être offerte à s'immoler et
après avoir témoigné tout leur désespoir à subir les
conditions qu'on leur a imposées.

Je réserve au temps de mon retour à Versailles à
vous remettre sous les yeux les autres objets sur
lesquels j'avois l'honneur de vous écrire en juin dernier, les demandes que je faisois alors, celles que j'ai
à faire depuis cette époque en faveur des troupes, et
de vous supplier de présenter à Sa Majesté dans un
jour favorable tout ce que ces troupes ont fait et souffert, depuis plusieurs années, dans un climat si dur.
Un plus digne événement étoit dû à leur courage ;
mais il étoit prédit et prévu depuis longtemps.

Je joins pareillement ici la suite de la relation de la
campagne qui finit à la signature de la capitulation
faite par M. le marquis de Vaudreuil, à laquelle je
n'ai d'autre part que celle d'avoir protesté contre,
touchant ce qui regarde le traitement fait aux troupes
de terre, qui auroient dû mériter plus d'attention de
M. de Vaudreuil et plus d'estime du général Amherst.
Mes démarches à cette occasion ne m'ont point permis
de recevoir du général Amherst, ni de lui faire personnellement, les politesses usitées en semblable rencontre entre généraux. J'ai cru en devoir marquer mon
ressentiment et ne point goûter les raisons que ce
général anglois a données pour cause, savoir que
c'étoit en satisfaction des cruautés commises par les
sauvages, avec lesquels les troupes avoient été asso-
ciées.

Aussitôt après la ville de Montréal livrée, je fis la revue des huit bataillons que je trouvai d'environ deux mille deux cents hommes tout compris, hôpitaux, blessés et invalides. Comme ces troupes et tout le monde devoit se rendre par la rivière sur les vaisseaux anglois à Québec, où se devoit faire la répartition des embarquements, je fis partir aussitôt M. de Bougainville pour les y devancer et les contenir dans l'ordre et la discipline, de même que le commissaire Bernier pour travailler avec les commissaires anglois pour leur subsistance et logements, et le chargeai de donner ses mêmes soins aux troupes de la Marine et matelots, n'y ayant personne pour représenter pour la Marine.

Après que les bataillons furent partis de Montréal, je les suivis avec M. de Bourlamaque, avec la résolution de partir le dernier de Québec, afin de leur obtenir, par ma présence, du chef d'escadre anglois toutes les commodités possibles pour leur traversée. Malgré mes peines et mes soins, ils ont dû souffrir extraordinairement, 1° par le peu de vaisseaux de transport qu'avoient les Anglois; 2° par un vent affreux de nord-est qui les a tenus en rivière avec danger pendant vingt-deux jours, et a mis plusieurs vaisseaux hors d'état de servir; 3° ce qui a contraint les Anglois de les trop resserrer dans les vaisseaux qui leur restoient, quoiqu'ils n'aient point excédé leur règle ordinaire de ne mettre qu'un homme par tonneau, sur quoi j'ai veillé avec la plus grande attention; 4° le manque où

25

tout le monde était d'espèce propre à se pourvoir chez les marchands anglois des douceurs nécessaires pour la traversée, et de n'avoir d'autre nourriture, au moins pour le grand nombre, que la ration du simple matelot.

A la suite de ce vent si contraire et si extraordinaire dans ce pays, les bataillons sont arrivés par lambeaux à Québec. Il a fallu les faire partir de même, vu que la saison ne permettoit plus de retard, ce qui n'a pas permis de mettre ni ordre ni règle dans cet embarquement.

J'ai borné mes soins à ce que tout ce qui étoit troupe du Roi fût embarqué ; j'ai donné des ordres et des instructions à chaque officier commandant les soldats dans chaque vaisseau ; j'ai pris un état à peu près des vaisseaux et du nombre des soldats qui y étoient embarqués ; je fus obligé de partir moi-même, et, en partant, j'ai chargé M. de Bourlamaque, dont le vaisseau ne devoit être prêt que des derniers, de prendre les mêmes soins pour trois bâtiments qui restoient et un nouvel état, supposé qu'il fût fait quelque changement.

Je me suis embarqué sur un bâtiment de deux cents tonneaux ; j'ai pris avec moi l'aide-major général, l'aide-maréchal général des logis, le commissaire Bernier, les sieurs de Pontleroy, de Montbeillard, de la Rochebaucourt, les deux officiers partisans et le chirurgien-major. M. de Bourlamaque a pris avec lui M. de Bougainville et le reste de nos officiers de l'artillerie et du génie. Après avoir essuyé bien des vents contraires pour descendre le fleuve, étant de compagnie avec le vaisseau de M. de Vaudreuil qui a avec lui une partie de l'état-major de la colonie, nous eûmes devant Louisbourg ce qu'on appelle une tempête, qui nous sépara, fit perdre à mon vaisseau un mât et nous tint pendant deux heures dans l'incertitude de la vie ou de la mort ; et, sans autres accidents que celui d'un temps fort orageux, je suis arrivé ici après une traversée de ... jours.

Je crois devoir vous informer que les Anglois voyant le peu de transports qu'ils avoient pour remplir les engagements de là capitulation me proposèrent de faire passer par la Nouvelle-Yorck nos bataillons pour y être embarqués plus commodément. Je m'y suis fortement opposé ; ils auroient été anéantis dans cette route en désertant de plein gré ou par subornation.

Je pense que ces bataillons ramènent en France quinze ou seize cents hommes ; plus de cinq cents ont quitté depuis la capitulation. Je désirerois que toutes procédures à cet égard, au cas que les corps veulent agir contre eux, fût suspendue jusqu'à ce que j'aie eu l'honneur de vous informer de ce que j'ai fait touchant ces déserteurs, et de ce qu'ils peuvent réclamer en leur faveur.

Ce mal est venu d'un abus, dès le principe, de leur avoir permis de se marier, de prendre des terres et de leur promettre leur congé après la guerre du Canada finie. Le plus grand nombre de ces déserteurs sont des

gens établis, ou qui avoient pris des mesures pour
l'être, et qui n'ont point voulu abandonner un état
qu'on leur avoit permis de se faire.

Puis-je, avant de finir cette lettre, vous représenter
la circonstance où se trouvent tous les officiers qui
reviennent du Canada, depuis le premier jusqu'au
dernier, qui sont absolument dépourvus d'argent. Les
appointements leur ont été payés en lettres de change
jusqu'au dernier août ; chacun d'eux peut être pourvu
d'argent papier, mais qui ne leur est ici d'aucune ressource. Tous attendent avec impatience les ordres que
vous jugerez à propos de donner pour les secourir dans
un moment si pressé, où ils arrivent dans un besoin
général de hardes et de choses les plus nécessaires.

Je n'ai trouvé à mon arrivée ici que le vaisseau
l'Elisabeth-Marie, portant partie du régiment de Béarn.
Le même jour sont arrivés deux transports portant
des troupes de la colonie. J'espère que nous ne tarderons pas à en recevoir d'autres.

CXCI

A M. BERRYER

De la Rochelle, le 25 novembre 1760.

J'ai l'honneur de vous envoyer ma relation de nos
opérations depuis l'hiver dernier jusqu'au 8 septembre.

L'événement en est peu heureux ; mais pouvait-il ne pas être tel, en faisant la comparaison de nos forces et de nos moyens avec ceux de l'ennemi ?

Sans chercher à donner des éloges déplacés, je crois pouvoir dire que M. le marquis de Vaudreuil a mis en usage, jusqu'au dernier moment, toutes les ressources dont la prudence et l'expérience humaines peuvent être capables.

J'ai fait de mon côté tout ce qui a dépendu de moi pour le seconder, soit pour le concert des sentiments les plus unanimes entre nous deux, soit en exécutant ses ordres, ou en lui suggérant les moyens qui me paroissoient devoir être utiles au bien du service.

Les troupes de la colonie, celles de terre, les habitants même, ont donné des preuves réitérées, surtout le 28 avril dernier, que la conservation de la colonie ne pouvoit dépendre ni de leur zèle pour la gloire de Sa Majesté, ni de leur courage à se défendre, ni de leur bonne volonté à endurer les plus grandes fatigues et la privation des choses les plus nécessaires.

C'est une suite des malheurs auxquels, depuis quelque temps, cette colonie étoit en butte par une fatalité inexplicable, que les secours envoyés cette année de France ne soient pas arrivés dans le moment critique. Quelque médiocres qu'ils fussent, joints au succès des armes du Roi, le 28 avril, je crois pouvoir assurer que Québec auroit été repris.

Je ne m'étends pas davantage sur un objet actuellement décidé ; je réserve à mon retour à Versailles à

entrer, si vous le souhaitez, dans les détails relatifs
aux fonctions de l'emploi que j'ai rempli dans la colonie. Un de ceux sur lesquels je vous supplierai d'être
favorable est celui des grâces que méritent les officiers
de la colonie qui ont servi avec zèle et distinction sous
mes ordres.

J'ai fait la traversée avec la moitié de mon état-
major sur un bâtiment de deux cents tonneaux. Nous
avons failli à périr par une tempête.

Je suis obligé de m'arrêter ici quelques jours pour
ma santé, ayant souffert de très grandes fatigues
depuis longtemps.

Peu après la reddition de Montréal, je me rendis à
Québec avec M. de Bourlamaque, pour faciliter par
notre présence les moyens de procurer à toutes les
troupes les transports les plus commodes.

Un vent violent, qui les retint pendant vingt-deux
jours dans leur passage de Montréal à Québec et qui
mit quelques vaisseaux hors d'état de servir, a rendu
cet embarquement très difficile et n'a pas permis de
pouvoir le faire avec ordre.

J'ai borné mes soins à ce que tous les sujets au service du Roi fussent embarqués. La saison exigeant
de la célérité et mon vaisseau étant prêt, je partis,
laissant après moi M. de Bourlamaque, pour continuer les mêmes soins et prendre un nouvel état, supposé qu'il fût fait quelque changement. Je joins ici
celui du moment de mon départ. M. le marquis de

Vaudreuil et M. Bigot sont partis en même temps que moi.

Les troupes de terre étoient au jour de la reddition de Montréal deux mille deux cents tout compris, malades, invalides, etc. Je compte qu'il en repassera près de seize ou dix-sept cents. Le reste est demeuré dans le pays, où ils ont pris des établissements.

La solde a été payée du 1er janvier au 1er septembre, en lettres de change. J'espère que vous voudrez bien continuer à protéger les troupes qui ont été dans notre département et leur faire continuer le payement jusques au 1er janvier ; ce qui leur sera d'un grand secours, pour les voyages et autres dépenses qu'ils ont à faire et pour attendre l'échéance de leurs lettres de change. Les officiers qui composent l'état major, qui se destinent à aller à Paris ou autres endroits, se trouvent à cet égard dans un embarras plus grand encore.

CXCII

A M. DE CREMILLE

De la Rochelle, du 25 novembre 1760.

J'ai l'honneur de vous écrire au premier instant de mon arrivée ; je prévois que je serai forcé de m'arrêter ici quelques jours, soit pour respirer après une tra-

versée extrêmement dure et qui n'a pas été sans danger, soit pour trouver des moyens pour me rendre à
Versailles.

J'ai répondu à vos lettres du mois de février par les
mêmes vaisseaux qui les avoient apportées. Comme
ces vaisseaux ne sont venus que jusques à la baie des
Chaleurs, où ils ont eu, depuis, un sort malheureux,
j'ai lieu de craindre que ces lettres et mes autres
dépêches n'aient été perdues.

J'envoie à M. le maréchal de Belle-Isle le duplicata
de la relation que je lui faisois alors de nos opérations d'hiver et du printemps ; j'y joins celle de ce
qui s'est passé en été jusqu'au 8 septembre, qui a été
le dénouement malheureux, mais prévu et prédit
depuis si longtemps.

Comme cette relation, et ma lettre qui l'accompagne,
vous seront communiquées, je n'en ferai point ici une
répétition. Lorsque je serai à Versailles, j'aurai l'honneur d'entrer avec vous dans les différents détails et
sur tous les objets relatifs à mon service dans cette
colonie.

Mais ce que je ne dois pas craindre de répéter, c'est
la distinction, le zèle et le courage toujours soutenu
avec lesquels les troupes de terre ont servi dans le
Canada, les peines et les travaux de toute nature
qu'elles y ont soufferts depuis plusieurs années. L'ouverture de la campagne du printemps dernier et le
jour du 28 avril sont la preuve de tout ce que j'ai à

dire à leur avantage ; elles ont presque toujours été victorieuses, quoique presque toujours sans autres moyens que leur courage opiniâtre ; elles ont succombé, lorsqu'elles n'étoient plus que l'ombre d'elles-mêmes.

Ces troupes sont dans la confiance qu'avec votre protection, elles obtiendront du Roi les grâces qu'un plus heureux événement leur auroit méritées.

Je me propose, lorsque je serai à Versailles, de présenter à Monsieur le maréchal un mémoire des demandes des officiers de chaque corps. Je suivrai en cela l'esprit de M. de Montcalm et la justice que je crois être due à chacun d'après ses services. Je regarderai ces grâces comme faites à moi-même personnellement, et j'espère que vous voudrez bien accorder à ces officiers les mêmes bontés à leur retour que vous leur avez fait éprouver lors de leur départ de France. Ils sont dans une circonstance qui mérite une attention favorable de Monsieur le maréchal et de vous ; c'est celle où ils se trouvent d'être sans espèce ; ils ont de l'argent papier du Canada, mais de nulle utilité pour les besoins de toutes choses où chacun d'eux se trouve.

Il leur est dû trois mois d'appointements. S'il étoit possible de les faire payer, du 1er septembre au 1er janvier, par la Marine, cela leur seroit d'un grand secours pour suffire à leurs pressants besoins et pour attendre l'échéance de leurs lettres de change, la plus

grande partie n'ayant d'autres ressources que leurs
appointements.

CXCIII

AU ROI DE POLOGNE

Du 5 décembre 1760.

Sire,

Je suis arrivé de l'Amérique et j'ai été obligé de me
rendre à Versailles pour rendre compte de la commission dont j'étois chargé, sans quoi je n'aurois pas
perdu un instant à me rendre auprès de Votre Majesté.
J'ai le plus grand empressement de remplir mes
devoirs auprès d'elle. J'ai plus senti le malheur d'être
éloigné de Votre Majesté que toutes les autres peines
que j'ai souffertes dans le Nouveau Monde, que le
manque d'aucun secours et les forces énormes des
Anglois nous ont obligés d'abandonner.

Si je n'ai pu conserver le pays, j'ai au moins la
consolation d'avoir sauvé l'honneur des armes. Il me
paroît que l'on est content de ma conduite, si je dois
en juger par l'accueil favorable que le Roi, votre
gendre, a daigné me faire.

Je ne puis que me louer des bontés et de l'amitié
que M. le maréchal de Belle-Isle m'a marquées ; il m'a
dit qu'il se chargeoit de mes intérêts et que je n'avois

qu'à solliciter ceux des troupes que je demandois. Ils sont fort étendus par les détails que j'ai à rendre à différents ministres, ce qui me fait craindre de ne pouvoir pas jouir du bonheur de me retrouver auprès de Votre Majesté aussi tôt que je le désirerois.

CXCIV

A M. PITT, MINISTRE, ET AU GÉNÉRAL LIGONIER (?), ANGLOIS

17 février 1761.

La capitulation qui a été faite entre M. le général Amherst et M. de Vaudreuil, gouverneur général du Canada, porte que les troupes que je commandois dans ce pays ne doivent pas servir de la présente guerre. C'est un événement très contraire et décisif pour ma fortune, puisqu'il m'empêchera de mériter les grâces qu'il pourroit plaire au Roi mon maître de m'accorder. La générosité avec laquelle j'en ai usé envers les troupes de Sa Majesté Britannique, que le sort de la guerre a fait tomber dans mes mains et mon humanité à empêcher les cruautés des sauvages, ce qui est connu de tous les officiers généraux et particuliers des troupes angloises qui ont servi en Amérique, me font espérer que vous voudrez bien vous intéresser pour moi auprès de Sa Majesté le Roi d'Angleterre pour me permettre de servir.

Je vous prie de vouloir bien vous ressouvenir que j'ai eu l'honneur de vous voir en Angleterre, et que vous aviez de l'estime et de l'amitié pour M. le maréchal et Mme la maréchale de Mirepoix. En cette considération, j'ose espérer que vous voudrez me procurer la satisfaction que je désire; j'en aurai toute la reconnoissance possible. Je vous supplie de considérer que ce ne seroit qu'un particulier que Sa Majesté le Roi d'Angleterre priveroit de la suite de sa fortune. J'attends tout de vos bons offices.

CXCV

AU GÉNÉRAL LIGONIER

Le 10 mars 1761.

Les bontés dont Votre Excellence m'a honoré, notamment l'année dernière, me donnent la confiance de m'adresser à elle pour lui recommander M. de Bourlamaque, brigadier, qui servoit avec moi en Canada. Votre Excellence verra par le mémoire que je prends la liberté de lui envoyer que cet officier demande la permission de servir. Je puis certifier que ce qu'il avance dans ce mémoire est dans la plus exacte vérité, et j'ai été témoin des risques qu'il a courus plus d'une fois de la part de nos sauvages pour arracher des prisonniers anglois. J'ose aussi assurer Votre Excellence que la situation malheureuse où il se trouve par la capitulation du Canada mérite d'intéresser sa générosité. Il n'a d'autre fortune à espérer que par le service. Si la grâce qu'il demande lui est refusée, il perd toute ressource, soit pour l'existence ou pour l'avancement. Je n'ose me flatter que l'intérêt particulier que j'y prends puisse être de quelque poids auprès de Votre Excellence. Je ne lui présente d'autre motif que celui de rétablir la fortune d'un homme de condition qui ne mérite pas un sort aussi douloureux.

J'ai cru que Votre Excellence excuseroit la liberté que je prends de m'adresser à elle pour obtenir cette grâce; chef et protecteur des militaires, ils ont droit d'attendre d'elle toute sorte de bontés.

CXCVI

A M. LE DUC DE CHOISEUL

Avril 1761.

J'ai reçu la lettre que vous m'avez fait l'honneur de m'écrire en réponse au mémoire que j'ai eu celui de vous envoyer concernant le paiement de la solde des troupes de terre qui ont servi en Canada.

Conformément à vos intentions, j'ai vu M. le contrôleur général et lui ai expliqué les demandes que faisoient ces troupes, que vous avez trouvées justes et qu'il a jugées de même ; mais je n'ai pas eu la même satisfaction sur les moyens qu'il pourroit prendre pour payer une dette si légitime. Il m'a dit que, dans le temps, le fonds avoit été fait pour leur solde, que c'étoit la Marine qui les avoit reçus. J'ai vu M. Berryer, qui n'a pas disconvenu que cette demande ne fût très juste, mais que ce paiement devoit regarder la guerre ou la finance, n'ayant ni les fonds ni les moyens pour payer.

Il résulte de tout cela que les troupes ne sont pas payées et qu'elles sont renvoyées d'un département à l'autre, où l'on convient de leur droit, mais on ne reçoit pas la dette, chacun disant que cela ne le regarde pas.

Ces troupes sont de votre département et méritent que vous les protégiez par la façon distinguée avec laquelle elles ont servi. Vous êtes le seul qui pouvez leur faire rendre une prompte justice. Il n'est pas naturel qu'elles soient les seules à qui la solde ne soit pas payée, et que ce soit la raison d'avoir été expatriées pendant six ans qui les en prive. Ce n'est pas leur faute, si ces fonds ont été employés à autre chose.

La question est que l'on leur a donné une monnoie en papier pour qu'elle leur soit remboursée en argent. Elles réclament de nouveau votre protection et attendent de vos bontés et de votre justice que vous leur fassiez obtenir la satisfaction qu'elles demandent. Je ne puis, quant à ce qui me regarde, qu'avoir l'honneur de vous représenter la justice de leur cause. La destination que vous avez bien voulu me donner d'aller servir à l'armée me privera de vous solliciter davantage à cet égard. Je finis en vous suppliant de considérer que ces troupes sont dans le plus pressant besoin et que leur papier va passer dans les mains des usuriers, si elles n'ont bientôt une certitude pour leur paiement.

ÉTAT DES NOMINATIONS FAITES DANS LES TROUPES DE TERRE DEPUIS LE 15 NOVEMBRE 1759.

RÉGIMENT DE LA REINE.

Emplois vacants.		Sujets nommés.	Dates.
A l'exploitation de la lieutenance de Lecomte.	Vacante par la détention du sieur Bernard, prisonnier de guerre.	Le sieur Denis Reboul, sergent de la compagnie de Germain audit bataillon....................	Du 15 nov. 1759
A l'exploitation de la compagnie des grenadiers.	Vacante par la mort du sieur de Montreuil, du 9 mai, des blessures reçues à l'affaire du 28 avril	Le sieur Antoine de Pascalis, premier factionnaire au dit bataillon..............................	Du 10 mai 1760
La compagnie de Pascalis.	Vacante par la nomination du sieur Pascalis à l'exploitation de la compagnie des grenadiers	Le sieur Joseph Massia, lieutenant de la compagnie Desnoès....................................	Du 10 mai 1760
A la lieutenance de la compagnie de Desnoès.	Vacante par la nomination du sieur Massia à la compagnie de Pascalis......................	Le sieur Joseph Durand, sous-lieutenant de la compagnie des grenadiers	Du 10 mai 1760
A la sous-lieutenance de la compagnie des grenadiers.	Vacante par la nomination du sieur Durand à la lieutenance de la compagnie de Desnoès...	Le sieur Jean Bellot, sergent au dit régiment.....................	Du 10 mai 1760

RÉGIMENT DE LA SARRE.

A la lieutenance de la compagnie de Remigny.	Vacante par l'abandon du sieur de Crèvecœur	Le sieur Jean-Joseph-Barthélemy Déguisier, sous-lieutenant des grenadiers......................	Du 1er janvier 1760

A la sous-lieutenance de la compagnie des grenadiers.	Vacante par la nomination du sieur Déguisier à la lieutenance de la compagnie de Remigny.	Le sieur Joseph Chanel, sergent de la compagnie de Duparquet au dit bataillon......................	Du 1er janvier 1760.
A l'aide-majorité.	Vacante par la mort du sieur Boischatel, tué le 1er mai au siège de Québec....................	Le sieur Joseph-Marie Devaire, chevalier Despériers, lieut. de la compagnie de la Savane.....	Du 2 mai 1760
A la lieutenance de la compagnie de Remigny	Vacante par la mort du sieur Déguisier, tué à la bataille du 28 avril............................	Le sieur Alexis-Granet, enseigne de la seconde compagnie ordinaire	Du 2 mai 1760
A l'enseigne de la seconde compagnie ordinaire..............	Vacante par la nomination du sieur Granet à la lieutenance de la compagnie de Remigny.	Le sieur Guillaume Berthelot....	Du 2 mai 1760
A l'enseigne de la première compagnie ordinaire.	Vacante par la nomination du sieur Beaugis à la lieutenance de la compagnie de Demin	Le sieur Pierre Beaufarond......	Du 2 mai 1760
A la lieutenance de la compagnie de Savournin.	Vacante par la nomination du sieur Despériers à l'aide-majorité............................	Le sieur Pierre Beaufarond, enseigne de la première compagnie ordinaire.....................	Du 22 mai 1760
Au commandement de bataillon.	Vacant par la mort du sieur Palmarolle, du 3 mai, des blessures reçues le 28 avril.	Le sieur Aret du Parquet, capitaine des grenadiers au dit bataillon..............................	Du 22 mai 1760
A la compagnie de grenadiers du Parquet.	Vacante par la nomination du sieur du Parquet à l'emploi de commandant de bataillon......	Le sieur de Remigny, premier factionnaire	Du 22 mai 1760

Emplois vacants.		Sujets nommés.	Dates.
A la compagnie de Duprat.	Vacante par la mort du sieur Duprat du 28 avril des blessures reçues à l'affaire du dit jour	Le sieur Joseph-André de Savournin, lieutenant de la compagnie de Villars..................	Du 22 mai 1760
A la lieutenance de la compagnie de Villars.	Vacante par la nomination du sieur de Savournin à la compagnie de Duprat..................	Le sieur Georges Hector, volontaire au dit régiment............	Du 22 mai 1760
A la lieutenance de la compagnie des grenadiers.	Vacante par la mort du sieur Sahoumet, du 12 mai, des blessures reçues le 28 avril..........	Le sieur Alexandre d'Audisier, lieutenant de la compagnie de la Ferté.........................	Du 22 mai 1760
A la lieutenance de la compagnie de la Ferté.	Vacante par la nomination du sieur d'Audisier à la lieutenance des grenadiers.............	Le sieur Guillaume Berthelot, enseigne de la première compagnie ordinaire..................	Du 22 mai 1760

RÉGIMENT DE LANGUEDOC.

A la sous-lieutenance de la compagnie des grenadiers.	Vacante par la mort du sieur Domange, tué à la bataille du 28 avril............................	Le sieur Bonnemaison, sergent au dit régiment......................	Du 1er mai 1760
A la lieutenance de la compagnie de Calan.	Vacante par la mort du sieur Pradel, du 8 juin 1760............	Le sieur Pierre-Michel Huard de Senneville, enseigne de la première compagnie..................	Du 10 juin 1760

A l'enseigne de la première compagnie ordinaire.	Vacante par la nomination du sieur de Senneville à la lieutenance de la compag. de Calan.	Le sieur Jean-Baptiste-Melchior Herte de Rouville.	Du 1er juin 1760

RÉGIMENT DE GUYENNE.

A la lieutenance de la compagnie de Chambeau.............	Vacante par la mort du sieur de Morambert, du 9 mai, des blessures reçues à l'affaire du 28.	Le sieur Elie Leymonier, enseigne de la première compagnie ordinaire......................	Du 1er juin 1760
A l'enseigne de la première compagnie ordinaire.................	Vacante par la nomination du sieur Leymonier à la lieutenance de Chambeau..............	Le sieur Jean Franchemont, sergent de la compagnie du sieur Ponez au dit bataillon............	Du 1er juin 1760

RÉGIMENT DE BERRY.

A la sous-lieutenance de la compagnie de Saint-Félix.	Vacante par l'abandon du sieur Mercy, passé en France.........	Le sieur Salva, sergent de la compagnie de Béraud, au dit bataillon...............................	Du 1er décembre 1759.
A la lieutenance en second de la compagnie de Bonchamp.	Vacante par l'abandon du sieur de la Sorbière, passé en France.	Le sieur Hyacinthe de Preissac.	Du 1er décembre 1759
A la compagnie de grenadiers du deuxième bataillon.	Vacante par la mort du sieur Villemontes, tué à la bataille du 28 avril.............	Le sieur Henri Preissac de Cadillac, premier factionnaire du deuxième bataillon..............	Du 1er mai 1760

Emplois vacants.		Sujets nommés.	Dates.
A la compagnie de Cadillac.	Vacante par la nomination du sieur de Cadillac à la seconde compagnie de grenadiers........	Le sieur Hercule Gilles de la Grandière, lieutenant de la compagnie de Surimau..........	Du 1er mai 1760
A l'aide-majorité du troisième bataillon.	Vacante par la mort du sieur Valentin, tué à la bataille du 28 avril............................	Le sieur Guillaume de la Ville-Oroux, lieutenant de la compagnie de Trauroux..	Du 1er mai 1760
A la lieutenance de la compagnie de Trauroux.	Vacante par la nomination du sieur de la Ville-Oroux à l'aide-majorité du troisième bataillon	Le sieur Claude-Joseph Ceronet de Beaupré, enseigne de la compagnie de Cadillac..........	Du 1er mai 1760
A l'enseigne de la compagnie de Cadillac.	Vacante par la nomination du sieur Beaupré à la lieutenance de la compagnie de Trauroux.	Le sieur Laudanet, lieutenant en second de la compagnie de Chatigny.............................	Du 10 mai 1760
A la lieutenance de la compagnie de Surimau.	Vacante par la nomination du sieur de la Grandière à la compagnie de Cadillac................	Le sieur François-Antoine d'Hurtubie, lieutenant en second de la compagnie de Revillard.....	Du 10 mai 1760
A la lieutenance de la compagnie de Béraud.	Vacante par la mort du sieur la Merlière, tué à la bataille du 28 avril.	Le sieur Louis Thomé, lieutenant en second de la compagnie de Cadillac...................	Du 10 mai 1760
A la lieutenance en second de la compagnie de Revillard.	Vacante par la nomination du sieur d'Hurtubie à la lieutenance de la comp. de Surimau.	Le sieur Claude René-Chasserand, sergent au dit bataillon..	Du 10 mai 1760

A la lieutenance de la compagnie de Darlens.	Vacante par la mort du sieur Carrery, tué à la bataille du 28 avril......................	Le sieur de Toursac, sous-lieutenant de la compagnie des grenadiers......................	Du 10 mai 1760
A la sous-lieutenance de la compagnie des grenadiers.	Vacante par la nomination du sieur Toursac à la lieutenance de la compagnie de Darlens...	Le sieur Joseph Salzé, lieutenant en second de la compagnie de Millau......................	Du 10 mai 1760
A la lieutenance en second de la compagnie de Millau.	Vacante par le changement du sieur Salzé à la lieutenance en second des grenadiers............	Le sieur Toussaint Bouchard, sergent au dit régiment.........	Du 10 mai 1760
A la compagnie de Darlens.	Vacante par la mort du sieur Darlens, des blessures reçues à l'affaire du 28 avril......	Le sieur Pierre Laroche de Breuilly, lieutenant de la compagnie de Ménard............	Du 10 mai 1760
A la lieutenance de la compagnie de Ménard.	Vacante par la nomination du sieur de Breuilly à la compagnie de Darlens	Le sieur Hyacinthe Sillart de Kermangui, lieut. en second de la compagnie de Cambray...	Du 10 mai 1760
A l'enseigne de la 2de compagnie ordinaire du bataillon.	Vacante par l'abandon du sieur de Chamborand...................	Le sieur Joseph-Hyacinthe de Preissac, lieutenant en second de la compagnie de Trauroux.	Du 10 mai 1760
A l'emploi du commandement du troisième bataillon.	Vacant par la mort du sieur de Trecesson, des blessures reçues à l'affaire du 28.............	Le sieur Paul Fouilhac, capitaine des grenadiers du troisième bataillon......................	Du 22 mai 1760
A la troisième compagnie des grenadiers.	Vacante par la nomination du sieur Fouilhac à l'emploi de commandant......................	Le sieur Lambert de Preissac, premier factionnaire du troisième bataillon...................	Du 22 mai 1760

Emplois vacants.		Sujets nommés.	Dates.
A la compagnie de Preissac.	Vacante par la mort du sieur Preissac à la troisième compagnie des grenadiers.	Le sieur Couespel, lieutenant de la compagnie de Millau.........	Du 22 mai 1760
A la lieutenance de la compagnie de Millau.	Vacante par la nomination du sieur Couespel à la compagnie de Preissac............	Le sieur Hyacinthe de Preissac, enseigne de la seconde compagnie ordinaire du 2e bataillon.	Du 22 mai 1760

RÉGIMENT DE BÉARN.

A la compagnie de Kérieus.	Vacante par la mort du sieur Kérieus, tué à l'affaire du 13 septembre dernier	Le sieur Pierre-Louis de Seigla, lieutenant de la compagnie des grenadiers....................	Du 20 novembre 1759
A la lieutenance de la compagnie des grenadiers.	Vacante par la nomination du sieur de Seigla à la compagnie de Kérieus......	Le sieur de Fay, sous-lieutenant de la compagnie des grenadiers au dit bataillon.	Du 20 novembre 1759
A la sous-lieutenance de la compagnie des grenadiers.	Vacante par la nomination du sieur Fay à la lieutenance de la même compagnie..............	Le sieur Pierre Jacob, sergent de la compagnie de Mazerai...	Du 20 novembre 1759
A la lieutenance de la compagnie de Figuiery.	Vacante par l'abandon du sieur d'Ercheval qui en étoit pourvu, passé en France..............	Le sieur Armand, chevalier de la Tessionnière, enseigne de la seconde compagnie ordinaire..	Du 1er janvier 1760

A l'enseigne de la première compagnie ordinaire.	Vacante par l'abandon du sieur Humel qui en étoit pourvu, passé en France.....................	Le sieur François-PierreLeBrun, lieut. exploitant de la comp. Duprat au régimt de la Sarre.	Du 1er janvier 1760
A l'enseigne de la seconde compagnie ordinaire.	Vacante par la nomination du sieur de la Tessonnière à la lieut. de la comp. de Figuiery..	Le sieur Etienne Jourdan, sergent de la compagnie de Montgay...................................	Du 1er janvier 1760
A la compagnie de Baraute.	Vacante par la mort du sieur Baraute, 21 mai, des blessures reçues au siège.....................	Le sieur Jacques de Pinsan, lieutenant de la compagnie de LaMotte.....................	Du 22 mai 1760
A la compagnie de Vassal.	Vacante par la mort du sieur de Vassal, du 15 mai, des blessures reçues à l'affaire du 28.	Le sieur Jean-Baptiste Florimond de Raimond, lieutenant de la comp. de d'Aubrespy....	Du 22 mai 1760
A la lieutenance de la compagnie de Seigla.	Vacante par la mort du sieur de Salvignac, du 1er mai, des blessures du 28 avril.............	Le sieur François-Pierre LeBrun de Royecourt, enseigne de la première compagnie ordinaire	Du 22 mai 1760
A la lieutenance de la compagnie de Pinsan.	Vacante par la mort du sieur Totabel, tué à l'affaire du 28 avril...............................	Le sieur Jean-Baptiste-Michel d'Agneau de Queindre	Du 22 mai 1760
A l'enseigne de la première compagnie ordinaire.	Vacante par la nomination du sieur LeBrun à une lieutenance.	Le sieur Pierre Jacob, sous-lieutenant de la compagnie des grenadiers	Du 22 mai 1760
A la sous-lieutenance de la compagnie des grenadiers.	Vacante par la nomination du sieur Jacob à l'enseigne de la première compagnie ordinaire.	Le sieur Raymond Rigaud, sergent de la compagnie de Jourdeau...................................	Du 22 mai 1760

Emplois vacants.		Sujets nommés.	Dates.
A l'aide-majorité.	Vacante par la démission du sieur d'Hert, qui en étoit pourvu..................................	Le sieur Charles de Milly, lieutenant de la compagnie des grenadiers	Le 4 septembre 1760
A la lieutenance de la compagnie des grenadiers.	Vacante par la nomination du sieur de Milly, qui en étoit pourvu, à l'aide-majorité.......		

RÉGIMENT DE LA SARRE.

A la compagnie des grenadiers.	Vacante par la démission du sieur Remigny, qui en étoit pourvu..................................	Le sieur Joseph de Villars, capitaine au dit régiment............	Le 13 juillet 1760
A la compagnie de Touriet.	Vacante par la mort du sieur Touriet, des blessures reçues à l'affaire du 28.....................	Le sieur Joseph-Marie de Vaine Desperriers, aide-major au dit régiment................................	Le 13 juillet 1760
A l'aide-majorité.	Vacante par la nomination du sieur Desperriers, qui en étoit pourvu, à la comp. de Touriet.	Le sieur Joseph Lassus, lieutenant de la compagnie de Desnoës..................................	Le 13 juillet 1760
A la compagnie de Remigny.	Vacante par la nomination du sieur de Remigny, du 2 mai dernier, qui en étoit pourvu...	Le sieur Florian, lieutenant de la compagnie de Beauclair.....	Le 1er septembre 1760

À la compagnie de Villars.	Vacante par la nomination du sieur de Villars à la compagnie des grenad., du 13 juill. dernier	Le sieur Laurent-François Lenoir de Rouvray, lieutenant de la compagnie de Méritens......	Le 1er sept. 1760
À la lieutenance de la compagnie de Remigny.	Vacante par la mort du sieur d'Eguisier, qui en étoit pourvu, tué le 28 avril dernier............		
À l'enseigne de la première compagnie ordinaire.	Vacante par la nomination du sieur Pierre Beaufarond, qui en étoit pourvu, à la lieutenance de la compagnie de Savournin du 22 mai 1760..................		
À l'enseigne de la seconde compagnie ordinaire.	Vacante par la nomination du sieur Berthelot, qui en étoit pourvu, à la lieutenance de la compagnie de la Ferté, du 22 mai 1760		
À la lieutenance de la compagnie de Beauclair.	Vacante par la nomination du sieur Florian à une compagnie, du 1er septembre 1760..........		
À la lieutenance de la compagnie de Méritens.	Vacante par la nomination du sieur Lenoir à une compagnie, du 1er septembre 1760.........		
À la lieutenance de la compagnie de Desnoès.	Vacante par la nomination du sieur de Lassus à l'aide-majorité, du 13 juillet 1760...........		

Emplois vacants.		Sujets nommés.	Dates.
A la sous-lieutenance des grenadiers.	Vacante par la mort du sieur Boissadel, du 10 mai, des blessures reçues à l'affaire du 28 avril dernier		
A la lieutenance de la compagnie de Dugros.	Vacante par la mort du sieur Hert, qui en étoit pourvu, du 29 novembre, en revenant du Canada.		

RÉGIMENT DE GUYENNE.

A l'aide-majorité.	Vacante par l'abandon du sieur de la Pause qui en étoit pourvu, du 1er septembre, étant aide-maréchal de logis.	Pierre-François de LaRochelle, lieutenant de la compagnie de Montanier......................	Le 1er août 1760
A l'aide-majorité.	Vacante par la mort du sieur de LaRochelle, tué le 23 août à l'Ile aux Noix......................	Le sieur Thomas de Sainte-Marie, lieutenant de la compagnie de Chassignolles............	Le 28 août 1760
A la compagnie de Bellot.	Vacante par la retraite du sieur Bellot, du 1er septembre 1760.	Le sieur Jean-Jacques Chaoursses, lieutenant de la compagnie d'Arlens......................	Le 1er sept. 1760
A l'enseigne de la 2de compagnie ordinaire.	Vacante par la nomination du sieur Brunel à une lieutenance du 1er août 1760...............	Le sieur Roch de Saint-Ours de Chaillon, natif de Québec, en Canada	Le 1er sept. 1760

A la lieutenance de la compagnie de Montanier.	Vacante par la nomination du sieur LaRochelle à l'aide-majorité, du 1er août 1760..........
A la lieutenance de la compagnie de Chassignolles.	Vacante par la nomination du sieur de Sainte-Marie à l'aide-majorité, du 28 août 1760.......
A la lieutenance de la compagnie d'Arlens.	Vacante par la nomination du sieur Chaourses à une compagnie, du 1er septembre 1760...

RÉGIMENT DE BERRY.

A la lieutenance de la compagnie de Chatigny.	Vacante par la nomination du sieur Laudanet à l'enseigne de la 2de compagnie ordinaire....
A la lieutenance de la compagnie de la Grandière.	Vacante par la nomination du sieur Thomé à la lieutenance de la compagnie de Béraud....
A la lieutenance en second de la compagnie de Cambray.	Vacante par la nomination du sieur Ciliard à la compagnie de Ménard.......................
A la lieutenance en second de la compagnie de Trauroux...	Vacante par la nomination du sieur de Preissac à l'enseigne de la seconde comp. ordinaire.

Emplois vacants.		Sujets nommés.	Dates.
A l'enseigne de la seconde compagnie ordinaire.	Vacante par la nomination du sieur de Preissac, qui en étoit pourvu, à la lieutenance de la compagnie de Millau............		

RÉGIMENT DE BÉARN.

Emplois vacants.		Sujets nommés.	Dates.
A la compagnie des grenadiers.	Vacante par la mort du sieur de Monsidon, du 23 juillet, des blessures reçues à l'affaire du 28 avril 1760......................	Le sieur Jean-Joseph de Montgay, premier factionnaire du dit bataillon......................	Le 27 juillet 1760
A la compagnie de Montgay.	Vacante par la nomination du sieur de Montgay à la compagnie des grenadiers..............	Le sieur Antoine Joubert, lieutenant de la compagnie de Bernard..............................	Le 27 juillet 1760
A la lieutenance de la compagnie de d'Aubrespy.	Vacante par la nomination du sieur Raymond à une compagnie, du 22 mai dernier.........	Le sieur Pierre Lassay des Cullières............................	Le 1er sept. 1760
A la lieutenance de la compagnie de La Motte.	Vacante par la nomination du sieur Pinsan à une compagnie, du 22 mai dernier..............	Le sieur Joseph Lassay de Marcellin..............................	Le 1er sept. 1760
A la lieutenance de la compagnie de Bernard.	Vacante par la nomination du sieur Joubert à une compagnie, du 27 juillet dernier..........	Le sieur Guillaume d'Aubergon.	Le 1er sept. 1760

CXCVIII

CAMPAGNE DE 1759

Mémoire général des grâces demandées pour les huit bataillons des troupes de terre qui servent en Canada.

RÉGIMENT DE LA REINE.

Etat des grâces.		
M. de Roquemaure, lieutenant-colonel, commandant. — Le grade de brigadier.	L'ancienneté de service, le zèle et les talents de cet officier, qui s'est trouvé l'ancien de tous les lieutenants-colonels, et qui a eu l'avantage de commander les troupes de terre et l'armée après l'affaire où M. de Dieskau fut fait prisonnier, et dont il s'acquitta avec distinction, ayant d'ailleurs tout ce qu'il faut pour remplir dignement le grade qu'on demande pour lui.	Accordé.
De Montreuil, capitaine des grenadiers. — Une gratification.	Sert depuis 1734, a reçu plusieurs blessures, dont il est fort incommodé, officier de mérite et dont les services méritent d'être récompensés.	Gratification.
De Pascalis, capitaine, premier factionnaire. — Une pension.	Sert depuis 1735 avec zèle et application.	Gratification.
De Germain, capitaine.—Une forte gratification.	Sert depuis 1736. Il a été employé en qualité d'ingénieur presque tous les ans depuis qu'il est en Canada et nommément cette année à l'Ile aux Noix ; ses talents et son zèle méritent d'être écompensés.	Gratification.

RÉGIMENT DE LA REINE. — Suite.

Etat des grâces.		
D'Hébecourt, capitaine. — Le grade de lieutenant-colonel ou une pension.	Sert depuis 1741 ; officier de la plus grande distinction, a été chargé pendant deux hivers du commandement de Carillon, poste le plus important du pays, et s'en est parfaitement bien acquitté. Il y commandoit cette campagne lorsque les Anglois en ont fait le siège, et a exécuté la commission dont il étoit chargé en homme de courage et d'expérience. C'est un officier de grand mérite, capable de tous les emplois. Il a été blessé d'un coup de feu l'année dernière, le 8 juillet.	Gratification
D'Hert, capitaine aide-major.—Une forte gratification	Cet officier a été souvent chargé des détails des troupes et, nommément, cette campagne, du corps de troupes que commandoit M. de Bourlamaque ; c'est un officier de talent et de courage.	Gratification
Desvaux, capitaine. — La croix de Saint-Louis.	Sert en qualité de lieutenant en 1744, capitaine en 1746, le premier par son rang et son ancienneté.	Croix de Saint-Louis
Delaas, capitaine.— La croix de Saint-Louis.	Lieutenant dans les bandes Béarnoises en août 1744, lieutenant en second dans la Reine en février 1745, capitaine en 1746, blessures considérables à l'affaire de Plaisance.	Croix de Saint-Louis
Montbray, capitaine.—La croix de Saint-Louis.	Sous-lieutenant dans la Reine en 1745, capitaine en octobre 1746, blessé dangereusement à l'affaire de l'Assiette d'un coup de feu au travers du corps.	Croix de Saint-Louis

RÉGIMENT DE LA REINE. — Suite.

Etat des grâces.		
Dasserat, capitaine. — La croix de Saint-Louis.	Sert depuis avril 1744 dans Agenois, lieutenant dans la Reine en 1746, capitaine la même année, blessé au combat de Plaisance à la tête et au bras.	Croix de Saint-Louis
Massia, lieutenant. — Une gratification.	Sert depuis 1747, blessé le 8 juillet 1758, frustré d'une compagnie, il y a deux ans, quoique officier de courage et de bonne conduite; il mérite quelque distinction.	Gratification
Desvaux, lieutenant. — Une gratification.	Sert depuis 1748, passé l'hiver à Carillon, a servi aux volontaires pendant cette campagne. Les fatigues et l'utilité de ses services méritent d'être récompensés.	Gratification
Dufay, enseigne. — Une gratification.	Détaché dans nombre d'occasions pour les découvertes les plus hasardeuses avec les sauvages et les volontaires, a un talent particulier pour cette sorte de guerre et s'en est toujours bien acquitté.	Gratification

RÉGIMENT DE LA SARRE.

M. de Palmarolle, commandant de bataillon. — Proposé.— Le grade de lieutenant-colonel.	Cet officier sert du 1er mars 1734 et est le premier à passer à la lieutenance-colonelle de son bataillon.	Lieutenant-colonel
Duparquet, capitaine des grenadiers. —Proposé.— Une pension.	Cet officier sert depuis trente ans, dont vingt-cinq comme officier; il a été employé cette campagne, ainsi que les autres premiers factionnaires de l'armée de Qué-	Une pension

RÉGIMENT DE LA SARRE. — Suite.

Etat des grâces.		
	bec, pour commander chacun à leur tour dans la basse ville.	
Duprat, capitaine. — La croix de Saint-Louis.	Sert depuis 1736 en qualité de soldat, sergent ou officier dans le régiment du Roi ou de la Sarre. C'est un officier de mérite ; il a commandé, la dernière campagne et celleci, un corps de volontaires ; il a été très utile et sert avec tout le zèle possible.	Croix de Saint-Louis
Boischatel, capitaine aide-major. — La croix de Saint-Louis.	Sert en qualité de volontaire, sergent ou officier depuis 1740 ; c'est un officier de talent pour son état qu'il remplit avec zèle ; s'il n'étoit dans le cas de mériter cette grâce par ses services, il la mériteroit comme grâce particulière.	Croix de Saint-Louis
De Beauclair, capitaine.—Augmentation de pension.	Cet officier sert avec tout le zèle et application possible ; il a commandé une compagnie de volontaires pendant la campagne dernière, et s'est acquitté avec distinction de toutes les commissions dont il a été chargé.	Augmentation de pension
Une gratification à chacun.	La Ferté, capitaine, blessé... Savournin, capitaine, blessé Lenoir, lieutenant, blessé..... Laubanie, lieutenant, blessé. Le chevalier Laubanie, lieutenant, blessé................ Despériers, lieutenant, blessé Pahoumet, blessé..............	Détenus par les Anglois à l'hôpital de Québec Prisonnier Id. Id.

RÉGIMENT DE ROYAL-ROUSSILLON.

État des grâces.

M. de Poularies, lieutenant-colonel commandant. — Augmentation de pension.	Officier de grands talents, propre à être employé dans toutes sortes de commissions, à la guerre.	Augmentation de pension
Destor, capitaine des grenadiers.—Une pension.	Sert depuis 1734 en qualité de lieutenant, capitaine en 1744, chevalier de Saint-Louis en 1749, capitaine des grenadiers en 1759, bon officier avec des talents.	Une pension
Ducros, capitaine, premier factionnaire.—Une pension.	Sert en qualité de lieutenant depuis 1744, capitaine en 1746.	Une pension
Dufresnoy, capitaine.—La croix de Saint-Louis.	Sert du 26 février 1746, en qualité de lieutenant, capitaine en 1746, officier de mérite.	La croix de Saint-Louis
De Rouyn, capitaine.—La croix de Saint-Louis.	Sert dans la compagnie des cadets du Roi de Pologne en 1744, d'où entré au régiment de Royal-Roussillon comme officier en 1746, capitaine en 1747.	La croix de Saint-Louis
De Bellecombe, capitaine aide-major.—La croix de Saint-Louis ou une pension.	Blessé considérablement à l'affaire du 13 septembre, porté à l'hôpital et détenu par les Anglois, bon officier plein de zèle, de bonne volonté et remplissant très bien tous les devoirs de son emploi.	La croix de Saint-Louis ou une pension
De Saint-Lambert, capitaine. —Une gratification.	Blessé d'un coup de feu au travers de la poitrine, porté à l'hôpital et détenu par les Anglois.	Une gratification

27

RÉGIMENT DE ROYAL-ROUSSILLON. — Suite.

État des grâces.

De Brau, lieutenant. — Une gratification.	Blessé à l'affaire du 13 septembre.	Une gratification
Noguères, lieutenant. — Une gratification.	Il a servi avec zèle pendant les deux dernières campagnes, aux volontaires.	Une gratification

RÉGIMENT DE LANGUEDOC.

De Privas, lieutenant-colonel commandant. — Augmentation de pension.	Le second des commandants de bataillon ; il a été blessé à l'affaire du 13 septembre.	Augmentation de pension
D'Aiguebelle, capitaine des grenadiers. — Une gratification.	C'est un ancien officier qui sert avec zèle et distinction.	Une gratification
Le chevalier Duchat, capitaine, premier factionnaire. — Une pension.	C'est un ancien officier.	Une pension
De Parfouru, capitaine. — La croix de Saint-Louis.	Sert depuis 1745 dans la milice de Normandie, lieutenant dans Languedoc en 1747, passé en France avec la garnison de Québec dont il étoit.	La croix de Saint-Louis
De Cléricy, capitaine. — La croix de Saint-Louis.	A commencé à servir en qualité de volontaire aux grenadiers dans le régiment d'Aunis en 1742, a été blessé en cette qualité en 1746 au siège de Mons et a été fait lieutenant la même année,	La croix de Saint-Louis

RÉGIMENT DE LANGUEDOC. — Suite.

État des grâces.	blessé en 1747 à l'attaque des retranchements de l'Assiette.	
De Joanne, capitaine aide-major. — La croix de Saint-Louis.	Sert du 13 mars 1747 comme officier, aide-major en 1753, il a fait les fonctions de major dans la place de Québec ; passé en France avec la garnison. Cet officier a des talents.	La croix de Saint-Louis
De Vaudray, capitaine. — Une gratification.	Blessé à l'affaire du 13 septembre.	Une gratification
De Basserode, capitaine.—Une gratification.	Blessé considérablement les deux années précédentes, passé deux hivers à Carillon.	Une gratification
M. de Launay, commandant de bataillon. Proposé. —La commission de lieutenant-colonel.	Cet officier sert depuis trente-quatre ans avec tout le zèle possible ; il est capitaine des grenadiers depuis le commencement de 1749 et étoit le second à passer à la lieutenance-colonelle à l'incorporation, et demande cette grâce depuis très longtemps.	La commission de lieutenant-colonel.
De Manneville, capitaine des grenadiers. Proposé. —Une pension.	Cet officier sert depuis près de vingt-cinq ans avec exactitude, et a des talents pour la guerre.	Une pension
Deblau, capitaine premier factionnaire.—Une pension.	Cet officier sert depuis près de trente-cinq ans ou dans les Dragons comme volontaire, ou dans Blaisois et Guyenne depuis vingt-cinq ans ; officier de zèle et de mérite auquel on avoit confié le	Une pension

RÉGIMENT DE LANGUEDOC. — Suite.

État des grâces.		
	poste. de Jacques Cartier pendant cette campagne. Il n'est point riche et a une famille en France à entretenir.	
De la Pause, capitaine aide-major. La croix de Saint-Louis.	Le premier à avoir la croix par son rang et ses services dans le régiment.	La croix de Saint-Louis
Du Bousquet, capitaine.— La croix de Saint-Louis.	Sert depuis 1744 ; bon officier ; il a été blessé à l'affaire du 13 septembre.	
De Montanier, capitaine.— La croix de Saint-Louis.	Sert en qualité de volontaire depuis 1745, officier en 1746, officier de mérite.	La croix de Saint-Louis
Bigat, capitaine. — Une gratification.	Blessé à l'affaire du 13, passé en France avec la garnison de Québec.	Une gratificat on
D'Arlens, capitaine. Chambeau, capit ... D'Artigues, capit.... —Une gratification	·Blessés à l'affaire du 13 septembre et détenus par les Anglois à l'hôpital général.	Une gratification
Chabert, lieutenant. —Une gratification.	Blessé à l'affaire du 13 septembre.	Une gratification

RÉGIMENT DE BERRY.

DEUXIÈME ET TROISIÈME BATAILLONS.

M. de Trecesson, lieutenant - colonel, commandant du troisième bataillon de Berry. —Une pension.	Le seul des lieutenants-colonels qui n'ait point de pension, il a trente ans de services et plusieurs blessures.	Une pension

RÉGIMENT DE BERRY.—Suite.

État des grâces.

De Fouilhac, premier capitaine des grenadiers.—Une gratification.	Officier susceptible de toutes les grâces et qui a des actions brillantes.	Une gratification
De Villemontel, capitaine des grenadiers. — Une pension.	Sert depuis 1727 dans la cavalerie, dans Berry en 1735 ; il est le seul des capitaines des grenadiers qui n'ait point de pension et n'a été traité que comme premier factionnaire pour l'affaire du 8 juillet l'année dernière, où il étoit comme capitaine des grenadiers ; bon officier, qui mérite de toutes les façons les grâces du Roi.	Une pension
De Preissac, premier capitaine ordinaire, du 2me bataillon. — Une pension.	Sert en qualité de volontaire dans Médoc en 1733, blessé en cette qualité à ce picequiton, officier de 1734, blessé au combat de Parme, passé dans Berry sans interruption de service en 1743, aide-major et capitaine en 1746, ayant toujours bien servi.	Une pension
Cadillac, premier capitaine ordinaire du premier bataillon. — La croix de Saint-Louis.	Officier de 1745, capitaine la même année.	La croix de Saint-Louis
D'Arleins, capitaine.—La croix de Saint-Louis.	Officier en 1744, capitaine en 1746.	La croix de Saint-Louis
Surimau, capitaine. — La croix de Saint-Louis.	Officier en 1745, capitaine en 1746.	La croix de Saint-Louis

RÉGIMENT DE BERRY. — Suite.

État des grâces.

Béraud, capitaine. — La croix de Saint-Louis.	Officier en 1745, capitaine en 1746.	La croix de Saint-Louis
Rouillas, capitaine. — La croix de Saint-Louis.	Officier en 1744, lieutenant de la colonelle en 1746, capitaine en 1756.	La croix de Saint-Louis
Millau, capitaine. —Une partie de la pension de douze cents livres dont jouissoit son oncle le chevalier de la Pierre, lieutenant-colonel de Berry, mort en 1756.	Officier de 1743, blessé à l'attaque des retranchements de Montalban, dont il est fort incommodé, neveu de deux lieutenants-colonels, deux frères tués au service, et il se soutenoit par les secours que lui fournissoit son oncle. Il est sans fortune ; il mérite beaucoup d'ailleurs par lui-même.	
Valentin, aide-major.—La commission de capitaine.	Très bon officier, choisi par distinction pour remplir cet emploi à la place du sieur Carlan ; sert en qualité de soldat en 1736, officier en 1755, aide-major en 1759, blessé quatre fois dans les guerres précédentes.	La commission de capitaine
Forest, lieutenant des grenadiers.— Une gratification.	Sert aux grenadiers depuis que ce régiment est en Canada ; dit être envoyé par M. le maréchal de Belle-Isle ; depuis, nommé à un emploi de capitaine en second dans Royal-Marine, où il avoit servi l'autre guerre ; n'a pu profiter de cet avancement, étant embarqué ; il désireroit que cette circonstance ne nuisît pas à sa fortune.	Une gratification

RÉGIMENT DE BERRY.—Suite.

État des grâces.		
Bartouille, lieutenant.—Une gratification.	Officier de talents, choisi par M. le marquis de Montcalm pour faire les fonctions de major à Carillon.	Une gratification
Leclerc, lieutenant.—Une gratification.	Volontaire pendant deux ans dans Grassin, six dans Raugrave; servi utilement aux volontaires la dernière campagne.	Une gratification
Failly, lieutenant.—Une gratification.	Sert depuis 1746 dans le régiment de Royal-Wallon, a servi volontairement pour commander un détachement de soldats et Canadiens sur les bâtiments armés en guerre.	Une gratification

RÉGIMENT DE BÉARN.

M. Dalquier, lieutenant-colonel commandant. — Augmentation de pension.	Cet officier est un des plus anciens militaires qui soit en Canada, qui a toujours servi avec zèle et application.	Augmentation de pension
Baraut, capitaine premier factionnaire.—Une pension.	Sert depuis vingt-six ans, blessé à l'affaire du 13 septembre.	Une pension
Figuery, capitaine. — La croix de Saint-Louis.	Détenu par les Anglois, étant à l'hôpital le 13 septembre.	La croix de Saint-Louis
LaMotte, capitaine. — La croix de Saint-Louis.	Capitaine de 1746.	La croix de Saint-Louis
De Malartic, capitaine aide-major. — Une gratification.	Officier dont le zèle, les talents et l'intelligence méritent des récompenses distinguées.	Une gratification

RÉGIMENT DE BÉARN. — Suite.

État des grâces.

Tourville, capitaine.—Une gratification.	Blessé à l'affaire du 13 septembre, détenu par les Anglois.	Une gratification
De Montredon, capitaine des grenadiers. — Une pension.	Cet officier sert depuis longtemps.	Une pension
De Peinssun, lieutenant. — Une gratification.	Bon officier ; il a fait le service aux volontaires cette campagne.	Une gratification

OFFICIERS PARTISANS.

Wolf, lieutenant de Benthen, officier partisant. — La commission de capitaine à la suite du dernier règlement.	Cet officier a toujours commandé une troupe de volontaires, son zèle et ses talents pour la guerre des partis l'ont rendu très nécessaire et il s'est acquitté avec distinction de toutes les commissions dont il a été chargé.	La commission de capitaine
Carpentier, officier partisan, lieutenant dans Piedmont. — La commission de capitaine à la suite du règlement.	Cet officier a servi avec zèle et application depuis qu'il est dans la colonie et a été toujours employé dans les forts.	

Mémoire particulier pour le Génie et l'Artillerie.

LE GÉNIE.

État des grâces.		
M. de Pontleroy, lieutenant - colonel, ingénieur en chef du Canada et commandant le corps du génie. —Brevet de colonel ou la pension a c c o r d é e aux lieutenants - colonels des batail-lons.	Sert de 1736, officier qui a beaucoup de talents et qui a toujours bien servi et avec distinction.	Brevet de colonel ou pension que l'on accorde aux lieutenants-colonels des bataillons
Désandroins, capitaine, ingénieur. —Une pension.	Cet officier sert avec le plus grand zèle et application qu'il soit possible ; plein de bonne volonté et de courage, choisi par prédilection pour commander à la tête des Rapides, au fort Lévis, qu'il a fait construire.	Une pension
De Caire, i n g é-nieur.—Une pension.	Sert depuis 1743 dans Picardie, dans le génie en 1755, passé en Canada en 1759, sans aucune augmentation de grade, ainsi que les autres qui y avoient passé précédemment, chargé de plusieurs ouvrages pendant la campagne.	Une pension
Fournière, i n g é-nieur. — La commission de capitaine.	Ingénieur en 1752, passé en Canada en 1759, a servi précédemment dans le régiment de Royal-Wallon, dont il a été réformé, étant capitaine, a été employé cette campagne à fortifier le poste de l'Ile aux Noix.	La commission de capitaine

État des grâces.		
M. Desroberts, ingénieur. — La commission de capitaine.	Ingénieur en 1755, passé en Canada en 1759, n'ayant reçu aucune augmentation de grade.	La commission de capitaine

ARTILLERIE.

Le sieur de Montbeillard, capitaine. — Une pension.	Sert depuis 1741 dans le régiment de Royal-Artillerie, capitaine en 1756, blessé deux fois considérablement la dernière guerre, passé en Canada en 1757, officier de talents et de mérite.	Une pension
Louvicourt, capitaine. — La croix de Saint-Louis.	Sert depuis 1744 dans l'artillerie, capitaine en 1759, passé en Canada en 1757, où il a été toujours employé, officier de talents et qui a servi avec distinction, blessé cette année.	La croix de Saint-Louis
Despinassy, lieutetenant en premier. — La commission de capitaine avec traitement accordé aux précédents de 2826 livres.	Sert dans le corps de Royal-Artillerie en 1746 ; il a fait les dernières guerres ; il a été blessé ; passé en Canada en 1759.	
Bonafous, lieutenant en premier. — La commission de capitaine.	Sert dans Royal-Artillerie de 1746, passé en Canada en 1757, employé toujours dans les forts et pris prisonnier à Niagara, où il a servi avec distinction, ayant été blessé plusieurs fois le même jour.	La commission de capitaine

ARTILLERIE. — Suite.

État des grâces.		
M. Duverny, lieutenant en premier. — La commission de capitaine.	Sert dans Royal-Artillerie de 1746, passé en Canada en 1759, où il a servi avec le plus grand zèle, ayant été souvent employé particulièrement.	La commission de capitaine

CXCIX

CAMPAGNE DE 1760. — AU SUJET DE L'AFFAIRE DU 28

Mémoire général des grâces demandées pour les troupes de terre qui servent en Canada.

NOMS DES OFFICIERS	GRACES DEMANDÉES	NOTES PARTICULIÈRES
M. de Bourlamaque, brigadier.....	Le grade de maréchal de camp ou une place de commandeur dans l'ordre de Saint-Louis	
De Montreuil, lieutenant-colonel, aide-major général.................	Le grade de brigadier	
Le sieur de la Pause, aide-maréchal des logis de l'armée	Le grade de colonel	

Noms des Officiers.	Grâces demandées	Notes particulières.
Le sieur de Malartic, capitaine aide-major au régiment de Béarn....	Aide-major général	

OFFICIERS PARTISANS.

Wolf, lieutenant réformé à la suite de Benthen........	La commission de capitaine	
Le sieur Carpentier, lieutenant réformé à la suite de Benthen............	La commission de capitaine	
Le sieur de la Rochebaucourt, capitaine de cavalerie..................	La commission de lieutenant-colonel	

RÉGIMENT DE LA REINE.

Le sieur Pascalis, capitaine de grenadiers...............	Une pension	Cet officier sert depuis 1735 avec zèle et application.
D'Hébecourt, capitaine.................	Le grade de lieutenant-colonel ou une pension	Sert depuis 1741 avec la plus grande distinction, choisi par prédilection pour commander à Carillon pendant deux années, a reçu des blessures ; c'est un officier de talents, de courage et qui mérite les grâces du Roi.
Les sieurs Delaas, capitaine...	La croix de Saint-Louis et une pension	Il sert depuis 1744 dans la milice de Béarn et dans le régiment de la Reine de 1745,

RÉGIMENT DE LA REINE. — Suite.

Noms des Officiers.	Grâces demandées.	Notes particulières.
		le premier par son rang et son service à avoir la croix ; il s'est comporté avec autant d'intelligence que de courage à la tête d'un corps de milice qu'il commandoit le 28 avril et a été chargé par prédilection des détails au dépôt du siège, dont il s'est acquitté avec distinction ; il a reçu plusieurs blessures depuis qu'il est au service.
Monbray, capitaine...............	La croix de Saint-Louis	Officier dans la Reine en 1745, dangereusement blessé à l'affaire de l'Assiette.
D'Hert, capitaine aide-major.........	Une gratification	Blessé dangereusement.
Dufay, lieutenant... Desnoès, lieutenant Saint-Martin, lieutenant...............	Chacun une gratification	Blessés.

RÉGIMENT DE LA SARRE.

Du Parquet, commandant de bataillon..............	La commission de lieutenant-colonel	Il sert depuis trente ans, dont vingt-cinq comme officier ; il a été blessé le 28 avril.
Villars, capitaine...	Une gratification	Cet officier mérite des grâces.
Beauclair, capitaine...................	La croix de Saint-Louis et une aug-	Il est très bon officier, qui a du courage et de l'intelligence et qui s'est comporté

RÉGIMENT DE LA SARRE. — Suite.

Noms des Officiers.	Grâces demandées.	Notes particulières.
	mentation de pension	avec distinction à l'affaire du 28 avril, où il a été blessé très dangereusement, ayant un bras cassé.
Méritens, capitaine	La croix de Saint-Louis	Sert en qualité de soldat, de sergent depuis 1724, et en celle d'officier depuis 1744 ; blessé très dangereusement.
Les sieurs Chevalier Savournin, lieutenant.... La Naudière, lieutenant.................. Lassus, lieutenant.. Rémillac, lieutenant.................. Granet, lieutenant.. Laubanie, lieutenant..................	Des gratifications	Blessés à l'affaire du 28 avril

RÉGIMENT DE ROYAL-ROUSSILLON.

De Poularies, lieutenant-colonel commandant......	Augmentation de pension et un compliment	Cet officier s'est comporté avec la plus grande distinction à l'affaire du 28 avril.
Destor, capitaine de grenadiers..........	Une pension	Cet officier sert depuis 1734 ; bon officier avec des talents ; incommodé d'une jambe.
Ducros, capitaine...	Une pension	Il sert depuis 1744 ; bon officier, avec des talents, qui sert avec zèle et application.

RÉGIMENT DE ROYAL-ROUSSILLON. — Suite.

Noms des Officiers.	Grâces demandées.	Notes particulières.
Dufresnoy, capitaine...	La croix de Saint-Louis	Sert depuis 1746 ; officier de mérite ; il a été blessé à l'affaire du 28 avril.
De Rouins, capitaine	La croix de Saint-Louis	Sert depuis 1744 dans les cadets du roi de Pologne, et dans Royal-Roussillon en 1746 ; il a été blessé à l'affaire du 28.
De Bellecombe, capitaine aide-major...................	La croix de Saint-Louis	C'est un bon officier ; il a été blessé l'année dernière.
Les sieurs Beauneville, lieutenant .... Léonard, lieutenant Lefèvre, lieutenant Grandjean, lieutenant...............	Des gratifications	Blessés.

RÉGIMENT DE LANGUEDOC.

Privas, lieutenant-colonel commandant........	Augmentation de pension	L'ancien des commandants de bataillon, incommodé par les blessures qu'il a reçues l'année dernière.
D'Aiguebelle, capitaine des grenadiers................	La commission de lieutenant-colonel ou une pension	Cet officier s'est trouvé commander le 28 les compagnies de grenadiers qui étoient à la gauche de l'armée, et s'y est comporté avec grand courage et distinction ; il est ancien serviteur.

RÉGIMENT DE LANGUEDOC. — Suite.

Noms des Officiers.	Grâces demandées.	Notes particulières.
Duchal, capitaine..	Une pension	C'est un ancien officier.
Vaudray, capitaine	Une gratification	Ancien officier.
Clérion, capitaine...	La croix de Saint-Louis	Sert de 1742 volontaire aux grenadiers dans Aunis ; reçu des blessures depuis qu'il est officièr, en 1746.
Parfouru, capitaine	La croix de Saint-Louis	Sert de 1745 dans la milice de Normandie, et dans Languedoc de 1747.
La Justone, lieutenant................	Une pension	Blessé très dangereusement au siège et hors d'état de continuer à servir, ayant eu la jambe coupée ; ce jeune homme ne saurait subsister sans les bienfaits du Roi.
Senneterre, lieutenant................	Une gratification	Bon officier servant toutes les campagnes aux volontaires ; il a été blessé.
La veuve de M. de Marillac, capitaine................	Une place à l'École militaire pour son fils, lorsqu'il aura l'âge, ayant quatre ans	

RÉGIMENT DE GUYENNE.

Noms des Officiers.	Grâces demandées.	Notes particulières.
Launay, lieutenant-colonel commandant de bataillon.	Une gratification	Officier qui sert avec distinction à la tête de son corps, ayant de la fermeté et du courage ; blessé à l'affaire du 28.
De Manneville, capitaine de grenadiers.................	Une pension	Ancien officier qui a du talent pour la guerre.
Deblau, capitaine...	Une gratification	Sert depuis trente-cinq ans dans les dragons comme volontaire, ou dans le régiment de Blaisois ; bon officier, plein de zèle et de courage ; blessé à l'affaire du 28.
Chassignolles.........	Une gratification	Blessé.
Bellot, capitaine.....	La pension de retraite	Cet officier a toujours servi avec la plus grande distinction et donné des preuves du plus grand courage dans toutes les occasions ; il est hors d'état de continuer à servir par ses infirmités.
M. Bonneau, capitaine	La croix de Saint-Louis	Sert du commencement de 1744 ; il a eu plusieurs blessures depuis qu'il est au service ; être prisonnier l'année dernière est cause qu'il n'a pas été proposé ; il mérite beaucoup ; il a de l'intelligence et du zèle.

28

RÉGIMENT DE GUYENNE. — Suite.

Noms des Officiers.	Grâces demandées.	Notes particulières.
Montanier, capitaine...............	La croix de Saint-Louis	Sert en qualité de volontaire en 1745, officier en 1746, dans Blaisois ; il a été blessé très dangereusement à l'affaire du 28 ; officier de courage.

RÉGIMENT DE BERRY.

Noms des Officiers.	Grâces demandées.	Notes particulières.
De Trivio, lieutenant-colonel commandant de bataillon...............	Augmentation de pension	Il a été blessé le 28 avril.
Fouilhac, commandant...............	La commission de lieutenant-colonel	C'est un officier de talents et appliqué, qui a des actions à la guerre qui lui font honneur.
Preissac, capitaine de grenadiers.....	Une pension	Sert de 1733 en qualité de volontaire dans Médoc, officier en 1734, passé sans interruption de service dans Berry en 1743 ; ayant toujours bien servi ; il a été blessé le 28 et perdu un de ses frères.
Surimau, capitaine	La croix de Saint-Louis	
Béraud, capitaine...	La croix de Saint-Louis	Servent de 1745.
Trauroux, capitaine	La croix de Saint-Louis	
Segoin, capitaine... Meynard, capitaine Cambray, capitaine Bonchamp, capitaine...............	Des gratifications	Blessés.

RÉGIMENT DE BERRY. — Suite.

Noms des Officiers.	Grâces demandées.	Notes particulières.
La Ville - Oroux, aide-major.........	La commission de capitaine du 22 mai 1760	Il est ancien et dans le cas de prétendre à cette grâce par son rang. Dater sa commission du 22 mai 1760.
Coespel, lieutenant Daguernic, lieutenant............... Vauderant, lieutenant............... Laudanet, lieutenant............... Dalet, lieutenant... Breissac, lieutenant...............	Des gratifications	Blessés.
Barthouil..............	Une gratification	Il a été employé en qualité d'aide-major de tranchée au siège de Québec ; il s'est très bien acquitté de cette commission ; il a été chargé, à toutes les campagnes, des détails, qu'il a très bien remplis ; j'avois demandé l'année dernière une gratification pour lui, qui ne lui a pas été accordée.

RÉGIMENT DE BÉARN.

Noms des Officiers.	Grâces demandées.	Notes particulières.
M. Dalquier, lieutenant-colonel commandant de bataillon...............	Augmentation de pension	Un ancien militaire, très attaché au service, exact et bon officier, blessé à l'affaire du 28 avril.
De Montredon, capitaine des grenadiers.............	Augmentation de pension	Ancien officier, blessé très dangereusement le 28. Cet officier étant mort depuis on demande une pension pour M. de Montgay qui le remplace aux compagnies de grenadiers.
De Montgay, capitaine................	Une gratification	Ancien officier. La demande pour cet officier change par la note ci-dessus.
De Malartic, capitaine aide-major	Une pension	C'est un officier de distinction, ayant de la naissance, du talent, et propre à tout ce qu'on voudra faire pour lui, blessé à Carillon et en dernier lieu le 28.
Seigla, capitaine....	La croix de Saint-Louis	Il sert depuis 1735 en qualité de volontaire, officier de 1742.
LaMotte, capitaine.	La croix de Saint-Louis	Officier en 1745 dans Nivernois, et dans Béarn en 1746.
Tourville, capitaine	Une gratification	Ancien officier, qui a été blessé le 13 septembre dernier et oublié sur le mémoire.
Bernard, capitaine.	Une gratification	Blessé.

RÉGIMENT DE BÉARN. — Suite.

Noms des Officiers.	Grâces demandées.	Notes particulières.
Raymond, lieutenant................. Pinsan, lieutenant. Fay, lieutenant...... Jacob, lieutenant... De Meslay, lieutenant...................... Jourdain, lieutenant...	Des gratifications	Blesssés à l'affaire du 28.
Cusson, lieutenant, passé en France avec la garnison de Québec..........	Commission de capitaine	Cet officier est l'ancien des lieutenants ; ses cadets sont passés à des compagnies vacantes. Il a toujours très bien servi et mérite cette grâce de ne pas perdre son rang. Dater la commission du 22 mai 1760.
Delbreil, lieutenant	Commission de capitaine	Cet officier a servi avec distinction la campagne dernière et celle-ci, commandant une compagnie de volontaires à cheval ; il est sous-lieutenant de 1742, d'où, par oubli, piusieurs officiers entrés depuis comme enseignes ou lieutenants ont pris rang avant lui ; il mériteroit qu'on lui accordât la commission demandée pour lui faire retrouver une partie des rangs qu'il a perdus.

GÉNIE.

Noms des Officiers.	Grâces demandées.	Notes particulières.
De Pontleroy, lieutenant-colonel, ingénieur en chef du Canada..............	La commission de colonel	Sert depuis 1736.
Désandroins, ingénieur	Une pension	A commandé au fort Lévis l'hiver dernier, s'est trouvé à l'affaire du 28.
De Caire, ingénieur.	La commission de capitaine ou la croix de Saint-Louis	Sert de 1743 dans Picardie, dans le Génie en 1755.
Fournier...............	Une gratification	
Des Roberts..........	Commission de capitaine	

ARTILLERIE.

De Montbeillard, capitaine commandant l'artillerie....................	Une pension	
Louvicourt, capitaine................	La croix de Saint-Louis et, si on lui a accordé la croix l'année dernière, une gratification	Sert depuis 1744 sans interruption ; officier de talents qui sert avec distinction ; il a des blessures ; il s'est trouvé en outre à commander l'artillerie de campagne à l'affaire du 28 avril, où il s'est comporté avec distinction.

ARTILLERIE. — Snite.

Noms des Officiers.	Grâces demandées.	Notes particulières.
M. Duverny, lieutenant...............	La croix de Saint-Louis	Sert de 1744 comme volontaire dans Royal-Artillerie, cadet en 1746, officier en 1747, blessé dangereusement à Berg-op-Zoon ; du courage, de l'intelligence, et employé presque toujours particulièrement ; blessé en dernier lieu au siège, où il a servi avec distinction, ainsi qu'à l'affaire du 28 avril.
Bonafous, lieutenant................	Commission de capitaine	
Despinassy, lieutenant................	Commission de capitaine	

CC

Mémoire général des grâces demandées, au mois de décembre 1760, pour le corps des troupes de terre qui ont servi en Canada.

ÉTAT MAJOR.

M. de Bourlamaque, brigadier.....	Le grade de maréchal de camp ou une place de commandeur dans l'ordre de Saint-Louis	Il a été blessé considérablement à la bataille du 28 avril d'un coup de canon ; c'est la troisième blessure qu'il a reçue depuis qu'il est au Canada ; d'ailleurs vingt-deux ans de service, de la naissance, grands talents pour la guerre,

ÉTAT MAJOR. — Suite.

		campagne heureuse en 1759 et employé toujours en chef.
M. de Bougainville, colonel	Il est susceptible des grâces qu'on voudra lui accorder	Il a été employé comme colonel et commandé à l'Ile aux Noix, sur la frontière du lac Champlain.
M. de Montreuil, lieutenant - colonel aide - major général ; a obtenu le cordon rouge.	Le grade de brigadier	Il a passé en Canada avec la commission de lieutenant-colonel, et n'a reçu depuis aucun avancement ; il mérite les grâces du Roi par le zèle et application avec lequel il a servi.
M. de la Pause, aide-maréchal - géné - ral-des-logis.......	Le grade de colonel. Accordé.	Cet officier avoit mérité depuis plus de cinq ans que feu M. le marquis de Montcalm demandât pour lui le grade de colonel avec la plus vive instance ; il n'a cessé, ainsi que moi, depuis de la réitérer. Il a mérité et mérite les plus grands éloges ; il a été très utile en Canada dans toutes les opérations ; chargé toujours de grands détails ; servi deux campagnes comme aide-maréchal-des-logis, la première sur des lettres de M. de Montcalm et la seconde sur celles de la cour. Je crois qu'il est du bien du service de le mettre dans la route des premiers emplois et de ne pas le laisser inutile, étant propre à tout ce qu'on voudra l'employer. Il a l'expérience, les talents et la naissance pour mériter un régiment, mais non les moyens

ÉTAT MAJOR. — Suite.

		pour l'acheter. Dix-sept ans de services au régiment de Guyenne ou presque à la tête du deuxième bataillon ; toujours servi en qualité d'aide-major excepté deux ans ; il reste sans emploi, celui qu'il avoit dans Guyenne ayant été remplacé.
M. de la Rochebaucourt, capitaine de cavalerie réformé. — Obtenu la croix de Saint-Louis et 480 livres d'augmentation de réforme.	Le grade de lieutenant-colonel	Cet officier a commandé pendant deux campagnes une troupe de volontaires à cheval, qu'il a formée, fait servir, et a été employé avec la plus grande distinction ; il a passé en Canada aide-de-camp de feu M. le marquis de Montcalm ; il mérite les plus grands éloges.
Le sieur Wolf. — Une gratification de 300 livres.	La commission de capitaine avec des appointements pour subsister	C'est un très bon officier partisan ; le zèle et la bravoure avec lesquels il a servi méritent récompense.
Le sieur Carpentier. — Une gratification de 300 livres.	Même demande	Il a toujours servi avec beaucoup de zèle et application.

RÉGIMENT DE LA REINE.

M. de Roquemaure, brigadier.	Une lettre de satisfaction	
Le sieur Pascalis, capitaine de grenadiers. — Une pension de 400 livres.	Une pension	Cet officier sert depuis 1735 avec zèle et application.
Le sieur d'Hébecourt, capitaine. — Pension de 300 livres.	Commission de lieutenant-colonel ou une pension	Sert depuis 1741 avec la plus grande distinction; choisi par prédilection pour commander à Carillon pendant deux années; a reçu des blessures; c'est un officier de talent, de courage et qui mérite les grâces du Roi.
Le sieur de Laas, capitaine. — La croix et 400 livres de gratification.	La croix de Saint-Louis et une pension	Sert depuis 1744 dans la milice, 1745 dans le régiment de la Reine; le premier par son rang et ses devoirs; il s'est comporté avec intelligence et courage à la tête d'un corps de milice qu'il commandoit le 28 avril; chargé par prédilection des détails au dépôt de la tranchée ouverte devant Québec, dont il s'est acquitté avec distinction; reçu plusieurs blessures au service.
Le sieur Montbray, capitaine. — La croix.	La croix de Saint-Louis	Sert dans le régiment de la Reine de 1745, dangereusement blessé à l'affaire de l'Assiette.
Le sieur d'Hert, capitaine aide-major.	La pension de retraite	Ancien officier, parvenu par tous les grades, blessé dangereusement le 28 avril

RÉGIMENT DE LA REINE. — Suite.

		dernier, est incommodé à ne pouvoir continuer à servir, ce qui m'a obligé de nommer à son emploi.
Le sieur Dumesny.	La croix de Saint-Louis	
Le sieur Milly, aide-major.	La commission de capitaine	Il sert depuis 1747 et est l'ancien des lieutenants, bon officier.
Le sieur Dufay, lieutenant. Le sieur Desnoès, lieutenant. Le sieur de Saint-Martin, lieutenant.	Des gratifications	Blessés à l'affaire du 28 ou au siège de Québec.
Le sieur de Rebouil.	Les Invalides et une gratification	Blessé le 8 juillet 1758, dont il a perdu un bras qu'on lui a coupé.

RÉGIMENT DE LA SARRE.

Le sieur Duparquet, commandant de bataillon.	La commission de lieutenant-colonel	Il sert depuis trente ans dont vingt-cinq comme officier; il a été blessé le 28 avril.
Le sieur Villars, capitaine de grenadiers.	Une pension	C'est un bon officier; il mérite des grâces.
Le sieur Reminy,	La pension	Cet officier n'y voyant

RÉGIMENT DE LA SARRE. — Suite.

capitaine de grenadiers.	de retraite de capitaine de grenadiers	presque point, j'ai été obligé, sur sa demande, de nommer à son emploi, et lui ai promis de demander sa retraite.
Le sieur Beauclair, capitaine.	La croix de Saint-Louis et une augmentation de pension	Bon officier qui a du courage et de l'intelligence, et qui s'est comporté avec distinction à l'affaire du 28 avril, où il a été blessé très dangereusement, ayant eu un bras cassé.
Le sieur Méritens, capitaine.	La croix de Saint-Louis	Sert soldat de 1724, officier de 1744, blessé dangereusement le 28 avril.
Le sieur Lassus, aide-major.	La commission de capitaine	Il est à la tête des lieutenants.
Veuve du sieur Palmarolles, commandant.	Une pension et placer ses enfants	Cet officier est mort des blessures qu'il a reçues le 28 avril; avoit toujours servi avec la plus grande distinction.
Les sieurs La Naudière, lieutenant. Chevalier de Savournin, lieutenant. Prémillac, lieutenant. Granet, lieutenant; Laubanie, lieutenant.	Des gratifications	Blessés à l'affaire du 28 avril; depuis le chevalier de Savournin a passé à une compagnie.

RÉGIMENT DE ROYAL-ROUSSILLON.

Le sieur de Poularies, lieutenant-colonel, commandant de bataillon.	Une augmentation de pension et un compliment	Cet officier s'est comporté avec la plus grande distinction à l'affaire du 28 avril ; il mérite des éloges par la façon dont il a toujours servi et fait servir son bataillon.
Le sieur Destor, capitaine des grenadiers.	Une pension	Cet officier sert depuis 1731 ; bon officier avec des talents, incommodé d'une jambe.
Le sieur Ducros, premier capitaine.	Une pension	Cet officier est au service depuis 1744 ; il a toujours servi avec zèle et approbation de ses supérieurs.
Le sieur Dufresnoy, capitaine.	La croix de Saint-Louis	Sert depuis 1746 ; officier qui mérite. Il a été blessé à l'affaire du 28 avril.
Le sieur de Rouin, capitaine.	La croix de Saint-Louis	Sert dans les cadets du roi de Pologne en 1744, dans Royal-Roussillon en 1746, capitaine en 1747, blessé dangereusement le 28 avril.
Le sieur Thibalier, capitaine.	La croix de Saint-Louis	Sert du 1er janvier 1743 dans les cadets du roi de Pologne, dans Saxe officier du 7 avril 1744, réformé en 1749, lieutenant au régiment de Royal-Roussillon en février 1751, capitaine en 1755 ; bon officier et très zélé pour son métier.
Les sieurs Lefeuvre, capitaine.		

RÉGIMENT DE ROYAL-ROUSSILLON. — Suite.

Beaumenil, lieutenant. Léonard, lieutenant. Grandjean, lieutenant.	Des gratifications	Blessés le 28 avril.
Le sieur Castagnet, lieutenant.	Une gratification	Officier major, très intelligent et zélé.

REGIMENT DE LANGUEDOC.

Le sieur P r i v a t, lieutenant - colonel, commandant de bataillon.	Une augmentation de pension	L'ancien des commandants de bataillon ; incommodé par les blessures qu'il a reçues l'année dernière.
Le sieur d'Aiguebelle, capitaine de grenadiers.	Une augmentation de pension	Cet officier commandoit le 28 avril les compagnies de grenadiers qui étoient à la gauche de l'armée et s'y est comporté avec grand courage et distinction.
Le sieur Duchat, premier capitaine	Une pension	C'est un ancien officier qui a toujours servi avec zèle et application et qui mérite.
Le sieur Vaudray, capitaine.	Une gratification	Ancien officier qui a toujours servi avec distinction et grand courage dans les actions où il s'est trouvé.
Le sieur de Cléricy, capitaine.	La croix de Saint-Louis	Sert depuis 1742, volontaire aux grenadiers dans Aunis, officier en 1746 ; reçu plusieurs blessures depuis qu'il sert.

RÉGIMENT DE LANGUEDOC. — Suite.

Le sieur de Parfouru, capitaine.	La croix de Saint-Louis	Sert depuis 1746 dans la milice et sans interruption dans Languedoc de 1747 ; bon officier.
Le sieur de la Justonne, lieutenant.	La croix de Saint-Louis, une pension ou place	Blessé très dangereusement au siège de Québec et hors d'état de servir, ayant eu la jambe coupée ; ce jeune homme ne saurait subsister sans les bienfaits du Roi.
Le sieur de Senneterre, lieutenant.	Une gratification	Blessé à Québec ; bon officier, servant toutes les campagnes aux volontaires.
Les sieurs de Senneville et Magis.	Une gratification	Le premier blessé le 2 septembre, et le second ayant fait les fonctions de major toute la campagne dernière.
La veuve du sieur de Marillac, capitaine.	Une place à l'Ecole militaire pour son fils, lorsqu'il aura l'âge, ayant quatre ans	Cet officier a été tué l'année dernière.

RÉGIMENT DE GUYENNE.

Le sieur de Launay, lieutenant-colonel, commandant.	Une gratification et un compliment	Officier qui sert avec distinction à la tête de son corps, ayant de la fermeté, du courage ; blessé à l'affaire du 28 avril.

RÉGIMENT DE GUYENNE. — Suite.

Le sieur de Manneville, capitaine de grenadiers.	Une pension	Ancien officier qui a des talents et du mérite.
Le sieur Deblan, premier capitaine.	Une pension	Sert depuis trente-cinq ans, soit dans les dragons comme volontaire, ou dans Blaisois ; bon officier, plein de zèle, de bonne volonté et de courage ; blessé le 28 avril.
Le sieur Bellot.	La pension de retraite	Cet officier a toujours servi avec distinction et donné des preuves du plus grand courage dans toutes les occasions ; il est hors d'état de continuer à servir par ses infirmités, ce qui m'a obligé de nommer à sa compagnie.
Le sieur Darlens, capitaine.	Une pension	Estropié d'un bras par les blessures qu'il a reçues le 13 septembre 1759.
Le sieur de Chassignolles, capitaine.	Une gratification	Blessé le 28 avril.
Le sieur Bonneau, capitaine.	La croix de Saint-Louis	Sert de 1744 ; reçu plusieurs blessures au service ; étant prisonnier l'année dernière, est cause qu'il n'a pas été proposé ; il mérite beaucoup, ayant de l'intelligence et du zèle.
Le sieur de Montanier, capitaine.	La croix de Saint-Louis	Sert de 1745 en qualité de volontaire, officier en 1746 ; il a été blessé très dangereusement le 28 avril.

RÉGIMENT DE GUYENNE. — Suite.

Le sieur de Sainte-Marie, aide-major.	La commission de capitaine du 1er septembre	Il est l'ancien d'un officier qui a passé à une compagnie de ce jour.
Le sieur de Loyon, lieutenant.	Une commission de capitaine	Etre prisonnier l'a privé d'avoir une compagnie ; ses cadets en ont été pourvus ; il est bon officier et mérite.
Le sieur de Chabert, premier lieutenant.	Une gratification	Premier lieutenant, plein de zèle et de bonne volonté, dont il a donné des preuves dans toutes les occasions.
Le sieur Edme, deuxième lieutenant.	Une gratification	Deuxième lieutenant ; il a de la bonne volonté.

RÉGIMENT DE BERRY.

Le sieur de Trivio, lieutenant-colonel, commandant de bataillon.	Augmentation de pension	Blessé le 28 avril.
Le sieur de Fouilhac, commandant de bataillon.	La commission de lieutenant-colonel	C'est un officier de talents et appliqué qui a des actions de guerre qui lui font honneur; il sert avec distinction à la tête de son bataillon.
Le sieur de Preissac, capitaine de grenadiers.	Une pension	Sert depuis 1733, volontaire dans Médoc, officier en 1734, passé sans interruption de service dans Berry en 1743; il a toujours bien servi; blessé le 28 avril et perdu un de ses frères.

RÉGIMENT DE BERRY. — Suite.

Le sieur de Cadillac.	Une pension	Cet officier a toujours servi avec zèle et application.
Les sieurs de Surimau, capitaine. De Béraud, id. De Trauroux, id.	La croix de Saint-Louis	Servent de l'année 1745.
De Sigouin, capitaine. De Maynard, id. De Cambray, id. De Bonchamp, id. De la Pelouse, id., aide-major.	Des gratifications	Blessés le 28 avril.
Le sieur de Ville-Oroux, aide-major.	La commission de capitaine du 22 mai	Il est ancien et dans le cas de prétendre à cette grâce par son rang ; et lui dater pour cet effet sa commission du 22 mai.
Le sieur de Balouille, lieutenant.	Une gratification	Il a été employé au détail du siège ; il a été chargé, toutes les campagnes, de détails qu'il a très bien remplis ; j'avois demandé l'année dernière une gratification pour lui.
Les sieurs de Coespel, lieutenant. Duguerni, id. De Vaudurand, id. Laudunel, id. De Dalet, id. De Pressac, id. De Pelissier, id. Leclerc, id.	Des gratifications	Blessés le 28 avril.

RÉGIMENT DE BÉARN.

Le sieur Dalquier, lieutenant-colonel, commandant de bataillon.		Ancien militaire, très attaché au service, exact et bon officier; blessé à l'affaire du 28, où il s'est comporté avec distinction.
Le sieur de Montgay, capitaine des grenadiers.	Une pension	Ancien officier, qui a toujours servi avec zèle, et il mérite.
Le sieur de Mazerac, premier capitaine.	Une pension	Cet officier sert depuis 1734 ; il mérite les plus grandes éloges par la façon dont il sert ; il est l'ancien des premiers factionnaires des troupes du Canada.
Le sieur de Malartic, capitaine aide-major.	Une commission de lieutenant-colonel ou une pension	C'est un officier de distinction, qui sert depuis longtemps, a mérité les plus grandes éloges, ayant des talents, de la naissance et propre à tout ce qu'on voudra faire pour lui ; blessé en 1758, et en dernier lieu le 28 avril.
Le sieur Lamotte, capitaine.	La croix de Saint-Louis	Sert depuis 1745 dans Nivernois, et dans Béarn de 1746.
Le sieur Seigla, capitaine.	La croix de Saint-Louis	Sert depuis 1735 dans le même régiment, volontaire jusques en 1742 ; blessé le 28 avril ; bon officier.
Le sieur de Cusson, lieutenant.	Une commission de capitaine	Cet officier a de ses cadets qui ont passé à des compagnies ; il a toujours bien servi, et ne mérite pas de

RÉGIMENT DE BÉARN. — Suite.

		perdre son rang ; il faudroit pour cet effet qu'il fût nommé du 22 mai dernier.
Le sieur Delbreil, lieutenant.	La commission de capitaine	Cet officier a servi avec distinction les deux dernières campagnes, commandant une troupe de volontaires ; il est officier de 1742, d'où par oubli plusieurs de ses cadets ont passé avant lui ; il mérite des grâces.
Le sieur de Tourville, capitaine.	Une gratification	Ancien officier, blessé le 13 septembre dernier et oublié par le mémoire donné l'année dernière.
Le sieur Bernard, capitaine.	Une gratification	Blessé le 28 avril.
Les sieurs Raymond, lieutenant. De Peinssun, id. De Fay, id. De Jacob, id. De Meslay, id. De Jourdan, id.	Des gratifications	Blessés le 28 avril ; les deux premiers ont passé depuis à des compagnies.
La veuve du sieur Baraute, capitaine.	Une pension et des places pour deux de ses filles à Saint-Cyr	Mort des blessures reçues au siège de Québec ; il étoit le premier factionnaire de son bataillon.
La veuve du sieur Vassal.	Une pension et une expectative à l'École militaire pour son fils	Mort des blessures reçues à l'affaire du 28 avril.

GÉNIE.

Le sieur de Pontleroy, lieutenant-colonel, ingénieur en chef.	Une augmentation d'appointements et d'être placé en chef	Sert depuis 1736 ; bon officier, qui a des talents pour la guerre.
Le sieur Désandrouins, capitaine, ingénieur.	Une pension	A commandé au fort Lévis l'hiver dernier ; s'est trouvé à l'affaire du 28 avril ; cet officier est très appliqué, intelligent et zélé pour le service.
Le sieur Fournier, ingénieur.	La commission de capitaine	Cet officier a bien servi.
Le sieur de Caire, lieutenant.	La commission de capitaine et la croix	Cet officier a servi dans Picardie ; il a passé en Canada sans récompense ; il y a servi avec beaucoup de zèle et d'intelligence.
Le sieur des Roberts, lieutenant.	La commission de capitaine	

ARTILLERIE.

Le sieur de Montbeillard, capitaine commandant l'artillerie.	Une pension	Sert depuis 1741 ; a fait plusieurs siéges ; blessé deux fois en 1744, dont la seconde au siège de Fribourg, grande blessure qui lui a fracassé le pied dont il a eu peine à guérir ; capitaine en second le 1er mai 1756 ; passé en Canada en 1757, où il n'a reçu aucune grâce particulière et où il a servi avec zèle et dis-

ARTILLERIE. — Suite.

		tinction dans toutes les occasions où il s'est trouvé ; il commande depuis l'année dernière l'artillerie du Canada.
Le sieur de Louvicourt, capitaine.	Une gratification	Sert depuis 1744 sans interruption ; officier de talent, qui sert avec distinction ; il a des blessures ; il s'est trouvé en outre commander l'artillerie de campagne à l'affaire du 28 avril, où il s'est très bien comporté.
Le sieur Duverny, capitaine.	La croix de Saint-Louis	Sert depuis 1744, comme volontaire dans l'artillerie, cadet en 1746 , officier en 1747, blessé dangereusement à Berg-op-Zoom ; du courage et de l'intelligence ; employé presque toujours particulièrement ; blessé en dernier lieu au siège où il a servi avec distinction ainsi qu'à l'affaire du 28 avril.
Le sieur Despinassy, capitaine.	Une gratification	Il a servi avec zèle et application, connaissant bien son métier.
Le sieur Bonafous, lieutenant.	La croix de Saint-Louis et la commission de capitaine	Cet officier sert depuis longtemps ; être prisonnier, dont il n'est pas encore de retour, l'a privé d'avoir des grâces ; il a très bien servi partout où il s'est trouvé.

CCI

MÉMOIRE.

Le chevalier de Lévis a l'honneur de solliciter M. Berryer,
Ministre et Secrétaire d'Etat de la Marine, en faveur
des officiers marins qui ont servi en Canada pendant
la campagne de 1759 et celle de 1760, et de le supplier
de leur accorder les grâces qu'il a l'honneur de lui de-
mander pour eux.

Le sieur de Cornillaud, commandant la flûte du Roi La Marie.	Les lettres de lieutenant de frégate	Il a donné des preuves de son zèle et de son intelligence, étant le seul qui ait sauvé et conservé son bâtiment jusques à la reddition du Canada, où il a servi avec grande distinction; ayant eu un ordre pour commander en qualité de lieutenant de frégate la flûte du Roi La Marie, lorsqu'elle fut envoyée en Canada l'année 1759, il en sollicite les lettres.
Le sieur Sabourin, lieutenant de frégate.	Un avancement ou une forte gratification	Cet officier a servi avec beaucoup de distinction et de zèle dans toutes les occasions, qu'il a exposées dans le mémoire qu'il a fait présenter l'été dernier, dont la copie est ci-jointe. Il mérite quelque récompense, soit par un avancement ou par quelque marque de satisfaction.
Le sieur Marrias, deuxième lieutenant sur La Marie.	Des lettres de capitaine pour la Marine marchande	Bon officier, qui a du zèle et de l'intelligence et qui a été employé souvent en Canada.

CCII

MÉMOIRE.

Le chevalier de Lévis a l'honneur de solliciter M. Berryer, Ministre et Secrétaire d'Etat de la Marine, en faveur des officiers de son département qui ont servi sous ses ordres dans les armées en Canada et qu'il croit susceptibles des grâces qu'il a l'honneur de lui demander pour eux, tant par la façon dont ils ont servi les précédentes campagnes qu'à la bataille du 28 avril, le suppliant de vouloir bien y avoir égard, ainsi qu'aux demandes particulières pour deux veuves.

Le sieur Landrienne, écrivain principal.	Commissaire de la Marine	Il a toujours fait les fonctions de commissaire ordonnateur dans les armées, et s'est trouvé à toutes les expéditions où il s'est comporté avec distinction et mérite l'estime des généraux et de toute l'armée. Il a servi depuis longtemps et très utilement dans la Colonie, ainsi qu'il est expliqué par le mémoire ci-joint.
Le sieur Dumas, major des troupes de la colonie.	Un traitement, grade ou pension	Officier toujours employé avec distinction ; commandant le corps de la Marine à la bataille du 28 avril, et un gros corps tout l'hiver et toute la campagne dernière pour observer la garnison de Québec; et fait la retraite de ce corps sur Montréal avec toute l'intelligence pos-

		sible ; il a tous les talents propres à mériter les grâces du Roi.
Le sieur chevalier de la Corne, capitaine.	Une pension	Ancien officier qui a toujours servi avec la plus grande distinction ; commandé souvent en chef dans différents postes, la campagne de 1759 un gros corps à la tête des Rapides, le 28 avril un bataillon de la Marine à Québec, où il a été blessé ; officier très capable, intelligent et qui mérite des éloges.
Le sieur de Vassan.	Une gratification	Cet officier commandoit un bataillon de la Marine à l'affaire du 28 avril, où il s'est très bien comporté.
Le sieur chevalier de Meluèze, capitaine aide-major.	La croix de Saint-Louis	C'est un officier de distinction, dont le zèle et les talents méritent récompense ; la grâce demandée pour lui ne peut que donner de l'émulation aux officiers de l'Etat Major. Il faisoit les fonctions de major des deux bataillons de la Marine à l'affaire du 28 avril ; il a été blessé très dangereusement au siège de Québec.
Le sieur Dubuisson, capitaine.	Une pension ou la croix de Saint-Louis	Ancien officier qui s'est comporté avec distinction à l'affaire du 28 avril, où il a été blessé très dangereusement ; il est pauvre et a une nombreuse famille.

Le sieur de La Morandière, capitaine ingénieur ordinaire.	La croix de Saint-Louis	Sert depuis 1719, cadet en 1724, enseigne en second en 1729, enseigne en pied en 1736, lieutenant en 1745, capitaine et ingénieur ordinaire en 1753. Il a toujours été employé dans le gouvernement de Montréal ou aux environs.
La veuve du sieur Baraute.	Une pension et deux places à Saint-Cyr pour ses filles	Cette dame étoit veuve du sieur de Jumonville, officier de la Colonie, tué au commencement de la guerre, dont elle a une fille. Elle avoit épousé le sieur Baraute, capitaine au régiment de Béarn, dont elle a une fille, lequel est mort des blessures reçues au siège de Québec. Elle reste avec ses deux filles sans biens et sans aucune ressource.
La veuve du sieur Vassal.	L'expectative d'une place à l'Ecole militaire pour son fils	Cette dame est fille du sieur de la Perrière, capitaine des troupes de la Colonie, tué à l'affaire du 13 septembre. Elle avoit épousé le sieur Vassal, capitaine au régiment de Béarn, lequel est mort des blessures reçues à l'affaire du 28 avril. Elle est sans biens et chargée d'un fils en bas âge.

CCIII

MÉMOIRE

*Des changements que demande M. le chevalier de Lévis
pour les troupes du Canada.*

RÉGIMENT DE LA SARRE.

Le sieur de Beauclair, capitaine.	Augmentation de pension	Les 200 livres qu'il a lui ont été accordées à la mort d'un de ses oncles ; il a reçu depuis deux blessures très considérables et s'est fort distingué à l'affaire du 28 avril dernier, où il a combattu jusqu'à la fin de l'action, quoiqu'il eût un bras cassé dès le commencement. La croix de Saint-Louis vient de lui être accordée comme ancien. C'est un homme de condition, pauvre, dont les talents méritent récompense. Il a commandé des volontaires dans plusieurs occasions.
Le sieur de Savournin, capitaine.	Une pension	Cet officier est estropié d'un bras, ayant reçu deux grandes blessures le 13 septembre 1759. Il fut fait prisonnier alors, ce qui est cause qu'il n'a pas été compris dans les demandes faites ci-devant.
Le sieur Lenoir, capitaine.	Une augmentation de pension ou une gratification	Estropié d'une main et très incommodé par deux coups de fusil reçus à la même affaire, et fut prisonnier comme le précédent.

RÉGIMENT DE ROYAL-ROUSSILLON.

Le sieur Castagnier, lieutenant.		Il a fait les fonctions d'aide-major pendant deux campagnes, avec zèle et intelligence.

RÉGIMENT DE LANGUEDOC.

Le sieur P r i v a t, commandant.	Une augmentation de pension ou une gratification	Il est l'ancien des lieutenants-colonels, et est estropié d'une blessure reçue le 13 septembre 1759.
Le sieur de Matissard, capitaine.	La croix de Saint-Louis à la place de la gratification	Il est l'ancien et a les services nécessaires, et a été blessé le 13 septembre 1759, et a été fait prisonnier de guerre, ce qui est cause qu'on n'a pas demandé cette grâce pour lui.
Le sieur Parfouru, capitaine.	Une gratification de 400 livres	Il étoit de la garnison de Québec, a été blessé. Revenu en France en 1759, il a conduit son piquet à Mahon ; a femme et enfants qui sont dans le besoin. C'est un officier de beaucoup de zèle et de talents.

RÉGIMENT DE BERRY.

Le sieur de Cadillac, capitaine de grenadiers.	Une gratification	Premier capitaine ; il a servi avec distinction à l'affaire du 28 avril.

RÉGIMENT DE BÉARN.

Le sieur de Malartic, c a p i t a i n e aide-major.	La pension accordée à M. de Mazerac	Il est le premier des aides-majors qui ont servi en Canada ; il a fait continuellement les fonctions de major-général ; blessé considérablement à deux affaires différentes ; c'est un officier du plus grand mérite et cette grâce ne peut qu'avoir l'approbation générale.
Le sieur de Mazerac, capitaine.	La gratification accordée à M. de Malartic	C'est un officier de grand mérite ; mais il n'est pas dans le cas de prétendre une pension, le capitaine de grenadiers n'en ayant point.
Le sieur Wolf, lieutenant partisan.	La commission de capitaine	Ancien sergent du régiment d'Anhalt, fait officier par distinction avant de passer en Canada, où il a fait six campagnes avec le plus grand courage, et la plus grande volonté ; il y a commandé presque toujours un détachement de volontaires et de sauvages. Les services de cet officier, qui sont des plus distingués, méritent que le Roi lui accorde cette grâce ; il désireroit être placé à la suite du régiment dont il sort ou d'une ville de guerre. Il est encore très en état de continuer ses services.
Le sieur Carpentier, lieutenant.	La commission de capitaine	Ancien sergent du régiment de Piémont, fait officier comme le précédent, a servi de même en Canada, y a été blessé. Il désireroit d'être placé à la suite d'une ville de guerre.

CCIV

NOTE.

Le sieur de Roquemaure, brigadier, commandant du second bataillon de la Reine, demande d'être établi dans la charge et aux appointements de lieutenant-colonel titulaire de ce régiment comme étant le plus ancien.

Le sieur de Privat, commandant du second bataillon du régiment de Languedoc, avec rang de lieutenant-colonel, demande d'être établi de la même manière à la charge et aux appointements de lieutenant-colonel titulaire du régiment, dont il est aussi le plus ancien.

Le sieur de Trivio, aussi commandant du second bataillon du régiment de Berry, rang de lieutenant-colonel, demande la charge et les appointements de lieutenant-colonel titulaire de ce régiment. Il est le plus ancien.

Le sieur de Fouilhac, commandant du troisième bataillon de Berry, demande, au cas que le bataillon soit réformé, d'être conservé à la suite du régiment avec le même traitement dont jouissent les commandants de bataillon titulaires, jusqu'à ce qu'il parvienne au commandement du second bataillon.

Cet officier a passé en Canada capitaine de grenadiers, au commencement de 1760. Il fut fait commandant de bataillon et a servi en qualité d'officier supérieur pendant cette campagne avec la plus grande distinction. C'est un homme d'un mérite rare et qu'il est utile de conserver au service du Roi par un traitement qui le dédommage de n'avoir pas eu comme les autres le grade de lieutenant-colonel. Il est en état de rendre de très grands services dans la suite. M. le chevalier de Lévis se croit obligé de faire connoître un officier que ses talents rendent digne des emplois supérieurs.

Le sieur de Preissac, capitaine de grenadiers du troisième bataillon du régiment de Berry, demande, au cas que sa compagnie soit réformée, d'être conservé à la suite du régiment sans être obligé de prendre une compagnie de fusilliers, et avec les appointements de capitaine de grenadiers, jusqu'à ce qu'il parvienne au commandement de la seconde compagnie.

Cet officier est au service du Roi depuis 1734. Il est homme de naissance et recommandable par son expérience et ses talents. Il a cinq frères au service dont trois avoient passé comme lui en Canada. L'un d'eux a été tué, un autre estropié et le troisième fait prisonnier. Il a été blessé lui-même à l'affaire du 28 avril dernier. Le traitement que l'on demande pour lui l'attacheroit au service, et il est utile de conserver à la tête d'un corps un homme de ce mérite et de cette naissance.

FIN

REMARQUES DE L'ÉDITEUR

———

Pour l'impression des *Lettres du Chevalier de Lévis*, de même que pour celle du *Journal*, on s'est conformé entièrement au manuscrit tel que collationné par l'archiviste français, M. Léon Lecestre. On fait seulement remarquer ce qui suit pour l'intelligence du texte :

Page 12, *ligne* 18.........traversée de cinquante-six jours : *Lévis dit plus loin, page* 17, *ligne* 12, soixante-quatre jours de navigation.

" 20, " 2.........je ne puis partir que des moyens que j'aurai, *le sens exigerait* je ne puis partir que *quand je serai assuré* des moyens que j'aurai.

" 27, " 3.........Dartel, *il faudrait lire* de Hertel.

" 50, " 17.........Il nous est arrivé hier trois cent quarante-deux soldats de recrue ; *dans le Journal, page* 58, *il est dit :* deux cent quatre-vingt-deux hommes de recrues et cent quarante-deux de milice.

" 50, " 19.......M. de Melouvère, *il faudrait lire* M. des Meloises.

" 75, " 12.........M. Artel, *il faudrait lire* M. Hertel.

" 80, " 16.........Halfield, " " Hartford.

" 90, " 9.........Il n'y a qu'une demi-lieue de chemin qui ne serait pas difficile à faire, *le sens paraît plutôt exiger* facile à faire.

" 140, " 24......appelaient, *il faudrait lire* appelle.

" 148, " 8.........Témiscosatac, " " Témiscouata.

" 148, " 11.........Madasaska, " " Madawaska.

Page 192, *ligne* 24.........J'avais... deux mille hommes, *à la* page 194, *ligne* 8, *il dit :* environ trois mille hommes.

" 268, " 29.........M. les marquis, *il faudrait lire* M. le marquis.

" 304, " 20.........poudrerie " " poudrière.

" 334, " 26.........Pinsure " " Pinsens.

" 359, " 13.........M. de Baraute, " " M. de Barante (?)

TABLE DES MATIÈRES

C. O. BEAUCHEMIN & FILS, LIBRAIRES-IMPRIMEURS

256 et 258, rue Saint-Paul, Montréal.